LA FORMACIÓN DE UN LÍDER

LA FORMACIÓN DE UN LÍDER

RECONOZCA LAS LECCIONES Y LAS ETAPAS DEL DESARROLLO DE LÍDERES

DR. J. ROBERT CLINTON

NavPress®

Un recurso de NavPress publicado por Tyndale House Publishers

NavPress es el ministerio editorial de Los Navegantes, una organización cristiana internacional y líder en el desarrollo espiritual. NavPress está dedicada a ayudar a la gente a crecer espiritualmente y a disfrutar de vidas con propósito y esperanza, mediante recursos personales y de grupo que están fundamentados en la Biblia, que son culturalmente pertinentes y altamente prácticos.

Para más información, visite www.NavPress.com.

La formación de un líder: *Reconozca las lecciones y las etapas del desarrollo de líderes*

Un recurso de NavPress publicado por Tyndale House Publishers

Traducción al español: www.produccioneditorial.com

Edición en español: www.produccioneditorial.com

Para información acerca de descuentos especiales para compras al por mayor, por favor contacte a Tyndale House Publishers a través de espanol@tyndale.com.

ISBN 978-1-4964-4711-1

Impreso en Estados Unidos de América
Printed in the United States of America

27 26 25 24 23 22 21
7 6 5 4 3 2 1

CONTENIDO

ILUSTRACIONES

Figuras

Tablas

PRÓLOGO

El «liderazgo» es un tema prioritario para muchos hoy en día, ya sea en la política, los negocios o la iglesia.

Esto, en parte, se debe a la percepción de que hay un vacío de liderazgo. En sus ensayos sobre el liderazgo, John Gardner señaló que Estados Unidos contaba con unos tres millones de habitantes cuando se fundó. Y de esos tres millones surgieron al menos seis líderes de talla mundial: Washington, Adams, Jefferson, Franklin, Madison y Hamilton. Hoy en día, con una población de 240 millones de personas, cabría esperar que Estados Unidos produjera 80 veces más líderes de ese calibre. «¿Y dónde están?», se pregunta Gardner.

En una convención de la Asociación Nacional de Evangélicos (NAE), George Brushaber, presidente de una universidad, habló de una «generación perdida» de líderes más jóvenes y listos para asumir el cargo de los pioneros evangélicos séniores de la generación tras la Segunda Guerra Mundial.

Mis propios viajes y observaciones me han llevado a creer que se trata de un fenómeno global. Aun así, me siento animado a creer que hay un nuevo grupo de hombres y mujeres más jóvenes, de unos cuarenta años o menos, emergiendo como líderes alrededor del mundo.

En respuesta tanto a la falta de líderes como a la nueva oleada de ellos, hay una necesidad urgente de cultivar un liderazgo espiritual y sometido a Dios.

Hay varias respuestas ante este desafío. El Comité de Lausana para la Evangelización Mundial ha convocado varias conferencias para líderes jóvenes emergentes. Mi propio ministerio, Leighton Ford Ministries, está enfocado en identificar a estos jóvenes, formarlos y ponerlos en contacto entre sí. Varios centros de posgrado están dedicando programas específicos al desarrollo del liderazgo. Uno de ellos es la Escuela de Estudios Interculturales en el Seminario Teológico Fuller, donde enseñó el Dr. Bobby Clinton. A partir de su experiencia en enseñanza se desarrolló su importante libro *La formación de un líder*.

Creo que podemos cometer uno de dos errores opuestos al contemplar la manifestación del liderazgo. Uno es atribuirle algo místico al liderazgo, diciendo, básicamente, que «Dios llama a los líderes. Los líderes nacen; no se hacen. No hay nada que podamos hacer al respecto». Lo opuesto es decir que «Los líderes se hacen. Con las técnicas adecuadas, podemos producirlos».

Es siempre cierto que Dios concede liderazgo a su iglesia y su reino: «Pues nadie en la tierra —del oriente ni del occidente, ni siquiera del desierto— debería alzar un puño desafiante. Dios es el único que juzga; él decide quién se levantará y quién caerá», dice el salmista (Salmo 75:6-7).

Pero también es cierto que hay procesos que Dios utiliza para producir a sus líderes. Un estudio de las Escrituras muestra las etapas de desarrollo de un Moisés, un David o un Pablo.

La fortaleza del trabajo del Dr. Clinton es que se toma en serio ambas partes del proceso. Afirma con claridad que el liderazgo es tanto un llamado como un don de Dios. A partir de su propio estudio de las Escrituras, de la vida y del liderazgo, él ha identificado algunas de las experiencias comunes que Dios usa para desarrollar líderes.

No sé de ningún otro libro que desglose con tanto cuidado y detalle las etapas del desarrollo del liderazgo desde el crecimiento interior temprano del líder hasta las crisis y los desafíos que maduran el ministerio y la vida de una persona.

Los principios que se exponen serán de ayuda tanto para personas más jóvenes que perciben que Dios las está llamando al liderazgo como para los veteranos con una responsabilidad en aumento de fomentar el desarrollo del nuevo liderazgo en sus iglesias y organizaciones.

Le recomiendo sinceramente este libro, y oro para que ayude a producir una nueva generación de pioneros del evangelio.

LEIGHTON FORD, Presidente
Leighton Ford Ministries

PREFACIO

¿Qué significa ser un líder? ¿Qué necesita para convertirse en el líder que Dios quiere que sea? ¿Cuáles son los procesos, el costo y el resultado?

Durante seis años, he estado investigando y enseñando las respuestas a estas preguntas en la Escuela de Misión Mundial del Seminario Teológico Fuller en Pasadena, California[1]. Mis estudiantes y yo hemos compartido la emoción de aplicar nuevos conceptos a nuestras vidas y vernos como líderes emergentes que Dios está desarrollando. En este libro, espero reflejar las dinámicas de estas ideas y ofrecer una percepción bíblica de los patrones y procesos que Dios usa para desarrollar a un líder.

Este es un libro sobre dinámicas espirituales. El ministerio espiritual efectivo fluye del ser, y a Dios le concierne nuestro ser. Él lo está formando. Los patrones y procesos que él utiliza para darnos forma son temas relevantes en el estudio del liderazgo. Aquellos que estudian patrones y procesos, y aplican su entendimiento en la vida y en el ministerio, serán líderes más preparados.

Mis alumnos y yo hemos estudiado cientos de vidas de tres categorías de líderes: históricos, bíblicos y contemporáneos. Comparando los resultados de todos estos estudios, hemos adquirido revelaciones que pueden aplicarse a las vidas de otros líderes, incluyendo las nuestras[2].

Mis clases me han ayudado a identificar, etiquetar, definir y sugerir maneras de usar estas revelaciones en el proceso de selección y formación de líderes. Estas revelaciones pueden ayudar a líderes en todo tipo de situaciones a identificar y hacerse más sensibles a la obra de Dios en sus vidas conforme él los forma para que sean los líderes que él quiere.

El liderazgo es un proceso dinámico en el que un hombre o una mujer con una capacidad dada por Dios influye en un grupo específico del pueblo de Dios con el fin de cumplir sus propósitos para el grupo[3]. Es algo contrario a la noción popular de que un líder debe tener una formación formal, un puesto formal o un título formal. Puede que muchos que son llamados a dirigir una iglesia u organizaciones paraeclesiales no tengan títulos formales como pastor o director. Quizás sean maestros de escuela dominical, líderes de grupos pequeños o personas laicas en cualquier otro tipo de posición de liderazgo. Para ser considerado un líder, uno no necesita ni una posición profesional ni ser un «obrero cristiano a tiempo completo». Este libro está escrito para todos aquellos que influyen en un grupo específico de personas según los propósitos de Dios, sean o no líderes profesionales y remunerados.

Mi investigación original estaba dirigida a líderes cristianos profesionales, es decir, personas a quienes se les paga para liderar: pastores a tiempo completo, evangelistas, misioneros y nacionales que dirigen organizaciones misioneras, lideran denominaciones, fundan escuelas bíblicas y enseñan en seminarios. La mayoría han tenido algún tipo de adiestramiento formal para su profesión[4].

La mayoría de, si no es que todos, los procesos y patrones en el desarrollo de estos líderes son aplicables a líderes no profesionales[5]. Estos líderes no profesionales trabajan como voluntarios en iglesias locales u organizaciones pequeñas. Por lo general, no han recibido ninguna enseñanza formal en liderazgo cristiano. En este libro, estoy aplicando lo que he descubierto a líderes cristianos tanto profesionales como no profesionales.

El desarrollo incluye todos los procesos de la vida, no solo la enseñanza formal. Los líderes son formados por el adiestramiento intencionado y por la experiencia. «La manifestación del liderazgo —como enfatiza tan a menudo uno de mis colegas— es un término mucho más amplio que la formación para el liderazgo». La formaciónel liderazgo se refiere a una pequeña parte del proceso general y se enfoca, en gran medida, en habilidades de aprendizaje. La manifestación del liderazgo incluye esto y mucho más[6].

En general, los lectores con poca o ninguna experiencia ministerial no se identificarán con tantos de los procesos y patrones que se mencionan en este libro como lo harán aquellos más avanzados en su desarrollo. Si usted tiene más experiencia como líder, comprenderá el concepto subyacente del proceso de Dios para el liderazgo y ya se habrá familiarizado con la idea general de un patrón de desarrollo. Será capaz de ver su propio patrón a medida que se desarrolle y de responder con una actitud mucho más receptiva a la enseñanza.

Si usted ha avanzado todavía más en la manifestación de su liderazgo, probablemente se sentirá inmediatamente identificado con los procesos descritos. O bien habrá pasado por ellos o bien habrá visto a otros experimentarlos. Puede beneficiarse de la exposición de cómo estos procesos son usados por Dios para desarrollar a líderes al aplicar esta sabiduría tanto en usted mismo como en los demás.

A medida que lea este libro, pasarán cuatro cosas:

1. Aprenderá acerca de la *providencia* de Dios.
2. Empezará a percibir una *continuidad* en la obra de Dios en su pasado para desarrollarlo como líder.
3. Tendrá un alto nivel de *expectación* porque Dios va a usarlo en el futuro.
4. Finalmente, percibirá a los demás y a sí mismo a partir de las revelaciones adquiridas en este libro. Se volverá más *intencionado en utilizar estas revelaciones* para el desarrollo y la formación de los demás.

Cuando uno considera la manifestación del liderazgo en términos de procesos vitales, pronto se da cuenta de quién es en realidad el decano académico. Es Dios. Cada uno de nosotros pasa por cursos académicos diseñados a medida para nosotros por el Decano académico. Cada alumno, un líder en potencia, puede graduarse con todos los honores: el conocimiento, las habilidades y el carácter necesarios para el trabajo específico que Dios tiene en mente para él.

PREFACIO A LA EDICIÓN REVISADA

Resulta muy grato saber que la edición original de *La formación de un líder* fue de ayuda para muchos. Cuando Don Simpson me informó de que NavPress quería publicar una edición revisada del libro, me quedé encantado. Durante la época en la que escribí *La formación de un líder*, había analizado unos quinientos casos de estudio de vidas de líderes. En los siguientes quince años, analicé otros tres mil casos de estudio. Mis hallazgos comparativos a partir del estudio de las vidas de estos líderes siguen confirmando gran parte de lo que se incluyó en el material original de *La formación de un líder*.

Tras releer el material, tengo la sensación de que muy poco necesita cambiar. Dos añadidos de ayuda incluyen:

- He escrito un poco más acerca de los patrones de pruebas (es decir, cómo Dios usa las revisiones de integridad, las revisiones de palabra, las revisiones de obediencia y las tareas ministeriales al tratar con la respuesta del líder a ellas). Consulte las notas finales 5 y 10 del capítulo 3. En todo el libro, estas probablemente son dos de las notas finales más importantes para los líderes jóvenes emergentes. Todos los líderes pasarán por al menos uno de estos patrones de prueba... probablemente patrones de prueba tanto negativos como positivos. Pero los líderes jóvenes verán los patrones de pruebas con más frecuencia mientras Dios busca inculcarles carácter.

- He incluido en el capítulo 8, sobre filosofía ministerial, un concepto básico que es importante para la base de una filosofía del ministerio. Allí defino el concepto de valor de liderazgo. Aunque un dado líder quizás no sea capaz de desarrollar una filosofía ministerial exhaustiva, sí que puede identificar unos valores de liderazgo centrales que deberían transmitirse. Hablo sobre el uso de tres verbos modales para escribir un buen valor de liderazgo. También ofrezco buenos ejemplos de valores de liderazgo. He descubierto que muy pocas personas intentan desarrollar de verdad una filosofía ministerial, pero muchos pueden identificar convicciones que tienen en forma de valores de liderazgo. Así que modifiqué ligeramente ese capítulo al añadir el concepto de valor de liderazgo. Todos los líderes deberían ser capaces de identificar algunos de sus valores de liderazgo centrales. Si lo hacen, es un buen comienzo para trazar su filosofía ministerial.

No he alterado mucho el texto original aparte de los cambios aquí indicados. Sin embargo, lo que sí he hecho es añadirles mucha más información a las notas finales en cuanto a cosas que he visto durante los últimos quince años en mi investigación sobre las vidas de los líderes. Le recomiendo que lea esas notas con atención; contienen mucha información de calidad. He añadido, además, muchas referencias en las notas finales a otras obras que he escrito desde *La formación de un líder*. Estos escritos le presentarán al lector mis hallazgos posteriores acerca de la teoría de manifestación del liderazgo.

Mi esperanza es que acaben bien los líderes que estén más conscientes de toda la actividad formativa de Dios a lo largo de la vida, y que lo hagan *en un porcentaje más elevado* del que vemos ahora.

Dr. J. Robert (Bobby) Clinton
Verano del 2011

¿A QUIÉN ESTÁN DIRIGIDAS ESTAS LECCIONES?

El desafío: «Empezar bien es tener medio trabajo hecho. Persona prevenida vale por dos». *(Profesora Warren)*

Las sucintas lecciones de la profesora Warren, mi maestra de Literatura Inglesa y Americana en la Columbia Graduate School de Columbia Bible College, se han vuelto parte de mi filosofía ministerial. Empezar con buen pie en cualquier cosa de la vida —un ensayo, una lectura asignada, una tarea ministerial o la manifestación del liderazgo personal— casi siempre asegura su avance y compleción. Y saber acerca de algo de antemano es permitir una mejor planeación para aprovecharlo.

WILLIAM JAMISON: ¿VIDA LAICA O RELIGIOSA?

Desde pequeño, Bill Jamison tenía una mente despierta, y sus capacidades lectoras y matemáticas siempre estuvieron dos o tres cursos por delante de su edad. Se crio en un hogar cristiano y aceptó a Cristo a una edad muy temprana. Le encantaba compartir con los demás. Antes de que él naciera, su madre había hecho un pacto con Dios para lograr grandes cosas a través de Bill.

Cuando era adolescente, en un retiro de campamento, se comprometió al señorío de Cristo. En la consejería que tuvo lugar después del reto en la hoguera, el consejero de Bill hizo una declaración profética: «Tú mantente fiel a Dios en tu corazón, y él usará la gran mente que te ha dado para sus propósitos». Bill jamás olvidó estas palabras.

En sus últimos dos años antes de la universidad, Bill desarrolló habilidades para hablar a los demás sobre Cristo. A la vez, su comprensión lectora y su capacidad matemática siguieron aumentando. Se convirtió en un genio informático y publicó varios programas informáticos de dominio público.

En la universidad, decidió sacarse una doble titulación en física e informática, estuvo entre los mejores estudiantes cada semestre y lo invitaron a varias sociedades honorarias. Además, participó activamente en un ministerio del campus, dirigió varias organizaciones y mostró excelentes habilidades administrativas. Fundó una nueva organización que ayudaba a los estudiantes a aprender cómo aplicar la informática en proyectos de investigación.

En su penúltimo año de carrera, sus investigaciones lo llevaron a lograr una patente a su nombre y a obtener una cuantiosa beca para sus estudios de posgrado. Hacia la mitad de su último año universitario, fue desafiado por un trabajador del ministerio del campus: «Si realmente quieres hacer que tu vida cuente para Cristo, entonces tienes que olvidar tus ambiciones seculares y formarte en el ámbito ministerial». Fue una decisión crucial para Bill.

Si hubiera acudido a mí en esta encrucijada tan importante, yo hubiera usado varios conceptos para evaluar su situación: proceso de destino, dones, mezcla de influencia y doble confirmación[1]. (Consulte el glosario para ver explicaciones de los términos técnicos empleados en este libro).

Aquellos momentos especiales en los que Dios le habló a la madre de Bill o le dio al joven palabra sobre su futuro ante aquella hoguera fueron sucesos en los que Dios empezó a comunicarle a un posible líder sus intenciones de usarlo (elemento de proceso de destino). Esta forma de guía se centra en los logros de toda una vida[2]. La experiencia de la madre de Bill parecía indicar que la mano de Dios estaba sobre la vida de Bill. La palabra que le dio el consejero del campamento parecía indicar que las capacidades intelectuales especiales de Bill serían centrales en lo que Dios planeaba cumplir.

Estas son suficientes para optar por una carrera laica dedicada a Dios. Sin embargo, también hay otros indicadores.

El conjunto de aptitudes[3] de Bill incluye capacidades naturales (una mente aguda, una disposición a compartir generosamente con los demás), dones espirituales (evangelismo, liderazgo y, quizás, dones apostólicos) y habilidades adquiridas (informática, investigación, etcétera). A menudo, hay un elemento focal[4] en el conjunto de aptitudes realzado por los demás elementos. En el caso de Bill, sus capacidades naturales son el elemento focal, y sus dones espirituales y habilidades adquiridas actuarán para respaldar aquel elemento.

Los líderes influyen en sus seguidores de diversas formas. La influencia directa, indirecta y organizacional son las tres formas principales en las que un líder ejerce influencia. Bill tiene la capacidad de influir de forma directa (evangelismo personal), indirecta (con donativos) y organizacional (habilidades administrativas, pertenencia a juntas). Puedo señalar a hombres y mujeres que han logrado éxito en puestos seculares y que influyen en el curso del cristianismo a través de sus donativos y su pertenencia a juntas de organizaciones cristianas.

Bill será una persona de mucho éxito, quizás con las computadoras en el mundo empresarial. Si en su corazón ha decidido complacer a Dios, este podrá utilizar grandemente ese éxito.

Pero, como precaución, Bill debería buscar una doble confirmación a través de la cual Dios primero le ofrece guía a una persona y, después, la confirma a través de otra persona que no está familiarizada con la situación. Entonces reúne estos dos elementos para confirmar con rotundidad esta guía. Esto se describe en el capítulo 6.

JIMMY THOMPSON, UN JOVEN CANDIDATO AL MINISTERIO

Tras graduarse de la universidad con un título en Literatura, Jimmy Thompson decidió entrar en un seminario. Su experiencia cristiana durante sus diecinueve años de formación había sido mínima, aunque regular y constante. Tras el seminario se incorporó al personal de una iglesia de gran tamaño para trabajar entre los jóvenes. Durante los dos años siguientes, Jimmy acaba desanimado y confuso, e incluso llega a dudar de sus dones y capacidades.

Los capítulos 4 y 5, que tratan sobre la maduración ministerial, señalan que Dios trabaja a través de tareas en la vida de un cristiano que entra en el ministerio: tarea de entrada, tarea de formación, tarea relacional y tarea de discernimiento. Dios trabaja primero en las tareas de entrada y formación, que es el punto en el que está ahora Jimmy. Seguramente también se ha enfrentado a un procesamiento relacional.

Dios lleva a los obreros al ministerio a través de las tareas ministeriales, asignaciones ministeriales y varios desafíos ministeriales. Además, el patrón ministerial básico se centra en la fidelidad. Jimmy necesita ver que Dios primero trabaja en su carácter a través de los patrones de prueba que se describen en el capítulo 3. La integridad y la fidelidad son preludios para el éxito y la aptitud.

La cronología del capítulo 2 ofrece una perspectiva a largo plazo sobre lo que le está sucediendo a Jimmy en este punto. Además, el patrón de deserción (que es una posibilidad en su caso) suele darse con frecuencia entre las personas en formación ministerial antes del servicio[5].

Un mentor es muy útil para llevar a un líder a la madurez. La mentoría es un proceso especial que se describe en el capítulo 6. Yo le sugeriría a Jimmy que confíe en que Dios le dará un mentor. Si persevera durante los dos o tres años siguientes, aprende de un mentor y empieza a estar cada vez más consciente del procesamiento de Dios hacia las cuatro tareas ministeriales, habrá conseguido pasar la etapa de deserción y podrá ser usado fructíferamente por Dios.

MARY THAMES, LÍDER ORGANIZACIONAL

Mary Thames contaba con treinta y tantos años cuando se unió a la organización Kids Outreach International, unos veinte años tras su fundación. Le asignaron una ciudad para empezar a trabajar con niños. Al principio, además de trabajar en el ministerio, se sustentaba con un trabajo a media jornada. Su ministerio prosperó y pudo dejar a un lado el trabajo a tiempo parcial para dedicarse plenamente al ministerio.

Ya desde el principio mostró dones evangelísticos y de enseñanza. Empezaba a pequeña escala, esforzándose en que el ministerio arraigara con profundidad para, después, ampliarlo. Desarrollaba un barrio, formaba a obreros para que se encargaran del trabajo y se llevaba consigo a uno o dos de los colaboradores más prometedores para empezar otro punto ministerial de Kids Outreach en otro vecindario. Repitió este patrón varias veces en aquella primera ciudad. Después, Dios indicó a Mary que empezara a trabajar en otra ciudad, con la aprobación de los líderes de la organización. Volvió a seguir el mismo patrón. Ahora Mary tenía que repartir el tiempo entre ambas ciudades.

Cada vez tenía que dedicar más tiempo a formar a los colaboradores y a solucionar problemas, lo que le impedía dedicarse al evangelismo directo como antes. Mary acabó abriendo puntos ministeriales en seis ciudades diferentes durante un periodo de unos doce años. Desarrolló una estrategia básica para introducirse en barrios y ciudades, diseñó materiales para formar a trabajadores laicos y exhibió unas extraordinarias cualidades de liderazgo. En cada una de estas asignaciones, la organización le concedió su aprobación. Aun así, cada una de ellas era, en esencia, el mismo tipo de tarea.

El ministerio acabó cobrándose un precio en la vida de Mary. Cuando ya había cumplido la cuarentena empezó a preguntarse si contaba con energía suficiente como para repetir de nuevo el patrón con tan buenos resultados. ¿Acaso no había ningún puesto en su organización en el que se pudieran aprovechar su experiencia y dones a un mayor nivel de responsabilidad? Tenía la sensación de que la organización podía utilizarla para hacer aquello que tan bien se le daba. Contaba con algunas opiniones que podrían interesar a los principales dirigentes de la organización, pero no quisieron escucharla. Esto se debía, en parte, a la visión de estos de quién podía y quién no podía ser líder. Y, en parte también, a que eran cortos de miras a la hora de desarrollar el liderazgo intermedio[6].

Probablemente los superiores de Mary necesiten este libro más que ella. Tienen que aprender dos lecciones principales de la manifestación del liderazgo:

- Los líderes efectivos reconocen el desarrollo y la selección del liderazgo como función prioritaria.
- Los líderes efectivos consideran cada vez más sus ministerios en términos de una perspectiva que abarca toda la vida.

Mary ha visto ambos principios. Ha aplicado el primero de forma repetida en su ministerio. Ahora se halla en una encrucijada y empieza a percibir la necesidad del segundo punto en su propia vida. Pero los líderes de su organización no han percibido todavía estas dos lecciones. Kids Outreach también tiene una obligación hacia Mary, igual que ella la tiene para con la organización. Las organizaciones deben tener ambas tensiones en mente: las necesidades del individuo y las necesidades del ministerio.

Comprender la cronología de Mary y los conceptos relacionados de patrones, procesos y principios que se cubren en el capítulo 2 proporciona una amplia comprensión, necesaria para tomar decisiones responsables. El desarrollo y la madurez de Mary en su aptitud, además de su edad, deberían haber llevado a los dirigentes principales de la organización a diseñar un puesto a medida para Mary y proporcionarle oportunidades para llevarla a una convergencia[7]. Si no se crea un puesto así, es posible que Mary acabe por abandonar la organización.

Los líderes que toman decisiones por otros deben comprender los diversos factores que permiten la convergencia: un puesto acorde con la persona, aptitud, experiencia, madurez espiritual, destino y ubicación geográfica, entre otros. Deben plantearse las necesidades del individuo además de las de la organización[8]. Este libro ofrece perspectivas que ayudan a los líderes a tomar decisiones responsables sobre personas que, como Mary, han crecido tras unirse a la organización.

PASTOR JEFFREY MCDONALD, UN MODELO DE MADUREZ

El ministerio del pastor Jeff ha sido próspero y largo. Gracias a su mentoría, cientos de personas han empezado a trabajar en el ministerio. Ha servido en varias oficinas pastorales con éxito y ha dado clases en seminarios. Allá donde ha ido ha aumentado la concienciación sobre las misiones.

Hoy cuenta con una posición honoraria en el seminario, donde sigue influyendo en las personas para llevarlas a la devoción.

El pastor Jeff, claramente, no necesita ya demasiada ayuda. De hecho, probablemente podría aportar mucho a este libro. Este pastor cuenta con un legado que debería transmitirse. En este libro se proporcionan definiciones y etiquetas que lo ayudarán a identificar la obra de Dios en su vida y a articularla para los demás. El pastor Jeff puede ilustrar las ideas de este libro con experiencias de primera mano que pueden ser de inspiración y desafío para muchos. El capítulo 8 podría desafiar al pastor Jeff a identificar y reflejar por escrito su filosofía ministerial[9], que ha ido evolucionando con los años. Esta declaración de una filosofía ministerial, respaldada con la autoridad espiritual que acompaña a un ministerio fructífero de toda una vida, puede influir sobre líderes más jóvenes que no tienen claro qué es el ministerio. Muy pocos líderes experimentados saben cómo articular una filosofía ministerial o se han tomado el tiempo para hacerlo. Y los líderes más jóvenes necesitan este tipo de modelo.

¿QUIÉN NECESITA ESTE LIBRO?

Dios tiene sus maneras de desarrollar a los líderes. Y si usted está consciente de cuáles son, ya habrá dado un buen paso a la hora de poder responder a los medios de desarrollo de Dios para su persona. Si está consciente de que Dios va a estar desarrollándole durante toda su vida, seguramente decida quedarse para disfrutar de toda la experiencia. Si es usted un líder potencial o en activo, entonces este libro le proporcionará los conocimientos necesarios para perseverar.

Este libro se ha escrito para líderes o líderes potenciales que:

- Se preguntan qué está haciendo Dios
- Empiezan a buscar cuál es su lugar en el ministerio
- Necesitan un nuevo desafío de parte de Dios
- Necesitan comprender cómo seleccionar y desarrollar a líderes más jóvenes

- Se hallan en una encrucijada, enfrentándose a una decisión importante
- Quieren saber cómo Dios desarrolla a los líderes

Los líderes en activo o emergentes necesitan una hoja de ruta que les señale a dónde los llevará Dios a medida que va desarrollando sus dones. Cada camino es único, pero esta hoja de ruta ayuda a la persona a organizar lo que está sucediendo a medida que Dios trabaja en él, prever su futuro, comprender el pasado y responder a la guía divina. La teoría de manifestación del liderazgo hace lo mismo que una buena hoja de ruta. Es un conjunto de ideas integradas a la perfección que nos ayudan a hacer lo siguiente:

- Organizar lo que vemos que sucede en las vidas de los líderes
- Prever lo que puede pasar en el desarrollo futuro
- Comprender sucesos del pasado para ver cosas nuevas en ellos
- Ordenar mejor nuestras vidas

Necesitamos una perspectiva general, una imagen en conjunto que nos impida llegar a conclusiones demasiado apresuradas y tomar decisiones incompatibles con el desarrollo a largo plazo. Cuando le escribí a Dan (capítulo 1), yo sabía a grandes rasgos en qué punto de su cronología se hallaba, tomando sus primeros pasos importantes hacia el ministerio. Tuve la sospecha de que algunos de los sucesos de su vida iban a ser sucesos de prueba, como la comprobación de integridad y las tareas ministeriales.

Contar con etiquetas para describir lo que nos sucede es muy útil. Los estudios comparativos de cosas similares que han sucedido a otros nos proporcionan algo de predictibilidad. Si Dios aprovecha ciertos tipos de elementos de proceso en las vidas de otros para conseguir tareas concretas, entonces es muy probable que también lo haga en su vida y en la mía para lograr lo mismo. Mi teoría de manifestación del liderazgo puede definirse en términos relativamente sencillos:

Dios desarrolla a los líderes a lo largo de toda su vida. Ese desarrollo es una función del uso de sucesos y personas para inculcar lecciones de liderazgo en un líder (procesamiento), tiempo y respuesta del líder. El procesamiento es central para esta teoría. Todos los líderes pueden señalar incidentes clave en sus vidas en los que Dios les ha enseñado algo muy importante.

Como pasa con cualquier teoría, puede que uno se sienta abrumado ante tanto material, y la terminología nueva siempre resulta complicada al empezar. En este libro describiré entre cincuenta y cien conceptos. Estoy consciente de que seguramente le costará recordarlos todos al principio. Cuento con que hay tres factores que reducirán la tensión asociada al aprendizaje de nuevas etiquetas:

- Las etiquetas describen conceptos de la vida real. Muchos de los lectores ya habrán experimentado la realidad descrita por la etiqueta, así que eso les será útil.
- Las etiquetas son autodescriptivas. Por ejemplo, una *comprobación de integridad* es una comprobación de la integridad del líder. El *proceso de aislamiento* describe una separación de otros.
- He incluido un glosario de consulta rápida para las etiquetas y definiciones empleadas en el texto. ¡Úselo con frecuencia!

He estructurado el libro para presentarle de manera sistemática las ideas implicadas en la manifestación del liderazgo; mi teoría se basa en principios bíblicos. Los dos primeros capítulos son una descripción general, primero a través de una carta que escribí a un amigo y después planteando el proceso de desarrollo a lo largo de una cronología. La manifestación del liderazgo es un proceso que dura toda la vida. Es necesario contar con una perspectiva general para poder comprender qué está sucediendo en un momento dado. La cronología presentada en el capítulo 2 se explica después parte por parte en los capítulos restantes.

En el capítulo 3 explico las lecciones tempranas que Dios emplea para crear los rasgos de liderazgo básicos. Tanto líderes laicos como a tiempo completo reconocerán rápidamente estos procesos de desarrollo del carácter: todos los han experimentado como los requisitos previos de Dios para el liderazgo.

Después vienen los capítulos más complejos del libro. El capítulo 4 y el capítulo 5 son complicados porque describen las distintas cosas que Dios hace para desarrollar a un líder en el ministerio. Las cuatro etapas del desarrollo del ministerio (entrada, formación, relación y discernimiento) conllevan numerosas ideas de manifestación del liderazgo. El capítulo 4 cubre las etapas de entrada y formación. El capítulo 5 toca la etapa relacional y la de discernimiento.

El capítulo 6 habla del procesamiento de guía y de otros procesamientos en varias fases. Dios primero enseña lecciones al líder a través de la guía personal. Después usa estas lecciones como trampolín para que el líder perciba la guía para los grupos a los que dirige. Este capítulo destaca la tarea central del liderazgo cristiano: influir a un grupo de personas para acercarlas a los propósitos que Dios tiene para ellas.

El capítulo 7 destaca la importancia de la madurez en un líder. Un ministerio maduro fluye de una persona madura. Dios hace que el carácter de un líder cobre profundidad, a veces de maneras dolorosas, para producir un fruto todavía más maduro.

El capítulo 8 señala la necesidad de integrar las lecciones aprendidas en una filosofía ministerial. Este marco de referencia se convierte en los cimientos del líder. Le proporciona un soporte sobre el que basar su liderazgo futuro.

El capítulo 9 plantea tres desafíos de liderazgo. Y espero que usted responda ante los tres. En este capítulo destaco el concepto de continuar bien y, especialmente, de terminar bien. La mayoría de los líderes que dejan el ministerio lo hacen a mitad de camino; no continúan bien.

He diseñado este libro tanto para el aprendizaje inicial como de referencia. Espero que utilice este libro una y otra vez. Pero sé que no siempre será posible recordar las diversas definiciones que presentaré, así que el glosario puede serle de ayuda como consulta rápida.

He sido selectivo con los contenidos. La teoría de la manifestación del liderazgo cuenta con más elementos de los que he incluido en este libro[10]. Esto se explica repetidas veces en las notas explicativas, que encontrará al final del libro en vez de al pie de las páginas. Aunque no es el sistema más cómodo para un lector en profundidad, de esta manera no se entorpece al lector medio, que no suele leerlas en una primera lectura. Estas notas proporcionan explicaciones y desafíos que deberían llevarle a un mayor aprendizaje y le brindan fuentes de información adicional sobre la teoría de manifestación del liderazgo. En esta edición revisada he aumentado ampliamente las notas finales.

El liderazgo se basa en las lecciones de Dios aprendidas durante toda la vida. Y el suyo, por lo tanto, será único. Dios lo hará pasar por varias «etapas de liderazgo» en su camino hacia toda una vida de servicio. Preveo que este libro le proporcionará los conocimientos necesarios para su recorrido.

CAPÍTULO 1

UNA CARTA A DAN, EL PASANTE

Dan era un estudiante de seminario que se acercaba a la treintena y que sentía que Dios lo había llamado a ser misionero en China. Durante su segundo año en el seminario empezó a sentirse inquieto con la cantidad de estudio que implicaba; quería salir y pasar a la acción. Con esto en mente, abandonó el seminario y se fue a Hong Kong para trabajar como pasante durante nueve meses[1]*. Las cosas no resultaron como él esperaba. Le encomendaron que realizara una investigación académica de la cultura y la historia de China, pero la descripción de sus responsabilidades no estaba demasiado definida. Su supervisor casi nunca estaba disponible*[2]*.*

Dan quería participar en el ministerio entre los chinos, pero a duras penas conocía el idioma. Comenzó impartiendo clases de inglés a varios chinos, pero empezó a sentirse llamado a ir a China continental. Quizás había llegado el momento de dejar la beca y dirigirse allí. Se sentía perplejo e incluso frustrado. Fue en ese punto, más o menos cuando iba por la mitad de su beca, cuando le escribí.

Querido Dan:

Nos ha hecho mucha ilusión recibir tu carta de oración. A Marilyn y a mí siempre nos encanta tener noticias tuyas, y me ha gustado mucho que nos hablaras de tu situación. Veo mucho potencial para el crecimiento de tu vida interior. Es maravilloso advertir que estamos en el programa de formación de Dios. Él siempre adapta el programa de estudios a lo que necesitamos. ¡Vaya si es un desarrollo a largo plazo! Dios tiene esto en mente a medida que adapta el plan de estudios a cada persona para que se ajuste al trabajo que hará en sus vidas. Ahora mismo estás en una de las asignaturas obligatorias. Seguramente pensabas que era una optativa, pero no es así.

Una de mis áreas de estudio, investigación y enseñanza es la teoría de la manifestación del liderazgo. La teoría de la manifestación del liderazgo te fuerza a considerar toda la vida, con perspectivas a largo plazo. Si retrocedes un poco y consideras la vida de una persona como si la miraras por un telescopio, encuentras cosas que, de otro modo, no verías. Permíteme sugerirte cuatro cosas que veo que están sucediendo en tu situación. No las afirmo de forma dogmática, sino que las ofrezco como conocimientos que puede que te ayuden a ver la obra que Dios está haciendo ahora mismo en ti.

En primer lugar hace falta un trasfondo necesario para que entiendas la terminología que emplearé. La teoría de la manifestación del liderazgo empieza con el concepto de trazar una cronología. El estudio cronológico de cada persona es único. Aun así, cuando ya has visto varias cronologías, acabas por detectar algunos patrones generales. A continuación encontrarás un patrón general idealizado, resumido a partir del estudio de varios patrones individuales. Aunque no se cumpla necesariamente en el caso específico de cada persona, sí que supone un marco de referencia funcional. Fíjate en que hay cinco fases de desarrollo.

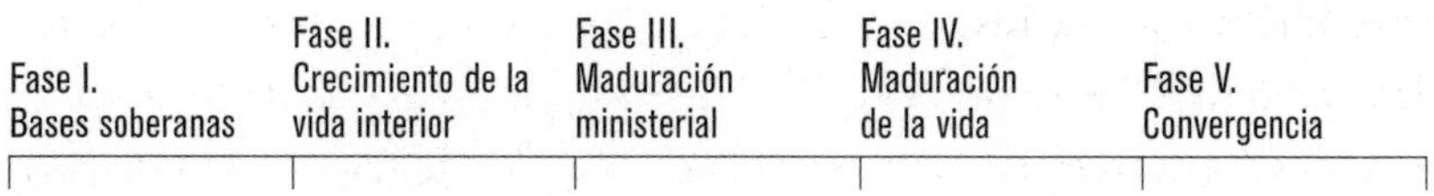

Figura 1-1 Cronología generalizada en cinco fases

A veces, aunque en contadas ocasiones, se da una sexta fase denominada «Satisfacción final» o «Celebración». En la vida real, el desarrollo de las fases III y IV a menudo se superponen, aunque aquí yo las muestre en un patrón secuencial.

En la fase I, Dios, en su providencia, obra elementos de base en la vida del futuro líder. Las características de su personalidad, sus experiencias tanto positivas como negativas y el contexto temporal serán elementos usados por Dios. Las bases están sentadas, aunque quizás la estructura que se está construyendo no se vea todavía de forma clara. Se han integrado los rasgos del carácter, los mismos que, en su forma madura, Dios adaptará y usará. En muchas ocasiones se verá que los rasgos de personalidad están correlacionados con la mezcla de dones espirituales que Dios concede[3].

Una visión retrospectiva durante la etapa de convergencia hace que sea más fácil aclarar esta correlación entre los elementos de base con el liderazgo maduro. A menudo la condición intermedia entre la fase I y II es la experiencia de conversión (o un compromiso de entrega total) en la que el líder futuro aspira a pasar toda su vida dedicado a Dios.

En la fase II, el líder emergente suele recibir algún tipo de formación. A menudo es algo informal[4], relacionado con el ministerio. El futuro líder aprende a través de su colaboración en el contexto de una iglesia local u organización cristiana. Los modelos básicos a través de los que aprende son la imitación de modelos[5] y la instrucción informal como aprendiz[6], además de la mentoría[7]. A veces se trata de formación formal (especialmente si la persona pretende dedicarse al liderazgo a tiempo completo) en un seminario o escuela bíblica[8]. En ocasiones, durante el programa académico, la persona recibe experiencia ministerial. De forma superficial puede parecer que la formación ministerial es el centro de esta fase de desarrollo. Pero un análisis más profundo muestra que el mayor impulso del desarrollo de Dios se produce en el interior. El programa de formación real se está dando en el corazón de la persona, donde Dios está poniendo a prueba su crecimiento. Y creo que ahora, en Hong Kong, este es el tipo de formación por el que estás pasando.

En la fase III, el líder emergente entra en el ministerio como uno de los elementos centrales de su vida. Recibirá más formación, ya sea de forma informal, con proyectos de crecimiento de autoaprendizaje[9], o de forma informal, mediante talleres orientados de forma funcional y demás[10]. Las actividades principales de la fase III son ministeriales. La formación que se produce es bastante fortuita y, a menudo, no intencional. ¡Lo que parece más importante es el ministerio! La mayoría de las personas se muestran impacientes por dejar atrás la fase II y pasar al «trabajo real»: la fase III, el ministerio. Y parece que eso es lo que te pasa a ti. Estás impaciente por pasar directamente al ministerio entre las personas de China.

Pero lo maravilloso es que, durante las fases I, II y III, Dios está trabajando principalmente en el líder. Aunque puede que el ministerio esté dando frutos, la obra principal es aquello que Dios está haciendo con y en el líder, no a través de él. La mayoría de los líderes emergentes no están conscientes de esto. Evalúan la productividad, las actividades, los frutos y demás. Pero Dios, en silencio y de formas a menudo inusuales, intenta que el líder vea que uno ministra a partir de lo que es. A Dios le importa lo que somos. Queremos aprender miles de cosas porque hay muchísimo por asimilar y hacer. Pero Dios nos enseñará solo una cosa, quizás de mil maneras diferentes: «Estoy formando a Cristo en ti». Esto es lo que te dará poder en tu ministerio. La fase IV todavía tendrá este énfasis de «ministrar a partir de lo que eres».

Durante la fase IV, el líder identifica esta mezcla de dones y la usa con poder. Hay un fruto que brota de la madurez. Dios trabaja a través del líder mediante el modelo de imitación (como se explica en Hebreos 13:7-8). Es decir, Dios usa también nuestra vida, además de los dones, para influir en los demás. Este es un periodo en el que la aptitud emerge, junto con las prioridades. Uno reconoce que parte de la guía de Dios para el ministerio se da mediante el establecimiento de prioridades ministeriales, a través de dones de discernimiento.

Durante la fase V se da la convergencia. Es decir, Dios lleva al líder a un puesto acorde con su mezcla de dones, experiencia, temperamento, etcétera. La ubicación geográfica también es una parte importante de la convergencia. El puesto no solo libera al líder del ministerio para el cual no tiene dones, sino que también realza y utiliza los mejores aspectos del líder. No muchos líderes experimentan la convergencia. A menudo se los asciende a puestos que entorpecen su mezcla de dones. Lo que es más, pocos líderes ministran a partir de lo que son. Su autoridad a menudo surge de su puesto. En la convergencia, la autoridad espiritual y la forma en la que es la persona suponen la verdadera base de poder para el ministerio maduro.

A largo plazo, Dios te está preparando para la convergencia. Está dándote forma a imagen de Cristo (como se explica en Romanos 8:28-29) y está proporcionándote formación y experiencia para que tus dones queden al descubierto. Su objetivo es un líder lleno del Espíritu a través del cual el Cristo vivo pueda ministrar utilizando los dones espirituales del líder. El fruto del Espíritu es la marca del cristiano maduro[11]. Los dones del Espíritu son una marca de un líder al que Dios está utilizando. Dios quiere ese equilibrio. Su enfoque es trabajar primero en ti y, después, a través de ti.

Durante todas las fases de desarrollo, Dios procesa a una persona trayendo a su vida actividades, personas, problemas, etcétera. Y a estas cosas las llamamos *elementos de proceso*. Ya he explicado antes cuál es el propósito definitivo de Dios para estos elementos de proceso. Mediante el estudio de las vidas de las personas podemos identificar y etiquetar algunos de los elementos de proceso. Uno de ellos es una comprobación de integridad[12]. A menudo suele darse en la fase de crecimiento de la vida interior y en la primera parte de la fase de maduración ministerial. Tengo la sensación de que tu beca en Hong Kong es una comprobación de integridad. Superar con éxito una comprobación de integridad hace que un líder sea más fuerte y capaz de servir a Dios en una amplia esfera de influencia.

Una comprobación de integridad pone a prueba tu carácter para ver si está bien formado. ¿Seguirás adelante hasta cumplir con tu compromiso? Quizás Dios está utilizando tu tiempo en Hong Kong para permitirte ver si persistirás en tu deseo de ministrar a las personas de China. Una cosa es tomar una decisión acalorada (o, según el caso, en la quietud de la soledad). Y otra muy distinta es servir para toda la vida. Quizás lo que

Dios te está diciendo a través de esta experiencia es el mensaje de Jeremías 12:5: «Si te cansa competir contra simples hombres, ¿cómo podrás correr contra caballos? Si tropiezas y caes en campo abierto, ¿qué harás en los matorrales cerca del Jordán?».

El aislamiento es otro elemento de proceso. En muchas ocasiones en la vida del líder puede que se le aparte de los demás. A menudo este elemento de proceso se ve en la fase de maduración ministerial y en la fase de maduración de la vida. Pueden ser situaciones que se dan debido a crisis, enfermedades, persecución o disciplina, elección propia o circunstancias dictadas por la providencia.

¿Y por qué? (¡Sé que te lo estás preguntando!) Dios utiliza los elementos de proceso de aislamiento para enseñar importantes lecciones de liderazgo interiores que no se podrían aprender en las presiones y actividades del ministerio normal. Dios tiene que captar primero tu atención. Y, después, te enseña.

Veo el proceso de Dios en ti a través de una forma de aislamiento. En tu caso, es una mezcla entre una elección propia y circunstancias divinas. En estas formas de aislamiento, Dios ansía enseñarte una o más de las siguientes lecciones:

- Proporcionarte una nueva perspectiva del ministerio
- Reavivar un sentido de destino
- Flexibilidad para abrirte a nuevas ideas y al cambio
- Ampliar tus miras a través del contacto con otros
- Llegar a convicciones internas a través de la Palabra
- Recibir guía

Ahora te toca responder a este proceso de aislamiento e identificar las lecciones que Dios tiene para ti.

Una tarea ministerial, que suele darse en la fase II, es una asignación de Dios donde se prueba al líder en algunas lecciones básicas. Cuando se termina con éxito una tarea ministerial, al líder se le suele asignar una tarea mayor. Puedes ver este elemento de proceso en la vida del líder bíblico Tito. También puede verse en la vida de Watchman Nee, un líder chino. Señalo este y otros ejemplos en mi manual de autoestudio sobre la teoría de la manifestación del liderazgo.

Las tareas ministeriales pueden ser formales o informales. Puede parecerte que te las asigna otra persona o que sean tu propia elección. Pero antes o después, si una persona está abierta y sensible al procesamiento de Dios, se acaba reconociendo que fue Dios quien realmente las asignó. Por lo tanto, deberá rendirle cuentas a él. Las tareas ministeriales implican ganar experiencia o conocimiento, o hacer cosas que acaben por dotarnos de carácter y aptitud. A menudo está en práctica el principio «en las cosas pequeñas y grandes» que se explica en Lucas 16:10. ¿Eres capaz de tener fe en las cosas pequeñas? Quizás no puedas ver ahora la importancia de las tareas pequeñas, pero ¿puedes encargarte con fidelidad de lo que te ha sido encomendado? Si es así, entonces recibirás responsabilidades más grandes. En caso contrario, Dios tendrá que volverte a enseñar de nuevo la misma lección.

Es muy posible que las clases de inglés que estás dando sean una tarea de Dios. Él, a través de ellas, te enseñará lecciones sobre ti mismo y tu amor (o falta de amor) hacia las personas chinas. Será aprendizaje experiencial centrado en tu esfera de influencia[13]. ¿Puedes aprender a influir en un grupo pequeño a partir de tu persona (del modelo que seas de Cristo con tu vida) y a partir de lo que enseñas? Tu proyecto de investigación de estudio de la cultura y la historia china también puede ser una tarea ministerial. Cúmplela con fidelidad. Puede que Dios te esté dando información que querrá utilizar en ti más adelante.

Las tareas ministeriales no siempre están claramente definidas ni son fáciles de ver. Pero forman parte del proceso que nos puede llevar a otros ministerios. Tu trabajo es cumplir con ellas como si fueran para el Señor. Cuando estás en una iglesia u organización cristiana y tienes influencia en ella, verás esto constantemente en los líderes emergentes más jóvenes. De hecho, probablemente lo utilizarás de forma deliberada a la hora de probar y formar a futuros líderes.

Quizás la clave en todo este tema es la sumisión. ¿Estás dispuesto a someterte a los propósitos que Dios tiene ahora mismo para ti? Cualquier persona puede someterse a algo que quiere. La sumisión solo se pone a prueba cuando se trata de algo indeseado. Puede que aprender a someterte sea el motivo más importante por el que Dios te haya llevado a Hong Kong. Una cosa es saber cuál es la voluntad de Dios y otra muy distinta es saber el momento en el que se cumplirá (tanto el qué como el cuándo). Desde mi punto de vista, todavía no estás listo para un ministerio completo. Dios no tiene tanta prisa como tú o yo podamos tener. Le interesa mucho más darnos forma antes. La sumisión es una lección de liderazgo esencial.

Aquí tienes algunas sugerencias:

Trabaja en la sumisión. Acabo de volver de un seminario en Nueva Zelanda y, mientras hablaba de uno de mis proyectos de crecimiento, uno de los participantes me dio estas palabras de Andrew Murray, un gran cristiano de Sudáfrica.

1. Él me trajo aquí. Es por su voluntad que estoy en este lugar. Descanso en ese hecho.
2. Él me tendrá aquí, en su amor, y me dará la gracia para comportarme como su hijo.
3. Después, él convertirá esta prueba en una bendición, enseñándome las lecciones que quiere que aprenda.
4. En su momento, me sacará de este lugar, aunque solo él sabe cuándo y cómo. Así que permíteme decir: Estoy (1) aquí porque así lo ha decidido Dios, (2) bajo su cuidado, (3) bajo su enseñanza y (4) durante el tiempo que él decida[14].

En aquel momento no entendí exactamente por qué me compartió estas palabras. Pero, tras leer tu carta, he visto con claridad que quizás no eran tanto para mí sino para ti. Esta mañana, mientras reflexionaba, he sentido que el Espíritu Santo (eso creo yo) me decía que debía enviártelas.

Lee el capítulo sobre el tiempo y los plazos en *Principles of Spiritual*

Growth (Principios del crecimiento espiritual) de Miles Stanford[15]. Tiene algo que decirte ahora mismo, en tu situación exacta. Tienes prisa para empezar con el ministerio. Fíjate en especial en la frase donde se comenta la diferencia entre un calabacín y un roble[16].

Espera en el Señor. Él te dirigirá por camino llano cuando llegue el momento.

Habla con mi amigo Steve Torgerson. Es un «misionero libre evangélico» en Hong Kong. Está pasando por una temporada de aislamiento debido a su estudio del idioma chino. Ha recibido una formación exhaustiva de Dios. Su formación como aprendiz en varios aspectos es un tipo de formación informal utilizada por Dios para equiparle en su ministerio. Pero debido a la barrera del idioma, todavía no puede pasar a la acción. Él comprende la situación en la que te encuentras. Pasa algo de tiempo con él. Cultiva una amistad con él y pídele consejo. Te podrá orientar bien.

Lee la historia de J. O. Fraser, que sirvió en China (*Behind the Ranges* [Tras las cordilleras] por Geraldine Taylor). Fue preparado a través del aislamiento[17]. Creo que ahora estás preparado para esto. Dios se te irá mostrando a medida que la leas.

Vaya, mi intención era escribirte una breve carta y ha acabado convirtiéndose en toda una epístola. Si estuvieras aquí no dudaría en hablar contigo y compartirte estas cosas, así que ¿por qué no hacerlo por carta? El apóstol Pablo hizo cosas así.

Un colaborador en tu misma causa,
Bobby Clinton

CAPÍTULO 2

LA BASE DE LAS LECCIONES: EL PANORAMA GENERAL

El desafío o problema: Acuérdense de los líderes que les enseñaron la palabra de Dios. Piensen en todo lo bueno que haya resultado de su vida y sigan el ejemplo de su fe. Jesucristo es el mismo ayer, hoy y siempre. *(Hebreos 13:7-8)*

Hoy en día, hay más iglesias y organizaciones cristianas y misioneras que nunca, y todas cuentan con una imperiosa necesidad de liderazgo. Necesitamos a hombres y mujeres cuyas vidas imiten a esas personas de la Biblia dignas de recibir el nombre de «líder». La iglesia, en todo el mundo, necesita un grupo de discípulos comprometidos, como los de antaño, que puedan guiarnos con sus vidas, con el ejemplo de una fe digna de imitación.

Para poder seguir el ejemplo de la fe de los líderes de antaño estudiamos sus vidas. Debemos acordarnos de ellas, recordarlas. ¿Las lecciones aprendidas por líderes espirituales y bíblicos que vivieron hace años son aplicables a nosotros hoy en día? La respuesta a esa pregunta es un «sí» rotundo. ¿Y por qué? Porque Jesucristo es el mismo ayer, hoy y siempre. No es ningún accidente que esas palabras sigan el consejo de «acordarnos» y «seguir el ejemplo». Las mismas lecciones que Jesús enseñó en el pasado se aplican a mí hoy en día. El mismo Jesucristo que hizo que esos líderes vivieran vidas de fe hará que yo viva una vida de fe en la actualidad. Él es tanto el origen como el motivo de nuestro estudio del liderazgo.

El liderazgo es toda una vida de lecciones. No es un programa de cursos por correspondencia de autoaprendizaje que puedes ir haciendo en unos pocos meses o años. En nuestro intento de «acordarnos de cómo vivieron y murieron» aprenderemos a analizar estas lecciones. A través de esto acumularemos datos y los procesaremos mediante una herramienta: la cronología. A medida que reflexionamos sobre estos datos veremos que emergen varios patrones que indicarán las varias maneras en las que Dios desarrolla y refuerza a los líderes del pasado por sus roles de liderazgo concretos. Podemos aprovechar tanto *la manera* en la que Dios los ha desarrollado como *el contenido* de lo que Dios les ha enseñado. A medida que aplicamos estas lecciones a nuestras vidas, estaremos imitando su fe.

Vamos a echar un vistazo a varios casos de estudio breves de líderes dignos de imitación. Todos ellos imitaron a líderes a los que Dios había dirigido antes que a ellos. Examine las diferencias y similitudes en sus vidas, y fíjese con atención en las imágenes de las cronologías de cada uno. Los mencionaré constantemente en mis explicaciones de patrones, procesos y principios de liderazgo.

En Aiden Wilson Tozer se combinaban el toque del místico con la pasión del profeta[1]. Nació en un entorno rural y humilde. Fue principalmente autodidacta y no recibió formación formal. La primera etapa de su ministerio supuso empezar de nuevo varias veces, dado que pasó de una oficina pastoral a otra. Tozer fue una persona solitaria y, como creía que debía desarrollar su vida interior, aprovechaba las temporadas de soledad para aprender. Describía en sus escritos lo aprendido en esos periodos de quietud, demostrando la influencia indirecta de la palabra escrita. A continuación se encuentra la cronología de Tozer.

I. Bases de disciplina interior	II. Formación práctica en el puesto: Nuevos inicios	III. Liderazgo en la ciudad: Ampliación de la esfera de influencia	IV. Conclusión: Reflexión	
1897	1919	1928	1959	1963

Figura 2-1 Cronología de A. W. Tozer

Las personas que conocían a Dawson Trotman lo llamaban «Daws»[2]. Era una persona dinámica que dedicaba todas sus fuerzas a cualquier cosa que hiciera. Consiguió que la iglesia volviera al cristianismo auténtico centrándose en un discipulado comprometido[3]. Su vida estuvo caracterizada por su enfoque pragmático sobre el aprendizaje y su deseo de ver a otros reproduciendo lo que él había aprendido. La expansión mundial de Los Navegantes se remonta directamente a su vida de oración. Su historia es un ejemplo de lo que Dios logra con una vida dispuesta a confiar y a actuar. Aquí está su cronología:

I. Bases inquietas	II. Desarrollo del modelo	III. Ampliación de la visión	
1906	1933	1948	1956

Figura 2-2 Cronología de Dawson Trotman

Watchman Nee nació como respuesta a una oración[4]. Su nombre, Watchman, que en inglés significa «centinela», fue profético y concedido por Dios. Vivió en tiempos de cambio en China, en medio de la transición de la monarquía a la república. Fue entonces cuando conoció a Cristo. Fundó iglesias indígenas que sufrieron una gran persecución. Su trabajo se basaba en principios y convicciones concedidas por Dios. Su énfasis en la vida de unión[5] y sus conocimientos sobre la autoridad espiritual[6], la base de poder principal de un líder espiritual[7], pueden ser una guía muy importante para los líderes de hoy en día. El rasgo característico de la vida y el ministerio de Watchman Nee fue la constancia.

I. Bases soberanas	II. Lecciones fundamentales	III. Del ministerio directo al indirecto	IV. Años de madurez	
1903	1921	1927	1941	1972

Figura 2-3 Cronología de Watchman Nee

VISTA GENERAL: PATRONES, PROCESOS Y PRINCIPIOS

Los términos *patrones*, *procesos* y *principios* son esenciales para comprender el análisis de la vida de una persona. Los patrones se basan en el marco general (o panorama) de toda una vida. Los procesos son las formas y medios utilizados por Dios para que un líder avance en el patrón general. Los principios se centran en la identificación de verdades fundamentales dentro de procesos y patrones que tienen una aplicación más amplia para los líderes.

Al estudiar patrones, la cronología es útil para realizar observaciones a largo plazo. En el estudio de los procesos, analizamos los elementos de proceso: sucesos, personas, circunstancias, intervenciones especiales y lecciones de la vida interior providenciales que pueden ser el modo en el que Dios indica el potencial de liderazgo. Los elementos de proceso también desarrollan potencial, confirman el puesto de liderazgo y llevan al líder emergente al nivel de ministerio designado por Dios[8].

Los principios se diferencian de los patrones y procesos en que identifican verdades fundamentales. Hace mucho tiempo, en mi formación como Navegante, me enseñaron la importancia de identificar principios y aplicarlos a mi vida. Esto se ha ido reforzando con el paso de los años, a medida que he conocido a otros con la misma inclinación. Una de estas influencias fue Warren Wiersbe. En una ocasión escribió un excelente artículo que enfatizaba toda esta idea de los principios. En él explicaba lo siguiente:

> Casi lo único que recuerdo de uno de mis cursos en el seminario es un verso de dudosa calidad que el desganado profesor citó en una aburrida conferencia:
>
> Los métodos abundan,
> los principios no.
> Los métodos siempre cambian,
> *nunca los principios.*
>
> Con esta convicción, me embarqué en una búsqueda de principios para toda la vida: esas verdades fundamentales que nunca cambian y que, sin embargo, siempre

> esconden un nuevo significado. Aprendí a evaluar a hombres y ministerios a partir de los principios que los motivaron, así como del fruto que produjeron.[9]

Ahora que ya he presentado estos tres términos, nos concentraremos en los patrones. Comentaremos los elementos y principios del proceso aplicados a los patrones de forma más profunda en capítulos posteriores.

CRONOLOGÍA GENERALIZADA

Una cronología es una herramienta importante para analizar la vida de un líder, ya que revela el patrón general de la obra de Dios en una vida. Si observa los casos de estudio, verá que en cada uno he incluido una cronología. A continuación verá una cronología generalizada, la síntesis de las muchas cronologías que he estudiado. Aunque en contadas ocasiones encajará exactamente con el recorrido de una persona concreta, supone una buena perspectiva. Una cronología es una representación lineal a lo largo de un eje horizontal que se divide en fases de desarrollo[10].

Fase I. Bases soberanas	Fase II. Crecimiento de la vida interior	Fase III. Maduración ministerial	Fase IV. Maduración de la vida	Fase V. Convergencia	Fase VI. Satisfacción

Figura 2-4 Cronología generalizada

Una fase de desarrollo es una unidad de tiempo en la vida de una persona. Las diferentes unidades se identifican según la naturaleza del desarrollo o los medios del desarrollo en la vida de un líder. Estas unidades de tiempo significativas se denominan «bases soberanas», «crecimiento de la vida interior», «maduración ministerial», «maduración de la vida», «convergencia» y «satisfacción final». Las fases de desarrollo no son un absoluto[11]. Sin embargo, son útiles porque nos obligan a analizar lo que Dios estaba haciendo en un momento determinado de la vida de una persona.

En la fase I, Bases soberanas, Dios obra providencialmente a través de la familia, el entorno y los sucesos históricos. Esto empieza en el nacimiento. Puede que le cueste creer que Dios estuviera trabajando a través de su familia o su entorno, especialmente si estas no fueron influencias demasiado devotas, pero es así. Es emocionante ver cómo la providencia de Dios estuvo (y está) obrando a través de todas nuestras experiencias. Tenga presente que, a menudo, es difícil ver la importancia de todos estos elementos antes de llegar a fases posteriores[12]. Pídale a Dios que le haga ver cómo encajan algunas de las piezas de las bases soberanas que sentó para su vida. En el proceso, usted podrá apreciar su poder de una forma más profunda.

En la fase I, Dios está desarrollando al líder sentando las bases en su vida. Se trata de una operación soberana, ya que el líder en potencia tiene poco control sobre lo que pasa en esta fase. Su lección principal es aprender a responder positivamente y a aprovechar lo que Dios ha puesto en estas bases. Hubo pocas influencias espirituales significativas en las vidas de nuestros tres casos de estudio (Tozer, Trotman y Nee) durante esta fase; sin embargo, podemos ver que Dios estaba dirigiendo cada vida de forma soberana.

La siguiente fase en la que entra un líder emergente es aquella en la que busca conocer a Dios de una manera más personal e íntima. Este periodo se define como fase II, la fase de Crecimiento de la vida interior. El líder aprende la importancia de orar y escuchar a Dios. A medida que crece en discernimiento, comprensión y obediencia, es puesto a prueba. Estas primeras pruebas son experiencias cruciales que Dios usa para prepararlo para los próximos pasos en el liderazgo. El líder en desarrollo se implica, de forma invariable, en alguna forma de ministerio. En este contexto de aprender mediante la práctica adquiere nuevas lecciones de vida interior.

En esta fase se identifica el potencial de liderazgo y Dios usa experiencias de prueba para desarrollar el carácter. Una respuesta apropiada y devota permite al líder aprender las lecciones fundamentales que Dios quiere enseñarle. Si la persona no aprende, Dios suele volver a probarle en las mismas áreas. Una respuesta adecuada dará como resultado una expansión del ministerio y una mayor responsabilidad.

En la fase III, Maduración ministerial, el líder emergente se acerca a otros. Está empezando a experimentar con los dones espirituales a pesar de que quizás no conozca esta doctrina. Puede que reciba formación para poder ser más efectivo. En esta etapa, el ministerio es el foco del prometedor líder. Muchas de sus lecciones girarán en torno a las relaciones con otras personas o las deficiencias en su vida personal.

Durante este tiempo, Dios está desarrollando al líder en dos aspectos. A través del ministerio, el líder puede identificar sus dones y habilidades, y usarlos con mayor efectividad. También tendrá una comprensión más profunda del cuerpo de Cristo a medida que experimenta los muchos tipos de relaciones que se hallan en él. Estas experiencias en las relaciones enseñan lecciones tanto negativas como positivas.

La actividad ministerial o sus frutos no son el enfoque de las fases I, II y III. Dios está trabajando principalmente *en* el líder, no *a través* de él[13]. Muchos líderes emergentes no están conscientes de esto y se frustran. Mientras Dios examina en silencio su potencial como líderes, ellos evalúan constantemente sus actividades y productividad. Él quiere enseñarnos que ministramos a partir de lo que somos.

Al llegar a la fase IV, Maduración de la vida, el líder ha identificado y está usando sus dones espirituales en un ministerio que es satisfactorio. En este punto gana una percepción de las prioridades con respecto a cuál es el mejor uso de sus dones y entiende que saber lo que no debe hacer es tan importante como saber lo que sí debe hacer. El resultado de todo esto es una madurez fructífera. El aislamiento, las crisis y el conflicto adoptan un nuevo significado. El principio de que «el ministerio surge del ser» adopta un nuevo significado a medida que el carácter del líder se suaviza y madura.

En esta fase, el líder desarrolla su comprensión experimental de Dios. La comunión con Dios se vuelve fundamental y se convierte en más importante que el éxito en el ministerio. A través de este cambio, el ministerio mismo pasa a ser más relevante y fructífero. La clave para el desarrollo durante esta fase es una respuesta positiva a las experiencias impuestas por Dios. Esta respuesta llevará a una comunión con Dios más profunda que se convertirá en la base para un ministerio duradero y efectivo.

En la Convergencia, en la fase V, Dios lleva al líder a un puesto que encaja con su mezcla de dones y experiencia, de modo que el ministerio se maximiza[14]. El líder da lo mejor de sí y se libera del ministerio para el que no está dotado o no es apto. Durante este periodo, la maduración ministerial y la maduración de la vida llegan a su punto álgido.

Muchos líderes no experimentan la convergencia, y hay varios motivos por los que puede ser así. A veces no avanzan debido a su propia falta de desarrollo personal. En otras ocasiones, puede que una organización dificulte el desarrollo de un líder al tenerlo en una posición limitante[15]. Algunas razones son providenciales, como en el caso de Dawson Trotman, y pueden resultar difíciles de entender porque no captamos la situación en su totalidad[16]. Aun así, en general, cuando ocurre una convergencia, se maximiza el potencial del líder.

La principal tarea de desarrollo para la fase V es guiar al líder hacia un puesto y lugar donde pueda ser lo más efectivo posible. Su respuesta ante la guía de Dios debe ser confiar, descansar y observar cómo Dios lo lleva a un ministerio que encarna todo el desarrollo de las fases anteriores. La convergencia se manifiesta en su respuesta constante a la obra de Dios en su vida.

En muy pocos líderes se da la fase VI, Satisfacción final (o Celebración)[17]. El fruto de toda una vida de ministerio y crecimiento culmina en una etapa de reconocimiento y amplia influencia indirecta. Los líderes en satisfacción final han labrado una red de contactos durante toda su vida y continúan ejerciendo influencia en estas relaciones. Otros los buscarán al ver que han seguido a Dios con constancia. Son un pozo de sabiduría reunida a lo largo de toda una vida de liderazgo, así que podrán seguir bendiciendo y beneficiando a muchos.

No hay una tarea de desarrollo reconocible en la fase VI que no sea dejar que la vida en el ministerio refleje la gloria de Dios y honrar su fidelidad durante toda una vida de manifestación de ese liderazgo[18].

IDENTIFICACIÓN DE LAS FASES DE DESARROLLO

Las fases de desarrollo se caracterizan de forma consistente en al menos tres formas diferentes[19]. En primer lugar, se producen diferentes tipos de elementos de proceso en diferentes fases. En segundo lugar, cada fase termina ante sucesos limítrofes específicos. En tercer lugar, hay una esfera de influencia diferente.

Dios se vale de sucesos, personas y circunstancias (elementos de proceso) providenciales para desarrollar a un líder. Si bien todo lo que sucede en nuestra vida se usa para darnos forma, algunos elementos pueden vincularse más directamente a la manifestación del liderazgo. He agrupado los diversos elementos de proceso en seis categorías generales: factores de base, factores de crecimiento de vida interior, factores ministeriales, factores de madurez, factores de convergencia y factores de guía. Diferentes tipos de elementos suceden en diferentes momentos de la vida del líder. Estos elementos de proceso pueden darse, aunque no es frecuente, en otras fases que no sean las características. Los elementos de proceso de guía se producen en todas las fases y, a menudo, son cruciales durante las transiciones entre fases.

Las fases tempranas del desarrollo se caracterizan por elementos de proceso conocidos como elementos de crecimiento de la vida interior. La vida de Dawson Trotman los reflejó justo después de su conversión[20]. Él le pidió a Dios, en oración, que le permitiera dar testimonio en su trabajo. Dios puso a prueba su sinceridad con una serie de tres comprobaciones. La primera: ¿su conversión era un secreto o la iba a revelar a todos llevándose su Nuevo Testamento al trabajo? Dawson se llevó la Biblia al trabajo y rápidamente se corrió la voz de que Trotman era religioso. Dios volvió a ponerlo a prueba. ¿Se identificaría con otros cristianos y, en concreto, con un predicador que acudía al aserradero y predicaba una vez por semana? Así lo hizo Trotman, y esto llevó a la tercera comprobación. El predicador le pidió a Trotman que diera su testimonio personal. Dawson accedió y rápidamente todos sus compañeros de trabajo se enteraron de lo que iba a hacer. El primer testimonio público de Trotman acabó siendo una predicación ante sus doscientos compañeros de trabajo. A través de estas tres comprobaciones concretas, Dios comenzó a dar forma y preparar a Trotman para un ministerio de evangelismo más amplio. Un futuro de gran utilidad puede depender de pequeños detalles como estos.

Las fases intermedias del desarrollo a menudo muestran elementos de proceso ministerial. Se centran en lecciones sobre el ministerio y pueden adoptar diferentes formas. Algunos, llamados elementos de poder, implican reconocer y adoptar el poder de Dios en un ministerio.

Watchman Nee experimentó elementos de proceso de poder en varios momentos de su vida. En una ocasión, Nee y un equipo chino estaban evangelizando en una pequeña aldea isleña. En enero de 1925, los pescadores y los agricultores, que estaban celebrando el Año Nuevo, no estaban muy abiertos a los equipos del evangelio. Los pescadores creían en un dios llamado Ta-Wang que, según ellos, había demostrado su poder durante 286 años haciendo que, en el día dedicado a él en el festival, el clima fuera perfecto. Del mismo modo que en el encuentro entre Elías y el sacerdote de Baal, el equipo de Nee y los aldeanos vieron una confrontación entre Dios y Ta-Wang. El Dios de Nee triunfó: como respuesta a la fe de su equipo, una tromba de agua cayó del cielo. Los aldeanos que habían prometido seguir a Dios si este demostraba ser más fuerte que Ta-Wang cumplieron su palabra. Este suceso fue un gran avance en el ministerio, no solo en esa isla sino en el resto del archipiélago.

El segundo factor de identificación en las fases de desarrollo es el suceso limítrofe. Los elementos de proceso que suceden durante un tiempo limítrofe, fundamentales para pasar de una fase a la siguiente, se denominan sucesos limítrofes. Entre los sucesos limítrofes se incluyen factores tales como crisis, ascensos, nuevos ministerios, aprender conceptos nuevos e importantes, experiencias inusuales, encuentros con personas que te cambian la vida, una experiencia de guía divina o un traslado geográfico. Como puede ver, no hay unas directrices concretas. Los sucesos limítrofes cambian de una persona a otra pero, en general, son señales de cambio. Marcan el principio y el final de un tiempo significativo en la vida de un líder.

La fase I de A. W. Tozer terminó con su experiencia de conversión. Su segunda fase terminó al pasar de estar en pequeñas oficinas pastorales en Virginia, Ohio e Indiana a una en Chicago. No solo fue un traslado geográfico, sino que también pasó de una comunidad pequeña, conservadora y rural a una congregación metropolitana mucho más grande.

Hay tres sucesos limítrofes significativos en la transición de Dawson Trotman de la fase I a la fase II. Dios lo llevó a una convicción de por vida que acabó dando forma al ministerio que comenzó. No hubo un límite definido, sino que el cambio se dio a lo largo de varios meses. Los tres sucesos limítrofes se acumularon y reforzaron entre sí.

El primero fue un elemento de proceso de palabra: en este elemento de proceso, Dios utiliza a menudo su Palabra para alterar de forma significativa la manera de pensar de un líder. En un lapso de nueve meses, Trotman había fundado tan solo tres clubes infantiles. A ese ritmo iba a tardar muchísimo en llegar a toda la nación, por ya no hablar del mundo entero. ¿Podía hacerlo a más velocidad? ¿Había algún modo mejor de hacerlo?

Durante este tiempo de replantarse su manera de actuar, Dios renovó y amplió una promesa que anteriormente le había dado a Dawson: «Entregué a otros a cambio de ti. Cambié la vida de ellos por la tuya, porque eres muy precioso para mí. Recibes honra, y yo te amo» (Isaías 43:4). Él había estado orando por los obreros de la cosecha de Dios. Empezó a estar consciente de la gran diferencia que hay entre un simple creyente y un obrero, y a ver la necesidad de concentrarse en desarrollar a obreros en los que Dios pudiera confiar. Empezó a predicar esta idea: «Dios puede hacer más a través de un hombre dedicado a él en un 100% que a través de cien hombres que solo le dedican el 90%».

Fue por aquel entonces que Dawson escribió en el margen de su Biblia, cerca de la promesa de Isaías, esta petición: «Que Dios pronto nos ponga en contacto con un grupo de jóvenes con poder, de fuertes soldados de la cruz, con los ojos puestos en su gloria»[21]. Había sucedido algo en los últimos seis meses. El objetivo de Dawson había dejado de ser ganar almas y ahora buscaba crear discípulos fuertes y reclutar obreros para Dios. Con este elemento limítrofe, una promesa desafiante de la

Palabra de Dios, su énfasis empezó a pasar de solo el evangelismo al evangelismo con seguimiento, el sello distintivo de Los Navegantes durante los últimos setenta años.

No todos los sucesos limítrofes son positivos, como vemos en el siguiente caso:

> Dawson recogió a un autoestopista que, por su forma de hablar, no era creyente. Pero, pasados unos instantes, descubrió que este hombre era uno de sus «conversos» del año anterior. Nadie le había hecho un seguimiento a ese hombre; su vida espiritual prácticamente se había desvanecido. Conmocionado, Dawson llegó a la conclusión de que debía de haber innumerables personas que, de forma sincera, quizás hasta con lágrimas en los ojos, habían invocado el nombre del Señor, pero cuyas vidas no habían cambiado. ¿Dónde estaba el problema?
>
> Desde ese momento, Dawson decidió hacer un seguimiento con cualquier persona que él llevara a Cristo, un trabajo más difícil que ganar almas, y alentar a otros a dar a sus conversos su merecida oportunidad de crecer en Cristo. Había visto una verdad con claridad y decidió convertirla en un axioma: «Puedes tardar entre veinte minutos y dos horas en llevar a un hombre a Cristo, pero necesitarás entre veinte semanas y dos años para darle el seguimiento que necesita». La experiencia con el autoestopista converso lo conmocionó de tal manera que acabó cambiando el enfoque de su ministerio: menos énfasis en la decisión de seguir a Cristo y más en crecer para convertirse en Cristo[22].

El tercer suceso limítrofe llegó con un elemento de orientación que precedió el paso final a la siguiente fase. Fue un contacto divino, que definiremos de forma más completa en el capítulo 6. A Trotman le dieron el contacto de Spencer, un marinero del buque *West Virginia* de la armada estadounidense. Tras orar por el crecimiento de Spencer en Cristo, Trotman decidió encontrarse con él. Trotman y Spencer estaban estudiando juntos la Biblia cuando se les acercó otro hombre que les preguntó qué estaban haciendo. Trotman usó hábilmente las Escrituras para testificar al hombre y Spencer quedó impresionado con su dominio de la Biblia.

Mientras se dirigían de vuelta al embarcadero, Spencer le dijo:

—Daría el brazo derecho para saber cómo usar la Palabra así.

—Me cuesta creerlo —repuso Dawson, para provocarlo.

Tras hablarlo un poco, el marinero insistió:

—Sí que lo haría. Lo digo muy en serio.

Era la respuesta que Dawson buscaba.

—Pues puedes utilizar la Palabra como yo, claro que sí. Y no te va a costar un brazo, pero tienes que estar dispuesto a empezar, estudiar y aplicarte. Te dedicaré todo el tiempo que necesites[23].

Trotman empezó a trabajar individualmente con Spencer para formarlo en los aspectos básicos del discipulado cristiano. De este contacto y experiencia de formación nació el concepto de reproducción por multiplicación en lugar de por suma, otro aspecto distintivo de Los Navegantes hoy día[24].

Dios usó el elemento de palabra, el elemento de preparación negativa y el elemento de guía (contacto divino) durante este tiempo limítrofe en la vida de Trotman. Si este no hubiera respondido como lo hizo, es posible que no hubiera pasado a su próxima fase de manifestación del liderazgo.

Debido a que la influencia es esencial en el liderazgo, Dios otorga a los líderes la capacidad de influir. Cada líder ejerce sus dones de manera más efectiva en un nivel concreto de influencia[25]. Dios tiene varios medios para desarrollar a un líder potencial hasta que pueda ejercer liderazgo en ese nivel concreto. La esfera de influencia describe un nivel o un tipo de influencia y, además, las personas en las que se influye y por las que ese líder rendirá cuentas a Dios[26]. Un cambio de la cantidad de personas bajo la esfera de influencia (tanto si el número aumenta o disminuye) o en el tipo de esfera de influencia generalmente indica un cambio en las fases de desarrollo.

La transición de Tozer de la fase II a la fase III ilustra cómo la esfera de influencia puede cambiar mucho en diferentes fases de desarrollo. En la fase II, la influencia de Tozer solo era directa: un ministerio en persona con las personas a las que veía a diario o semanalmente en una iglesia pequeña. En esta fase pasó de ser un recién convertido que influía a otras personas a convertirse en un pastor ordenado. En la fase III, la esfera de influencia de Tozer pasó a ser de otro tipo y aumentó. Su ministerio directo se daba en una iglesia de una gran ciudad. Pero su influencia empezó a llegar más allá cuando comenzó a escribir libros, hablar en la radio y en conferencias, y enseñar en centros educativos, como Moody Bible Institute y Wheaton College. Esta esfera de influencia en la fase III no se desarrolló de la noche a la mañana, pero ya desde el principio era diferente a la de la fase II.

SUBFASES

Debido a que una fase de desarrollo puede abarcar un amplio periodo de tiempo, resulta útil emplear subfases para ver el desarrollo de un líder, paso a paso, dentro de una fase larga. Las subfases se caracterizan por sucesos limítrofes y pequeños cambios en la esfera de influencia.

Fase IV. Los años de madurez de Wathman Nee

A. Años de aislamiento	B. Años de apremio	C. Años de gloria: Aislamiento en prisión	
1941	1945	1952	1972

Figura 2-5 Subfases en la fase de desarrollo IV de Watchman Nee

Durante los primeros once años de esta fase, Nee sentía un tremendo apremio. Previó el drástico efecto que el movimiento revolucionario tendría en la vida de los cristianos chinos. Durante sus años de aislamiento, en la subfase A, empezó a preparar su estrategia. Como se estaba preparando para el futuro, su énfasis durante la subfase B estuvo en la formación intensiva de liderazgo. En la subfase C, su esfera de influencia directa disminuyó porque estaba en prisión, pero su esfera de influencia indirecta aumentó considerablemente gracias a la publicación de sus escritos. Todo esto ocurrió durante la fase IV de la vida de Nee.

Las fases de desarrollo se identifican con tres factores: elementos de proceso, sucesos limítrofes y cambios en la esfera de influencia. Suele haber una interacción entre estos tres factores que también ayuda a determinar las fases de desarrollo.

Como líder, debe estar consciente de que Dios está desarrollándole de forma continua durante toda la vida. Su prioridad principal es formar en usted la imagen de Cristo para un ministerio con autoridad espiritual. De este modo, su ser producirá frutos incesantes. Además de transformar su carácter, Dios aumentará su capacidad de influencia mediante el desarrollo de sus dones espirituales.

Si bien los detalles del patrón generalizado cambian tremendamente de un individuo a otro y, además, no todos los líderes pasarán por todas las etapas, el concepto general sigue siendo válido y es útil en la evaluación y la toma de decisiones.

RESUMEN

¿Qué hemos visto? Hemos definido tres términos fundamentales: patrones, procesos y principios. Hemos observado una herramienta de análisis denominada cronología. Hemos definido fases de desarrollo en esta cronología. Hemos estudiado qué es una fase de desarrollo y cómo se identifica. Hemos visto que los elementos de proceso, los sucesos limítrofes y la esfera de influencia nos ayudan a determinar las fases de desarrollo individual. Hemos visto una panorámica general del liderazgo, considerándolo como una vida entera de lecciones.

¿Le ha llevado este capítulo a reflexionar sobre su propio patrón de desarrollo? Espero que le haya proporcionado una nueva visión de lo que supone la mano de Dios en su vida a partir de nuevas perspectivas con las que identificar el desarrollo divino en su propio patrón de liderazgo. Con una actitud dispuesta a aprender, verá cómo responde a la dirección de Dios y descubre nuevas lecciones que anteriormente podría haberse perdido. Este tipo de reflexión sobre la actividad divina en la vida de un líder desarrolla la confianza que necesitan tener los líderes en la obra.

AHORA ES SU TURNO

Pasemos a algunas indicaciones prácticas. He hecho una lista de algunas preguntas para que las responda. No se limite a ignorarlas. Como sucede con todo tipo de estudio, debe aplicar lo que aprende. Así que adelante. Acepte el desafío de estas sugerencias, llévelas a cabo y comparta los resultados con un amigo.

1. Elabore un borrador de su propia cronología. Empiece por identificar los sucesos limítrofes principales de su vida. Después, reflexione sobre lo que Dios ha estado haciendo en cada uno de estos periodos de tiempo. Defina cada etapa de desarrollo con una etiqueta que capture lo que Dios estaba haciendo durante esa fase.
2. ¿En qué aspectos ha seguido su propio desarrollo el patrón general? ¿En qué aspectos ha diferido?
3. Aunque todavía no he explicado cómo llegar a los principios, la mayoría de los líderes pueden deducirlos de forma intuitiva. Al pensar en la cronología y los principales sucesos limítrofes que ha identificado en la pregunta 1, ¿puede identificar un principio de liderazgo importante que Dios le haya mostrado?
4. En este capítulo he mencionado dos veces una observación importante: *El ministerio fluye del ser.* ¿Está de acuerdo con esto? ¿Por qué?

CAPÍTULO 3

LECCIONES FUNDAMENTALES: PROCESOS DE CRECIMIENTO DE LA VIDA INTERIOR

El desafío o problema: Sobre todas las cosas cuida tu corazón, porque este determina el rumbo de tu vida. *(Proverbios 4:23)*

Nuestro mayor desafío como líderes es desarrollar un carácter devoto. Warren Wiersbe lo aborda de la siguiente manera:

> Sin carácter, el ministerio solo es una actividad religiosa o algo incluso peor: negocio religioso.
>
> «Ruego poder aprender», escribió Henry Martyn, «que lo primero y más importante en esta tierra es la santificación de mi propia alma...».
>
> Alguien le preguntó al famoso empresario J. P. Morgan cuál era la mejor garantía que le podía dar un cliente.
>
> —El carácter —repuso Morgan.
>
> G. Campbell Morgan cabalgaba con D. L. Moody cuando este le preguntó:
>
> —¿Qué es el carácter?
>
> Morgan sabía que, en realidad, el evangelista quería responder a su propia pregunta, así que esperó.
>
> —El carácter —prosiguió Moody—, es lo que es el hombre en la oscuridad [...].
>
> Quizás la palabra clave sea «integridad» [...]. Ninguna cantidad de reputación podrá llegar a sustituir al carácter[1].

Wiersbe ha capturado la esencia de un carácter devoto en una sola palabra: integridad. Hay muchas lecciones en el desarrollo de un líder, y ninguna más crucial en su plazo o impacto que las primeras, que se centran en formar el carácter.

DESARROLLO DE UN LÍDER: PROCESOS TEMPRANOS

Vamos a poner este capítulo en una perspectiva adecuada. El capítulo anterior presentó el concepto de patrones, procesos y principios. Utilizamos una cronología generalizada (ver la página 43) para ver el patrón general en el desarrollo de un líder. En este capítulo nos centraremos en la fase II.

En esta fase, Dios usa cuatro elementos de proceso importantes para poner a prueba el carácter del líder emergente. Tres de los elementos se denominan comprobaciones debido a la esencia de esta fase: la prueba[2]. Se trata de las comprobaciones de integridad, las comprobaciones de obediencia y las comprobaciones de palabra. Hay un cuarto elemento, la tarea ministerial, que se da con frecuencia en la fase de vida interior. Es un elemento de prueba, pero se centra en la manifestación del líder en el ministerio, así que la abordaremos en el siguiente capítulo, que estudia el procesamiento de ministerio.

LA COMPROBACIÓN DE INTEGRIDAD

En el centro de cualquier evaluación de cualificación bíblica para el liderazgo se encuentra el concepto de integridad: esa fidelidad inamovible a un código de valores morales, artísticos o demás que se revela en la sinceridad, la honestidad y la inocencia, y evita el engaño o la artificialidad[3]. La capacidad de liderazgo dada por Dios tiene dos partes: la aptitud y el carácter. La integridad es la esencia del carácter[4].

Un líder emergente pasa a estar consciente de la importancia de la integridad a través de las comprobaciones de integridad. Una *comprobación de integridad* es una prueba que Dios utiliza para evaluar las intenciones y, de este modo, moldear el carácter. Esta comprobación supone un trampolín hacia una esfera de influencia más amplia. Las comprobaciones de integridad constan de tres partes: un desafío a la coherencia con las convicciones internas, una respuesta al desafío y la expansión resultante del ministerio.

En Daniel 1:8-21, Daniel se enfrentó a una comprobación de integridad que le podría haber costado la vida.

> Daniel estaba decidido a no contaminarse con la comida y el vino dados por el rey. Le pidió permiso al jefe del Estado Mayor para no comer esos alimentos inaceptables. Ahora bien, Dios había hecho que el jefe del Estado Mayor le tuviera respeto y afecto a Daniel, pero le respondió: «Tengo miedo de mi señor el rey quien ordenó que ustedes comieran estos alimentos y bebieran este vino. Si se vuelven pálidos y delgados en comparación con otros jóvenes de su edad, temo que el rey mandará a decapitarme».
>
> Entonces Daniel habló con el asistente que había sido designado por el jefe del Estado Mayor para cuidar a Daniel, Ananías, Misael y Azarías, y le dijo: «Por favor, pruébanos durante diez días con una dieta de vegetales y agua. Al cumplirse los diez días, compara nuestro aspecto con el de los otros jóvenes que comen de la comida del rey. Luego decide de acuerdo con lo que veas».
>
> El asistente aceptó la sugerencia de Daniel y los puso a prueba por diez días. Al cumplirse los diez días, Daniel y sus tres amigos se veían más saludables y mejor nutridos que los jóvenes alimentados con la comida asignada por el rey. A estos cuatro jóvenes Dios les dio aptitud excepcional para comprender todos los aspectos de la literatura y la sabiduría; y a Daniel Dios le dio la capacidad especial de interpretar el significado de visiones y sueños.
>
> Cuando se cumplió el periodo de instrucción ordenado por el rey, el jefe del Estado Mayor llevó a todos los jóvenes ante el rey Nabucodonosor. El rey habló con ellos y ninguno le causó mejor impresión que Daniel, Ananías, Misael y Azarías. De modo que entraron al servicio real. Cada vez que el rey los consultaba sobre cualquier asunto que exigiera sabiduría y juicio equilibrado, los encontraba diez veces más capaces que todos los magos y brujos de su reino. Daniel permaneció en el servicio real hasta el primer año del rey Ciro.

Daniel, un adolescente lejos de su hogar y de la influencia de sus padres, se vio obligado a decidir si las convicciones con las que creció eran también las suyas propias. En este caso, la *convicción interna* era una convicción religiosa sobre la comida. Sufrió presión para traicionar esta convicción, pero se mantuvo firme (*respuesta*). Dios le ofreció relaciones que le permitieron trazar un plan que no pusiera en peligro sus convicciones. Además, honró su carácter firme. Daniel y sus amigos se ganaron el respeto de los demás por sus conocimientos y habilidades, y recibieron puestos de máxima responsabilidad en el gobierno. Este ascenso a un puesto estratégico es un ejemplo de *expansión*, el tercer elemento de una comprobación de integridad[5]. Daniel se mantuvo firme y pudo ver que Dios le ofreció una solución. Esto le permitió enfrentarse, más adelante, a problemas todavía más difíciles. En este pasaje se encuentran los tres elementos de la comprobación de integridad.

Como el desarrollo del carácter tiene diversas facetas, hay varias comprobaciones de integridad. Estas son algunas de las muchas que he identificado: valores (que determinan las convicciones), tentación (que prueba la convicción), conflicto contra la visión ministerial (que prueba la fe), una alternativa en situaciones de guía (que prueba el llamado), persecución (que prueba la firmeza), lealtad (que prueba la fidelidad) y restitución (que prueba la honestidad)[6].

Las comprobaciones también se utilizan de varias formas. Algunas sirven para probar el cumplimiento de una promesa o voto, garantizar el compromiso con un ministerio o visión, permitir la confirmación de la fuerza de carácter y aumentar la fe. Otras se emplean para inculcar valores internos, enseñar sumisión y advertir a otros de la seria responsabilidad que tienen con Dios.

Los siguientes ejemplos están tomados de los inicios de las vidas de los líderes incluso antes de que se los considerara como tales. Del mismo modo que usted y yo, ellos estaban aprendiendo sobre el carácter y la integridad a través de experiencias y situaciones cotidianas y comunes.

Patricia Reid y Norma Van Dalen describen una comprobación de integridad temprana en la vida de Amy Carmichael, que más tarde se convirtió en la fundadora de Dohnavur Fellowship (la famosa organización misionera que trabajó con niños de los templos en India).

> Las lecciones que Amy había aprendido sobre los valores y las prioridades de la vida se vieron puestas a prueba a menudo durante estos años de preparación. En una ocasión particular, yendo de compras con su madre, Amy se enfrentó a una prueba especialmente dura con respecto a estas convicciones. Cuando el sastre sacó sus telas más coloridas y de mayor calidad, Amy sintió la convicción del Espíritu Santo respecto a un vestido tan «suntuoso y poco práctico». En una decisión que sorprendió tanto a su madre como al sastre, Amy obedeció a esa voz queda y apacible y resistió la tentación de disfrutar de un vestido que, a pesar de ser precioso, realmente no necesitaba. Esta lección se convirtió en la base del sobrio estilo de vida de Amy Carmichael en lo referente a sus necesidades personales[7].

Esta situación fue una comprobación de integridad para inculcar un valor interno referente a un estilo de vida sencillo: Dios sabía que Amy iba a necesitar vivir así en sus cincuenta y cinco años como misionera en la India.

En su autobiografía *On the Mountaintop* (En la cima de la montaña), Carlton Booth narra una comprobación de integridad por la que pasó justo después de su conversión:

> Me había convertido a Cristo poco antes de empezar a trabajar en los grandes almacenes Sears pero, en ese segundo piso, solo, me vi sometido a una tremenda tentación. Algunos de los pedidos que me llegaban de los pisos superiores incluían cajas de bombones sin envolver, y me dije a mí mismo que nadie se fijaría en que, de vez en cuando, desaparecía algún bombón de la segunda capa de la caja. Los dulces eran un capricho escaso que no podíamos permitirnos por aquel entonces, y esto hizo que la tentación fuera tan irresistible que me rendí a ella varias veces[8].

La conciencia de Booth empezó a acusarlo. El Señor acabó por convencerlo de que debía ir a confesar lo que había hecho ante su supervisor. Ahorró un dólar para cubrir el coste de los bombones que se había llevado. Después se enfrentó a su supervisor. Aquí está el resto del relato:

No me regañó ni me felicitó cuando le dije que sentía un cargo de conciencia por lo que había hecho. Clavó su mirada penetrante en mí y me dijo:

—Bueno, hijo, ¿y qué quieres que haga yo con este dinero?

Le dije que me daba igual lo que hiciera con él, que lo único que quería era dejar de sentir esa culpabilidad que tantos días llevaba sufriendo. Así que tomó el dinero y dijo, con bastante calma (y creo que con un poco de simpatía):

—¡Llevaré este dinero a la oficina y lo apuntaré bajo el concepto de «dinero de conciencia»![9]

Este incidente puso a prueba a Booth en el área de la restitución. Le inculcó el valor interno de la honestidad. Dios usó luego a Booth en un ministerio de música evangelística y otro de formación.

Hay personas que no superan las comprobaciones de integridad. Saúl, el primer rey de Israel, carecía de integridad. En el primer libro de Samuel, en el versículo 15, se relata esa triste historia. Dios le dijo a Saúl que borrara a los amalecitas de la faz de la tierra, junto con todas sus posesiones. Saúl los derrotó, pero no los destruyó ni se deshizo de sus posesiones. No superó esta comprobación de obediencia, pero el problema real iba más allá de la obediencia: había una falta de integridad en las intenciones de Saúl.

Estas fueron las primeras palabras de Saúl al ver a Samuel:

—Que el Señor te bendiga —le dijo—. Llevé a cabo el mandato del Señor.

—Entonces, ¿qué es todo ese balido de ovejas y cabras, y ese mugido de ganado que oigo? —le preguntó Samuel (1 Samuel 15:13-14).

Samuel confrontó a Saúl y le dijo que Dios lo había rechazado[10]. Dios no usa a líderes que carecen de integridad.

Los aspectos de la vida interior son muy importantes. La comprobación de la integridad es esencial para un líder, especialmente en estas etapas tempranas del ministerio. Debido al valor y el uso de estas pruebas, es obvio que se trata de un principio de liderazgo importante: *La integridad es fundamental para un liderazgo efectivo; debe haberse inculcado de forma temprana en el carácter del líder.* Un líder emergente que ignore este principio corre un gran riesgo, pero aquellos que respondan adecuadamente a las comprobaciones de integridad seguirán adelante en la manifestación de su liderazgo.

LA COMPROBACIÓN DE OBEDIENCIA

Un líder debe aprender a ser obediente para influir en los demás a la hora de dirigirlos hacia la obediencia. Una *comprobación de obediencia* es un elemento de proceso a través del cual un líder aprende a reconocer, comprender y obedecer la voz de Dios. El líder se enfrenta a ellas desde el principio de su desarrollo y sigue encontrándolas de forma repetida a lo largo de la vida. A través de estas comprobaciones, Dios prueba la respuesta personal de un líder ante una verdad revelada.

Una de las comprobaciones de obediencia clásicas de la Biblia se narra en Génesis 22:

> Tiempo después, Dios probó la fe de Abraham.
>
> —¡Abraham! —lo llamó Dios.
>
> —Sí —respondió él—, aquí estoy.
>
> —Toma a tu hijo, tu único hijo —sí, a Isaac, a quien tanto amas— y vete a la tierra de Moriah. Allí lo sacrificarás como ofrenda quemada sobre uno de los montes, uno que yo te mostraré. (Versículos 1 y 2)

Esta comprobación de obediencia fue especialmente difícil debido a las promesas de Dios sobre Isaac. Abraham sabía que su futura descendencia dependía de Isaac, pero aun así estaba dispuesto a obedecer a Dios.

Una vez oí que un líder decía que Dios llama a muchos a depositar algo a su altar, y muchos responden acudiendo al sacrificio con un cuchillo de goma. A menudo obedecemos de forma parcial, con condiciones[11]. Abraham se llevó consigo un cuchillo de verdad, y Dios honró su obediencia perdonándole la vida a Isaac.

Es fácil obedecer un mandato lógico y necesario, pero es muy distinto tener que obedecer algo que no tiene sentido. La obediencia no siempre depende de la comprensión. Matar a Isaac no tenía ningún sentido en el aspecto ético o práctico, pero Abraham obedeció. Aunque fue una comprobación de obediencia, también fue una comprobación de integridad. ¿Creería en Dios y se mantendría fiel a él aunque la presión fuera en aumento? Estas pruebas revelaron que la fe y la lealtad a Dios formaban parte del carácter de Abraham. Hebreos 11:17-19 lo confirma.

La compleja experiencia de Abraham muestra el patrón de una comprobación de obediencia superada con éxito. Dios exige una obediencia incondicional. Debemos obedecerle y él se responsabiliza de los resultados.

Las comprobaciones de obediencia se dan en toda la Biblia y se mencionan a menudo en los estudios históricos y contemporáneos sobre la manifestación del liderazgo. Algunos ejemplos pueden ser entender la importancia real de las posesiones y los donativos, saber poner a Dios en primer lugar a la hora de elegir pareja o aprender a estar dispuestos a que Dios nos use en el ministerio. Otras comprobaciones de obediencia incluyen la disposición a perdonar, a enmendar un error o a creer en una verdad revelada por Dios[12].

Watchman Nee es una excelente ilustración del crecimiento de la vida interior. Nee sintió la necesidad de empezar a imprimir tratados evangelísticos y luego pidió en oración el dinero para distribuirlos. Dios le reveló que había algo que estorbaba sus oraciones. Muchas personas de su iglesia criticaban a otra creyente y Watchman, en su interior, estaba de acuerdo con ellos. Cuando siguió orando para pedir dinero, Dios le habló sobre este pecado y le pidió que fuera a confesar su culpa ante esa hermana[13].

> Después me planteé hacerlo pero, cuando me encontré cara a cara con ella, dudé cinco veces a pesar de que quería confesárselo. Y eso se debía a la preocupación de que ella, que siempre me había estado admirando tanto, me despreciara. Le dije a Dios: «Pídeme cualquier otra cosa, pero no estoy dispuesto a confesarle esto a mi hermana». Seguí pidiéndole a Dios el dinero para la imprenta, pero él no quiso atender a razones e insistió en que confesara.
>
> La sexta vez, por la gracia del Señor, lo hice. Con lágrimas en los ojos, ambos confesamos nuestras faltas y luego nos perdonamos. Nos invadió la alegría y desde aquel momento nos amamos todavía más en el Señor[14].

Poco después de este suceso, un cartero le entregó a Nee una carta que contenía quince dólares estadounidenses. En la carta alguien había escrito: «Me agrada que se distribuyan tratados evangélicos. Le ruego que se digne a aceptar este dinero». La expansión de Dios quedó claramente identificada. Y las lecciones le quedaron marcadas para toda la vida: lecciones sobre los pensamientos interiores, un espíritu de perdón, las cosas que estorban las oraciones y la confianza en Dios para la provisión en el ministerio. Obedecer a Dios fue la primera lección y las demás siguieron a esta.

En Hechos 5:1-11 se nos habla de dos comprobaciones de obediencia distintas. Ananías y Safira vendieron su propiedad, pero les faltó integridad cuando mintieron sobre la cantidad por la que la habían vendido. Pedro también se vio sometido a prueba cuando tuvo que confrontar a ambos por su pecado. Lucas registra con atención la obediencia de Pedro ante este desagradable cometido para que todos los que lean la historia queden advertidos de lo importante que es obedecer con integridad. La disciplina de Dios fue rápida y severa. Tras este suceso, el ministerio de Pedro creció.

Los líderes serán responsables de influir en grupos específicos de personas para que estas obedezcan a Dios. Y no conseguirán esto a menos que ellos mismos sepan obedecer. Esto me lleva al segundo principio importante en el patrón de prueba de la fase de la vida interior: *La obediencia se aprende primero y se enseña después.*

LA COMPROBACIÓN DE PALABRA

Un líder debe tener la capacidad de recibir la verdad de Dios. Este don, recibir la verdad de Dios, es esencial porque crea autoridad espiritual, que es la base de la influencia de un líder espiritual[15]. El derecho a influir en los demás surge de la capacidad de aclararles la verdad de Dios. Aclarar la verdad de Dios es la esencia del conjunto de dones espirituales que yo denomino «dones de palabra». Los líderes siempre tienen al menos un don de palabra entre todos los que componen su mezcla de dones[16]. Los dones de palabra principales son la enseñanza, la profecía y la exhortación. Los dones de palabra secundarios son el apostolado, el evangelismo y el pastoreo. Los líderes también usan dones de palabra para discernir la guía que necesitan para el ministerio.

Los líderes devotos muestran un amor por la verdad. Estudian la Palabra escrita tanto para alimentar a sus propias almas como para ayudar a otros. Dios enseña a los líderes a valorar la verdad, cultivar hábitos para alimentarse de ella y responder a ella en obediencia, para poder discernir rápidamente la verdad de Dios en la vida cotidiana y a través del ministerio de otras personas. El proceso utilizado para describir este desarrollo es la comprobación de palabra.

Una *comprobación de palabra* es el elemento de proceso que pone a prueba la capacidad del líder para comprender o recibir una palabra de Dios de forma personal y, después, permitir que Dios la manifieste en su vida. Si se supera con éxito, una comprobación de palabra llevará a más verdad. La verdad confirmará la capacidad de liderazgo del líder emergente, lo que generará una mayor percepción de autoridad espiritual por parte de los seguidores.

Las comprobaciones de palabra a menudo se combinan con comprobaciones de integridad y comprobaciones de obediencia, porque la verdad revelada pondrá a prueba la integridad u obediencia. Lo importante es percibir el efecto general de la prueba, no el elemento de proceso que se utiliza. Comentaré más adelante, en este capítulo, esta superposición de elementos de proceso.

El primer encuentro de Samuel con Dios fue una comprobación de palabra. Y esto sentó las bases para el ministerio de Samuel como guía de Israel durante un tiempo de transición de liderazgo. En 1 Samuel, en el capítulo 3:1-10, se prepara el terreno para la entrada de Samuel en esta transición.

> Mientras tanto, el niño Samuel servía al Señor ayudando a Elí. Ahora bien, en esos días los mensajes del Señor eran muy escasos y las visiones eran poco comunes.
> Una noche, Elí, que para entonces estaba casi ciego, ya se había acostado.
> La lámpara de Dios aún no se había apagado, y Samuel estaba dormido en el tabernáculo cerca del arca de Dios. De pronto el Señor llamó:
>
> —¡Samuel!

—Sí —respondió Samuel—. ¿Qué quiere?

Se levantó y corrió hasta donde estaba Elí.

—Aquí estoy. ¿Me llamó usted?

—Yo no te llamé —dijo Elí—. Vuelve a la cama.

Entonces, Samuel se volvió a acostar. Luego, el Señor volvió a llamar:

—¡Samuel!

Nuevamente Samuel se levantó y fue a donde estaba Elí.

—Aquí estoy. ¿Me llamó usted?

—Yo no te llamé, hijo mío —respondió Elí—. Vuelve a la cama.

Samuel todavía no conocía al Señor, porque nunca antes había recibido un mensaje de él. Así que el Señor llamó por tercera vez, y una vez más Samuel se levantó y fue a donde estaba Elí.

—Aquí estoy. ¿Me llamó usted?

En ese momento Elí se dio cuenta de que era el Señor quien llamaba al niño. Entonces le dijo a Samuel:

—Ve y acuéstate de nuevo y, si alguien vuelve a llamarte, di: «Habla, Señor, que tu siervo escucha».

Así que Samuel volvió a su cama. Y el Señor vino y llamó igual que antes:

—¡Samuel! ¡Samuel!

Y Samuel respondió:

—Habla, que tu siervo escucha.

Después de llamar a Samuel por cuarta vez, el Señor reveló la terrible disciplina que aplicaría a la familia de Elí por su pecado y el de sus hijos. Esto sería una advertencia para Israel. A la mañana siguiente, Samuel le dijo toda la verdad a Elí, y este se sometió a esta clara palabra del Señor. El relato prosigue con un sucinto comentario:

> El Señor estaba con Samuel mientras crecía, y todo lo que Samuel decía se cumplía. Entonces todo Israel, desde Dan en el norte hasta Beerseba en el sur, supo que Samuel había sido confirmado como profeta del Señor. El Señor siguió apareciéndose en Silo y le daba mensajes a Samuel allí en el tabernáculo. (Versículos 19-21)

Dios habla a los líderes y luego confirma su mensaje. Puede que los líderes emergentes no siempre reconozcan la voz de Dios. Un líder que demuestra repetidamente que Dios le habla adquiere autoridad espiritual. Aquellos que escuchan y obedecen verán la confirmación de Dios y el crecimiento de su ministerio. Samuel demuestra la respuesta adecuada para todos los líderes emergentes cuando dice: «Habla, Señor, que tu siervo escucha».

La vida de Watchman Nee ilustra estas ideas. La apropiación personal de la verdad cambiará los propios valores y estilo de vida. Después de su conversión, Nee tuvo un renovado deseo de estudiar la Biblia.

> Poco después leyó las palabras de Pablo: «[...] entréguense completamente a Dios, porque antes estaban muertos pero ahora tienen una vida nueva. Así que usen todo su cuerpo como un instrumento para hacer lo que es correcto para la gloria de Dios».
>
> «Dios me pedía, pues, ahora —diría más tarde— que considerara todas mis facultades como propiedad de Otro. No me atrevía a malgastar ni unos céntimos de mi dinero o una hora de mi tiempo o de mis facultades físicas o mentales, porque ninguna de estas cosas era mía sino suya. Este descubrimiento fue algo maravilloso. Para mí, aquel día comenzó la verdadera vida cristiana»[17].

Nee vio el poder de la Palabra de Dios para cambiar el rumbo de su vida, por ello decidió sacar tiempo de su educación formal para entrar en una escuela bíblica. Leía el Nuevo Testamento una vez al mes, y a medida que lo hacía aumentaba su deseo de conocer nuevos aspectos de la verdad.

Su consumo de las Escrituras no estaba solo motivado por el deseo de conocimiento. Aprendió a reconocer la voz de Dios por medio de la Palabra. Esto es algo que se ve en la vida de los líderes emergentes.

> Fue ahora cuando se dio cuenta de hasta qué punto Charity Chang había ocupado sus pensamientos. Naturalmente, no había habido ningún atisbo de que ella le correspondiera, sin embargo, en alguna etapa esta idea había sin duda encontrado

> un hueco en su mente. Su siguiente encuentro, no obstante, le detuvo en seco. Lo que ya se temía se hizo muy evidente durante su breve conversación. Sus gustos mundanos y su pasión por la ropa de moda le parecieron indicativos de algo más profundo. Charity no compartía en modo alguno su amor por el Señor, con su nueva escala de prioridades; ella tenía sus propios objetivos, unas ambiciones de éxito a ojos del mundo que él no podía ya albergar. Era evidente que iban en direcciones distintas.
>
> Durante un tiempo aparcó el problema, hasta que un día, leyendo las palabras del Salmo 73:25: «Te deseo más que cualquier cosa en la tierra», el Espíritu de Dios le detuvo: «Hay una pasión terrenal que te consume. Deberías abandonar tu apego a Charity. ¿Qué aptitudes tiene para ser la esposa de un predicador?». Su respuesta fue un intento de negociar. «Señor, haré cualquier cosa por ti. Si quieres que lleve tus buenas nuevas a las tribus no alcanzadas, estoy dispuesto a ir; pero esto es lo único que no puedo hacer». ¿Cómo podía él, que aún no había cumplido los veintiuno, alejar de su mente a aquella que había suscitado pensamientos tan deliciosos?[18]

Sin embargo, Nee lo hizo: la apartó de su mente y se lanzó al ministerio. Más adelante, Dios obró, en su gracia, un cambio radical en la vida de Charity, que se convirtió en una ardiente seguidora de Cristo. Después les reunió: primero geográficamente, después emocionalmente y, finalmente, les unió como marido y mujer. Dios enseña a los líderes emergentes a escuchar su Palabra para recibir su guía personal. Este es un trampolín natural para escuchar la palabra de Dios y recibir su guía colectiva.

Dawson Trotman fue salvo mediante una comprobación de palabra. Estaba memorizando las Escrituras para participar en un concurso.

> Dawson se dirigía andando al trabajo, con su fiambrera en la mano, por un familiar sendero junto a un cenagal cuando, de repente, las palabras de unos veinte versículos que había memorizado alumbraron su conciencia. *Les digo la verdad, todos los que escuchan mi mensaje y creen en Dios, quien me envió, tienen vida eterna.*

¡Vaya! ¡Esto es maravilloso!, pensó. *Tienen vida eterna*. Por primera vez en muchos años oró sin tener ningún problema. «¡Oh Dios, no sé exactamente lo que significa, pero quiero tenerlo». Como en una respuesta telegráfica, vio proyectarse Juan 1:12 en una pantalla mental: *Pero a todos los que creyeron en él y lo recibieron, les dio el derecho de llegar a ser hijos de Dios.* Su respuesta fue inmediata. «¡Oh Dios —dijo sencillamente y de corazón—, sea lo que sea esto de recibir a Jesús, quiero hacerlo ahora mismo»[19].

Trotman siguió andando por la calle, pero ahora era un hombre distinto. Esta experiencia con la Palabra memorizada se convirtió en la piedra angular del modelo de discipulado que con el tiempo acabaría desarrollando.

En su desarrollo inicial, Amy Carmichael experimentó repetidamente este tipo de comprobaciones de palabra, de integridad y de obediencia. Estas comprobaciones acabaron siendo los principios fundamentales que la guiaron durante todo su ministerio.

La vida de Amy antes de su experiencia en Belfast había sido más bien «corriente» para una persona de su edad y posición social. No obstante, un domingo de 1885 por la mañana todo esto iba a cambiar. Cuando volvían a casa de la iglesia, ella y sus hermanos vieron a una mujer de aspecto patético andando con dificultad calle abajo y con una pesada carga. Conmovidos por aquella situación, Amy y sus hermanos le llevaron la carga y la acompañaron a su destino. Amy se sintió incómoda haciendo esto ya que toda la gente respetable, que regresaba también a casa después del servicio dominical, se quedó mirando al «grupo» con repulsión. Cuando pasaron por una antigua fuente, Amy oyó una voz que le hablaba: eran las palabras de 1 Corintios 3:12b-14a: «oro, plata, piedras preciosas. [...] Si permaneciere la obra de alguno que sobreedificó [...]» (RVR60). Amy se sintió inmediatamente tocada y desafiada acerca de sus prioridades y ambiciones. Este versículo y esta experiencia se quedaron en su memoria y se convirtieron en una «medida» para todos los ministerios o actividades a los que dedicó su tiempo a partir de entonces[20].

Aunque fue principalmente una comprobación de palabra, se convirtió en la base de sucesivas comprobaciones de integridad a lo largo del ministerio de Amy porque le dio un valor interior, una convicción acerca del servicio de Dios. A partir de este momento evaluaría los ministerios en términos de su valor o resultados eternos[21].

Dios utiliza su Palabra de distintas maneras: para impartir convicción interior, para asignar ministerios, para resolver problemas, para motivar hacia una visión, para estimular la fe, para dar certeza y para clarificar su guía, por nombrar solo algunas. Todas ellas son importantes para los líderes emergentes. Las lecciones personales aprendidas a través de comprobaciones de palabra son peldaños para lecciones grupales.

Las comprobaciones de palabra ayudan también a identificar los dones de palabra en el caso de los líderes emergentes. Por lo general esto sigue un patrón: los líderes emergentes son sensibles a la voz de Dios y responden personalmente a la verdad mediante comprobaciones de palabra. Esto abre la puerta para compartir con los demás las verdades que han aprendido. La comunicación de la verdad permite que el líder desarrolle varios dones de palabra.

Este patrón me lleva a un tercer principio: *Los dones de liderazgo implican principalmente dones de palabra, que en un principio surgen mediante estas comprobaciones de palabra.*

No pasar una comprobación de palabra lleva, con frecuencia, a repetidas lecciones y a una prolongación del tiempo de desarrollo. Puede llevar, como en el caso de Ananías y Safira, a la disciplina y a la destitución de un ministerio.

He descrito tres clases principales de pruebas: la comprobación de la integridad, la comprobación de la obediencia y la comprobación de la palabra. A veces no es fácil diferenciarlas. La vida es compleja y es posible que determinados fragmentos de la realidad no siempre encajen en claras categorías analíticas. A menudo una prueba conlleva una combinación de uno o más elementos de proceso. Observe el diagrama, el cual muestra las posibilidades de combinaciones.

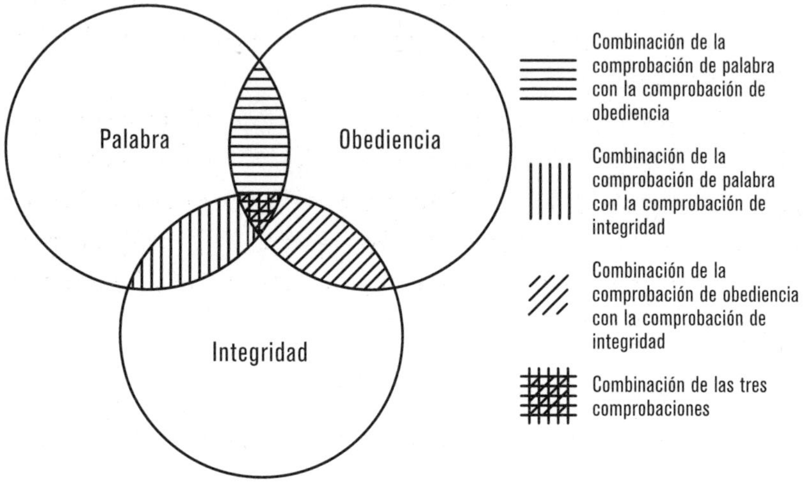

Figura 3-1 Diagrama que muestra la superposición de elementos de prueba

Aunque es bueno identificar un determinado elemento de proceso, es mucho más importante ver el significado de la prueba.

RESUMEN

Este capítulo ha analizado el principal patrón general de la fase II, la fase de crecimiento de la vida interior. Este patrón se caracteriza por las pruebas y va seguido por la expansión del ministerio. Las comprobaciones de integridad, obediencia y palabra son medios por los que Dios prueba las intenciones de los líderes emergentes. A estos tres elementos los llamamos comprobaciones por su naturaleza probatoria. Cuando un líder responde correctamente a estas comprobaciones experimentará un crecimiento personal y una expansión de su ministerio.

He afirmado que un líder devoto es una persona con una capacidad y responsabilidad dadas por Dios para influir en determinados grupos del pueblo de Dios para el desarrollo de sus propósitos para dicho grupo. La prueba del crecimiento de la vida interior pretende desarrollar la capacidad y la responsabilidad de los líderes. El carácter es fundamental para que un líder pueda influir positivamente en las personas según los propósitos de Dios.

Quiero subrayar de nuevo que estas pruebas son principalmente para los líderes emergentes. Los resultados en el carácter, la obediencia y la capacidad de percibir y usar la verdad de Dios son puentes que Dios usa para el desarrollo de los líderes. Son las primeras lecciones de un curso que se extenderá a lo largo de toda la vida. Son cruciales. Enumero de nuevo los tres principios:

- La integridad es fundamental para un liderazgo efectivo; debe haberse inculcado de forma temprana en el carácter del líder.
- La obediencia se aprende primero y se enseña después.
- Los dones de liderazgo implican principalmente dones de palabra, que en un principio surgen mediante estas comprobaciones de palabra.

AHORA ES SU TURNO

Es posible que durante mi descripción de estos elementos de proceso se haya identificado inmediatamente con al menos uno que usted ha experimentado personalmente o ha visto en la vida de otra persona. Para tener una mejor comprensión de los principios, responda las siguientes preguntas.

1. ¿Cuál es la comprobación de integridad que Pablo experimenta en Hechos 20:22-23? ¿De qué clase de comprobación de integridad se trata? ¿Cuál es su propósito o utilidad? ¿Cuál de los tres elementos de las comprobaciones de integridad contiene?

2. ¿Se le ocurre otro ejemplo bíblico de una comprobación de integridad que no haya enumerado? Anótelo.
3. ¿Puede identificar en su experiencia personal, o en la de alguien que ha observado, un ejemplo de comprobación de integridad? Analícelo en términos de los elementos de crecimiento personal y expansión del ministerio.
4. ¿Puede identificar alguna comprobación de obediencia en su experiencia? Puede que la siguiente lista de control le ayude a identificarla:

   - Aprendizaje sobre posesiones y generosidad
   - Aprendizaje sobre la elección de un cónyuge y darle a Dios el primer lugar
   - Disposición a ser utilizado por Dios en un ministerio
   - Disposición a confiar en una verdad que Dios ha mostrado
   - Disposición a perdonar
   - Disposición a confesar
   - Disposición a corregir un error

5. Intente identificar las comprobaciones de palabra en Hechos 11:27-30. ¿Qué elementos tienen en común con las que he descrito en este capítulo? ¿De qué formas son distintas?
6. ¿Puede identificar una comprobación de palabra en su experiencia personal o en la de alguien que ha observado? Anótela y analice la forma en que Dios ha usado la prueba en cuestión.
7. Entrevistar a un líder maduro que ha ministrado un mínimo de diez años es un ejercicio útil. Explíquele a dicho líder las expresiones *comprobación de integridad*, *comprobación de obediencia* y *comprobación de palabra*. Pídale luego que identifique una importante comprobación de palabra en su pasado. Estoy seguro de que descubrirá algunas importantes lecciones de liderazgo y conocerá al líder en cuestión de un modo más profundo.

CAPÍTULO 4

SEGUNDAS LECCIONES: PROCESOS DE MADURACIÓN MINISTERIAL (PARTE I)

El desafío o problema: Al que cuida bien lo que vale poco, también se le *puede confiar* lo que vale mucho. Y el que es deshonesto con lo de poco valor, también lo será con lo de mucho valor. *(Lucas 16:10, TLA, énfasis agregado)*

La fidelidad es el criterio por el que Dios mide la madurez ministerial. ¿Cómo lleva a cabo aquellos ministerios que se le asignan? ¿Los ve como tareas que Dios le encomienda y responde con una actitud de gozoso servicio a él? ¿Los ve como un deber que debe soportar o como retos que debe llevar a cabo para conseguir un reconocimiento personal?

Con el servicio fiel vienen mayores responsabilidades. ¿Cómo las desarrolla?

¿CÓMO COMIENZA ALGUIEN UN MINISTERIO?

Michele Helin asiste a The Cornerstone, una clase para solteros en la Iglesia Congregacional de Lake Avenue. El equipo directivo de esta clase lo formamos diez personas. Mi ministerio es la enseñanza y la formación, mientras que Michele sirve en las áreas de la organización y el servicio. Es soltera y tiene unos treinta y tantos años. Michele enseña a niños discapacitados en una escuela pública del condado de Los Ángeles. Encarna la fidelidad tanto en su profesión como en su ministerio de servicio en Cornerstone.

La fidelidad de Michele va más allá de realizar sus tareas asignadas; ve cosas que hacer y encuentra la forma de hacerlas. Está en primera línea de nuestra reunión mensual de oración y frecuentemente la organiza. Michele coordina la enseñanza bíblica en el pequeño grupo al que asiste. Su influencia en estas actividades es discreta. Puede que un observador informal de la clase no aprecie este liderazgo entre bastidores, pero Dios sí porque su criterio de evaluación es la fidelidad.

Un domingo le pregunté a Michele cómo comenzó en el ministerio. «Cuando era una cristiana joven —me dijo— un pastor me retó. Había una necesidad concreta y sentí que tenía que ayudar, aunque me sentía inadecuada para hacerlo». En la entrada al ministerio de Michele se resalta una pequeña tarea para empezar, pero una sensibilidad hacia las necesidades y una disposición a servir y a ser fiel.

Michele ha respondido a otras muchas oportunidades ministeriales durante los últimos años. Ella ilustra varias ideas importantes descritas en este capítulo. ¿Por qué se implican las personas en el ministerio? ¿Cómo recluta líderes Dios? ¿Cómo los desarrolla? ¿Cómo los evalúa?

DE RECIBIR A DAR: PROCESAMIENTO DE MINISTERIO

Antes de pasar a las respuestas recapitulemos lo que hemos aprendido hasta ahora. En el capítulo 3 hemos tratado la fase de crecimiento de la vida interior de la cronología general. Se ha señalado que la prioridad principal de Dios en el desarrollo de un líder es refinar su carácter. La integridad es la verdadera medida de la vida interior. El desarrollo del carácter es antes del ministerio. Hemos visto los patrones probatorios de las comprobaciones de integridad, obediencia y palabra. Estas comprobaciones señalan el potencial para el liderazgo.

En este punto, el líder potencial entra en el ministerio.

Ha gustado la bondad de Dios y debe pasarla a otros. Dios usa tiempo y una serie de experiencias para llevar a los líderes potenciales de una etapa de recibir a otra de dar.

En este capítulo veremos las maneras en que Dios desarrolla a los líderes utilizando distintos elementos de proceso e identificaremos varios patrones. Dos de ellos son el *patrón ministerial de base* y el *patrón de descubrimiento de la aptitud*. Después analizaremos un importante principio de liderazgo. Dada la extensión y complejidad de la fase de maduración ministerial —que puede llevar muchos años— dividiremos nuestro análisis de esta cuestión en dos capítulos.

MADURAR EN EL MINISTERIO

Cuando un líder potencial entra en el ministerio, Dios desarrolla sus capacidades de liderazgo llevándole por cuatro etapas. (1) Dios desafía al líder para que entre en el ministerio. A esto se le llama *entrada*. (2) La persona desarrolla capacidades y dones espirituales para incrementar la efectividad de su liderazgo. A esto se le llama *formación*. (3) Dios capacita al líder para relacionarse con las personas de formas motivadoras e influyentes. También le enseña a establecer los medios para llevar a cabo estos objetivos. A esto se le llama *aprendizaje relacional*. (4) Dios ayuda al líder a ver los principios espirituales que demanda el ministerio que le agrada. A esto se le llama *discernimiento*.

Este desarrollo conlleva un largo periodo de tiempo, a menudo muchos años. Es, pues, necesario dividir esta fase en subfases llamadas: ministerio temprano, ministerio intermedio y ministerio posterior. Igual que con las fases, las subfases se agrupan según los procesos que aparecen dentro de ellas. Las etapas de desarrollo no están siempre claramente delineadas porque se traslapan, en cierto modo, con el proceso de aprendizaje. Por ejemplo, en la etapa de formación, una persona puede aprender ciertas lecciones sobre las relaciones personales o el discernimiento.

Cada subfase se caracteriza por una serie distinta de elementos de proceso. En la subfase del ministerio temprano, los elementos de proceso son la tarea ministerial y el desafío ministerial. En la subfase del ministerio intermedio, los elementos de proceso son las habilidades ministeriales, la experiencia de formación y el descubrimiento de la aptitud. En la subfase del ministerio posterior, los elementos de proceso son la comprensión de estructuras ministeriales y los elementos de poder. A lo largo de la fase de maduración ministerial aparecen varios elementos de proceso: pruebas de fe, comprensión de la autoridad, conflicto ministerial y afirmación ministerial.

Todo esto puede sonar complicado, pero se entenderá fácilmente cuando lo analicemos. El diagrama siguiente ayudará a clarificar la fase. Será una útil referencia para la lectura de los dos capítulos siguientes.

Figura 4-1 Elementos de proceso y subfases de ministerio temprano, intermedio y posterior

La entrada a la subfase del ministerio temprano se produce cuando Dios selecciona a aquellos que son fieles y los desafía con tareas y asignaciones ministeriales. Un líder en desarrollo responde y aprende a realizar fielmente tales cometidos. Durante este proceso desarrolla algunas habilidades ministeriales. Dios le da, a continuación, nuevos deberes con mayores responsabilidades. Si responde de forma adecuada, el líder entra en una nueva experiencia y desarrolla otras habilidades.

La necesidad de llevar a cabo una tarea responsable produce en el líder una percepción de su necesidad de ampliar sus habilidades ministeriales. En la subfase del ministerio intermedio, las habilidades ministeriales se aprenden mediante muchas formas de formación. El líder potencial reconoce ahora un don o dos y tiene ciertas capacidades para emplear sus dones. Gravita hacia nuevos desafíos y deberes ministeriales que le permiten utilizar más efectivamente sus dones.

En la subfase del ministerio posterior, el líder aprende lecciones sobre las relaciones personales, tanto en la etapa del aprendizaje relacional como en la del discernimiento del desarrollo. Con frecuencia estas lecciones se aprenden a base de errores. Los líderes en desarrollo suelen tener tensiones con aquellos que ejercen autoridad sobre ellos. Aprender sumisión es crucial para asimilar lo que es la autoridad; por ello, los líderes emergentes deben aprender primero a someterse.

El conflicto en el ministerio requiere capacidades de discernimiento. ¿Qué procede de Dios y qué no? Los distintos acercamientos al ministerio y los choques de personalidades pueden generar conflictos. Aprender a relacionarnos de forma piadosa en medio del conflicto está estrechamente ligado con el discernimiento de los principios espirituales que rigen el ministerio. A muchos líderes les es difícil aprender esta área del discernimiento espiritual; sin embargo, es algo crucial porque las relaciones personales saludables son esenciales para un ministerio efectivo.

En toda la fase de maduración ministerial el líder aprende principios espirituales que inciden en las cuatro etapas de desarrollo. La etapa en que más aprenderá es la de discernimiento, puesto que con la madurez tendrá más perspectiva sobre la obra de Dios en su vida. Aprenderá cuestiones sobre el uso del poder que pondrán a prueba cualquier exceso de confianza que pueda tener en sus habilidades y dones, y ello le forzará a discernir los propósitos esenciales del ministerio. El aumento de las responsabilidades y la necesidad de ministrar de forma efectiva le forzarán a aprender dependencia de Dios y a desarrollar una fe más robusta. El «bien hecho» de Dios en forma de afirmación ministerial salpica toda la fase y anima al líder a hacer un fiel esfuerzo para Dios.

ENTRADA

La entrada a la etapa de desarrollo contiene dos elementos de proceso ministerial. Uno de ellos es la tarea ministerial, que lleva al líder desde la fase de crecimiento de la vida interior a la de maduración ministerial. El segundo es el desafío ministerial.

La tarea ministerial

En el capítulo 3 nos referimos al primer elemento, la tarea ministerial. En este apartado mencioné que, además de las comprobaciones de integridad, obediencia y palabra, podría hablarse de un cuarto elemento de prueba, porque también analiza el carácter y enseña sobre el ministerio. Es un elemento de proceso delimitador porque señala un periodo de transición entre la fase de crecimiento de la vida interior y la de maduración ministerial. Una *tarea ministerial* es una asignación de Dios que pone a prueba la fidelidad y obediencia de la persona en el uso de sus dones para una tarea que tiene un comienzo y un final, rendición de cuentas y evaluación.

En las fases del ministerio temprano, los líderes emergentes se sienten atraídos a otros que sirven de mentores, maestros o supervisores y que retan a los líderes emergentes a emprender tareas que pueden ser de cualquier medida o naturaleza[1]. Tales tareas pondrán a prueba la lealtad y la sumisión y mostrarán los dones, iniciativa y potencial del líder emergente. Algo importante a tener en mente es que, en última instancia, la asignación procede de Dios, aunque la tarea ministerial se lleve a cabo por iniciativa propia o de otra persona. El líder tiene la responsabilidad de rendirle cuentas a Dios. El deseo de agradar al Señor en las tareas ministeriales es una señal de madurez.

Las tareas ministeriales deben diferenciarse de las experiencias ministeriales en general porque una tarea ministerial es una prueba. Es una asignación especial susceptible de ser terminada y evaluada. Pondrá a prueba la disponibilidad, fidelidad y capacidades del líder potencial. El patrón de Dios parece ser comenzar con pequeñas tareas ministeriales. A medida que el líder va respondiendo de manera adecuada, Dios le da tareas de mayor envergadura y responsabilidad.

Michele, Bernabé y Pablo: Algunos ejemplos

Un pastor animó a Michele a dar una clase de escuela dominical. Esta asignación puso a prueba la fidelidad y obediencia de Michele y también le permitió utilizar su incipiente don de enseñanza. La tarea tenía un comienzo y un final y una limitada responsabilidad de rendir cuentas. Michele respondió positivamente. Ella fue la principal beneficiada de esta experiencia ministerial.

En Hechos 11, el viaje de Bernabé a Antioquía era una tarea ministerial apostólica, definible, con una finalización y una responsabilidad de rendir cuentas a los ancianos de Jerusalén[2]. Esta asignación ponía a prueba sus dones apostólicos y su disposición a obedecer.

La tarea ministerial de un año, más o menos, que Pablo desarrolló en Antioquía con Bernabé como mentor fue un punto de partida a la obra misionera de Hechos 13 con Bernabé. Bernabé desafió a Pablo para esta tarea. Dios evaluó positivamente el trabajo de Pablo cuando amplió su ministerio con Bernabé, confirmándolos de este modo como apóstoles a los gentiles. Las pequeñas tareas ministeriales pueden ser los primeros indicadores de potencial para el liderazgo. El principal objetivo de las tareas ministeriales en la subfase del ministerio temprano es desarrollar al líder potencial. Las asignadas en las subfases del ministerio posterior se concentran en llevar a cabo la tarea para quienes se beneficiarán de ellas. El continuo que se muestra en la figura 4-2 indica estas diferencias.

Poco — Mucho

Tarea principalmente para el líder potencial — Tarea principalmente para ministrar a otros

Figura 4-2 Continuo de la tarea ministerial: Lucas 16:10 en acción

Vuelvo a recalcar: Dios utiliza más las tareas de la izquierda del continuo para la formación del líder en su futuro ministerio que para ministrar a los que son objeto del ministerio en cuestión. Sin embargo, las tareas situadas hacia la derecha del continuo son más para cumplir el ministerio que para la formación del líder.

La figura 4-3 amplía el continuo que se muestra en la figura 4-2 y enumera seis categorías: A, B, C, D, E y F. En la tabla siguiente (4-1) se usarán estas categorías con ejemplos bíblicos de estos tipos de tareas ministeriales.

A — B — C — D — E — F

Tarea principalmente para el líder potencial — Tarea principalmente para ministrar a otros

Figura 4-3 Continuo de tareas ministeriales

Tabla 4-1 Explicación del continuo de tareas ministeriales

TIPO DE TAREA MINISTERIAL: A, B, C, D, E, F Y UBICACIÓN EN LA BIBLIA	A QUIÉN SE LE ASIGNA LA TAREA	FUNCIONES BÁSICAS REALIZADAS
A. Lucas 9:1-6 (Tarea principalmente para los líderes)	Doce discípulos	Manifestar el reino mediante sanaciones y exorcismos, poner a prueba la fe, poner a prueba la obediencia, experimentar la autoridad espiritual
B. Lucas 10:1-12 (Tarea más para líderes que para seguidores)	Los setenta y dos	Poner a prueba la receptividad, poner a prueba la fe, manifestar el reino, experimentar la guerra espiritual y la autoridad espiritual
C. Hechos 11:22-23 (Tarea casi igual para Bernabé y los cristianos de Antioquía)	Bernabé	Una comprobación de palabra para Bernabé, juzgar formas gentiles del cristianismo, experimentar y desarrollar autoridad espiritual, modelar estilo de vida y enseñanza
D. Hechos 13:1-3 (Tarea más para nuevos cristianos gentiles que para Pablo y Bernabé)	Bernabé, Pablo	Experimentar contextualización en la evangelización y en el estilo de vida de los cristianos gentiles, evangelizar a los gentiles, establecer iglesias

E. Filipenses 2:19-23 (Tarea principalmente para los ancianos de Éfeso y los miembros de la iglesia)	Timoteo	Pastorear a las personas, unificar, compartir la enseñanza de Pablo
F. Filipenses 2:25-30 (Tarea principalmente para la iglesia de Filipos)	Epafrodito	Animar, unificar, fortalecer la misión de ofrendar

Es importante reconocer la fuente última de las asignaciones ministeriales. Desde una perspectiva humana la tarea puede parecer rutinaria o insignificante, pero, en última instancia, la responsabilidad es ante Dios, aunque la asignación se haya producido mediante la autoridad humana. Saber esto puede aportar un gran fervor a la tarea y un sentido de estar cumpliendo los propósitos de Dios. Los líderes que imparten tareas ministeriales tienen que depender de la guía del Señor al asignarlas. Deberían usar las tareas ministeriales como medios intencionales para el desarrollo del carácter y la formación para el ministerio, pero tienen que seguir la guía de Dios en su asignación.

El desafío ministerial

El *desafío ministerial* está estrechamente vinculado a la tarea ministerial. Las tareas ministeriales son simples asignaciones centradas en un determinado trabajo que debe hacerse y en su efecto en el líder emergente y en aquellos a quienes dirige. Los desafíos ministeriales se centran en la aceptación de su ministerio por parte del líder. Concretamente, es el medio por el que Dios insta a un líder o líder potencial a percibir la necesidad de una nueva asignación y a aceptarla.

Mi primer desafío ministerial fue dar una clase de escuela dominical para alumnos de secundaria. La invitación me llegó por medio de la persona que seleccionaba maestros para el departamento de alumnos de secundaria. Yo sentí la necesidad y respondí afirmativamente, pero no tenía la formación adecuada como maestro. La mayoría de los muchachos no tenían interés en las cuestiones espirituales. Habría podido ver aquella experiencia como un fracaso, pero aprendí varias cosas. Nunca había intentado disciplinar a jóvenes de aquellas edades, pero hacia el final de la asignación me había ganado su respeto y había aprendido a preparar las lecciones. Aunque en aquel momento no sentí la mano de Dios guiándome hacia el ministerio, más adelante entendí que Dios utilizó aquella experiencia docente para desarrollarme durante la etapa de entrada de mi vida. Aquello preparó el camino para otras asignaciones futuras.

No sabemos lo que Bernabé le dijo a Pablo o cómo le convenció. Es posible que Bernabé le recordara sus esfuerzos para ayudarle en Jerusalén, cuando Pablo necesitaba la aceptación de los ancianos (ver Hechos 9:27). En cualquier caso, sabemos que Bernabé se tomó muy en serio conseguir que Pablo trabajara con él. Recorrió un largo camino para encontrar a Pablo, sin ninguna garantía de localizarle. Aunque no sabemos los detalles de aquella conversación, sí conocemos los resultados. Pablo regresó con Bernabé y se inició en un ministerio que fue constantemente en aumento.

Las fuentes del desafío ministerial pueden ser externas o internas. Los desafíos pueden proceder de otra persona o de la propia percepción de una necesidad o una oportunidad por parte del líder. Los desafíos internos son relativamente raros entre los líderes emergentes. La esencia del desafío ministerial es doble: una conciencia de la dirección de Dios y la alegría de descubrir lo que significa ser un canal por el que Dios actúa. Durante la subfase del ministerio temprano suelen producirse ciertos desafíos externos característicos en las iglesias locales: peticiones para dar clases de escuela dominical, formar parte de comités, ayudar a otra persona a realizar un servicio, llevar un estudio bíblico en un grupo pequeño, realizar visitas con propósitos de evangelización, llevar a cabo tareas organizativas de apoyo, organizar tareas sociales y planificar retiros.

Los desafíos ministeriales característicos dentro de los grupos paraeclesiales suelen ser dar testimonio en el instituto o la universidad, discipular a otros, dirigir grupos de estudio bíblico y trabajar en grupos de jóvenes, campamentos de verano y ministerios sociales en barrios marginales.

La expresión desafío ministerial describe los medios por los que Dios hace sentir su guía a un líder y le lleva a aceptar una nueva asignación. El medio más común de entrada a una asignación ministerial, en las tres subfases, suele ser un desafío externo planteado por una persona para trabajar en un ministerio establecido. El patrón de entrada más raro en las tres subfases es el de un desafío autoinducido para crear nuevos roles y estructuras ministeriales. Este plantea algunas implicaciones importantes:

- La mayoría de los líderes surgirán a través de patrones de entrada comunes.
- La autoiniciación en los patrones de entrada indica un fuerte potencial para un liderazgo de nivel superior.
- El declive en la frecuencia de la iniciativa y la respuesta a los desafíos y asignaciones ministeriales indica un estancamiento en el desarrollo de un líder.

Una importante responsabilidad del liderazgo es la selección y desarrollo de líderes potenciales. Los líderes maduros deberían desafiar de forma abierta e intencionada a líderes potenciales con necesidades específicas y oportunidades de ministerio. Una señal de peligro que indica el estancamiento de un líder es su falta de entusiasmo para desafiar y reclutar a líderes potenciales. Por otra parte, un líder que está creciendo estimula el surgimiento de líderes potenciales.

Los desafíos o asignaciones ministeriales autoinducidos llevan consigo las semillas de un liderazgo de un nivel más elevado. Aquellos que asumen tareas y asignaciones por propia iniciativa a menudo perturban el *statu quo* y amenazan a quienes tienen autoridad sobre ellos. En el conflicto que surge, se puede pasar por alto la prometedora cualidad de la iniciativa. Los líderes tienen que reconocer el valor de esta cualidad y estar pendientes de aquellos líderes emergentes que la manifiestan.

¿Sigue usted identificando con regularidad desafíos y asignaciones ministeriales? ¿Sigue usted estando dispuesto a aceptar nuevos desafíos y deberes, y está reclutando a otras personas para llevarlos a cabo? Si no es así, es posible que se haya estancado. Para poder seguir adelante, tiene que pedirle a Dios un nuevo entusiasmo por el ministerio.

FORMACIÓN

Hasta ahora he hablado de dos elementos en el proceso de entrada: la tarea ministerial y el desafío ministerial. Las tareas ministeriales proporcionan una transición de la fase de crecimiento de la vida interior a la fase de maduración ministerial. El desafío ministerial domina el proceso en la subfase del ministerio temprano y decrece en la del ministerio intermedio. Es poco frecuente en el curso del ministerio posterior. Debe observarse que durante la tarea ministerial se produce una formación informal, principalmente por la propia experiencia de trabajo en el ministerio.

En la transición entre las subfases de los ministerios temprano e intermedio, el elemento de proceso de habilidades ministeriales aporta el impulso. La sensibilidad de los líderes hacia este elemento indica si están creciendo o estancándose. Algunos líderes que sienten la necesidad de desarrollar ciertas habilidades ministeriales pueden optar por alguna forma de educación formal. Diré más sobre esto después, cuando hable de mi propia transición hacia el ministerio.

Habilidades ministeriales

Mi transición comenzó con un simple desafío de uno de mis compañeros en Los Navegantes, Dave Stout. Dave estaba en un punto más avanzado del proceso de discipulado, y yo admiraba su integridad personal y la sinceridad de su vida con Dios. Dave me dijo: «Bobby, creo que Dios puede usarte para enseñarme algunas cosas importantes sobre la oración. ¿Estarías dispuesto a reunirte conmigo los sábados por la mañana de 6:00 a 8:00? Podríamos estudiar el libro de Ros Rinker, *Prayer: Conversing with God* (La oración: una conversación con Dios)». Este simple reto combinaba los elementos de proceso: desafío ministerial, tarea ministerial y habilidades ministeriales. La experiencia duró tres meses. Las ideas y habilidades para la oración que desarrollé durante aquel tiempo siguen afectando mi vida de oración hoy.

Un aspecto importante del desarrollo durante la fase de maduración ministerial es la adquisición de habilidades que ayudan al líder en el cumplimiento del ministerio. La mayoría de las personas consiguen estas habilidades en las primeras fases del ministerio, especialmente en la etapa de formación del ministerio intermedio[3]. Se trata de habilidades relacionales, de grupo, organizativas y verbales que pueden ayudar al líder a adquirir provechosos conocimientos o enseñarle a ejercer el liderazgo.

El elemento de proceso de *habilidades ministeriales* es la adquisición de una o varias de las habilidades más identificables que ayudan a un líder a cumplir una asignación ministerial. Las habilidades necesarias para dirigir eficazmente son diversas. Un ejemplo de una habilidad de grupo sería saber dirigir varias clases de grupos pequeños, como grupos de oración, de estudio bíblico o comités. Se trata de la habilidad de influir en las personas. La habilidad para trabajar con grupos orientados hacia el conocimiento sería saber preparar materiales de estudio bíblico para grupos pequeños. Las habilidades que mezclan el conocimiento y la influencia son saber organizar comités, redactar propuestas o persuadir a personas sobre la importancia de nuevas ideas.

Un líder que desea ejercer una influencia a largo plazo va a tener que aprender a aplicar cambios. Una habilidad muy importante es aprender a relacionarse con superiores, colegas y subordinados en estructuras organizativas. Durante el desarrollo de los ministerios intermedio y posterior se requieren especialmente habilidades de gestión del conflicto.

Otras habilidades que Dios desarrolla particularmente en la etapa de formación son las habilidades verbales, métodos de estudio bíblico y habilidades de comunicación bíblica. Como se ha mencionado antes, los dones de liderazgo van siempre acompañados de un don de palabra. Las habilidades para mejorar este don son esenciales.

Los líderes que se estancan temprano muestran un patrón común. Aprenden nuevas habilidades hasta que son capaces de funcionar confortablemente con ellas, pero llegados a este punto dejan de buscar estas nuevas capacidades de forma intencionada y habitual. Se dejan llevar cómodamente dependiendo de sus experiencias previas[4].

El desarrollo de las habilidades ministeriales ofrece un doble desafío: (1) ver la dirección de Dios en cada una de las habilidades aprendidas y reconocer que todas ellas forman parte de un proceso de formación a largo plazo dirigido por él, y (2) mantener una actitud de alerta para aprovechar las oportunidades de aprender.

Experiencia de formación

En la primera parte de la subfase del ministerio intermedio la mayoría de las habilidades se adquieren por la experiencia, la observación y el propio estudio. El elemento de proceso de la *experiencia de formación* alude a una experiencia que imparte un cierto reconocimiento, asegurándole al líder que Dios seguirá usándolo en el futuro. Este elemento se caracteriza por un progreso identificable en términos de esfera de influencia, responsabilidad de liderazgo o confianza en uno mismo.

Todos los líderes están siendo constantemente formados por Dios, pero no todos ellos aprenden de su formación. Esto se aplica especialmente a la formación informal, que se produce en el contexto de la vida cotidiana y en experiencias de formación no formales por medio de talleres, seminarios o conferencias. Para aprender, los líderes han de analizar ejemplos específicos en que se ha producido cualquier tipo de formación, formal o informal.

Instrucción informal como aprendiz. Conocí a Mark Williams cuando era estudiante de secundaria en Reynoldsburg, Ohio. Reconocí su potencial para el liderazgo en aquel tiempo y he seguido su progreso. Hoy él es un pastor bautista conservador, pero antes de entrar en un programa de formación formal para el ministerio, invirtió todo un año de instrucción informal como aprendiz con Josh McDowell. Esta experiencia le enseñó a Mark métodos de evangelización y formas de comunicar su fe. También le impartió la confianza añadida en el acercamiento a problemas ministeriales. Fue un importante periodo de formación, porque Mark aprendió habilidades y actitudes que le servirán de por vida.

Talleres informales. En este tipo de experiencias de aprendizaje pueden aprenderse habilidades esenciales en el estudio bíblico, la oración o el liderazgo de grupos pequeños. Los talleres y las conferencias se están haciendo más asequibles a medida que más personas y organizaciones reconocen la importancia de la formación para el liderazgo a nivel básico.

Los talleres no tienen que tener necesariamente una perspectiva espiritual. En los años setenta asistí a un taller para escritores de toda una semana en la ciudad de Nueva York para desarrollar habilidades de organización de la información. Al final de aquella semana comencé un proyecto que, con el tiempo, se convirtió en mi libro *Spiritual Gifts* (Dones espirituales). Esta formación no formal ha afectado considerablemente a mi ministerio de enseñanza.

Educación formal. Muchas veces durante las subfases temprana o intermedia de la fase de maduración ministerial, los líderes optarán por una adquisición de conocimiento y habilidades intensiva y rápida. Por regla general, esta formación será formal y le exigirá que deje su ministerio actual. Educación formal significa trasladarse a una institución docente, y esta fue mi experiencia. Tras dos años de impartir enseñanza bíblica en estudios bíblicos en hogares, decidí abandonar mi posición de ingeniero eléctrico en Bell Telephone Laboratories y estudiar un año una escuela bíblica. Esta clase de educación formal e intensiva puede ser útil, pero no es un requisito para el liderazgo.

Descubrir dones espirituales

He hablado sobre las habilidades ministeriales y los elementos de proceso de la experiencia de formación. Ambas cosas son útiles para entender la obra de Dios en la etapa de formación del desarrollo de un líder. Aparte de la adquisición de capacidades generales de liderazgo, el desarrollo más importante durante la subfase intermedia de la fase de maduración ministerial tiene que ver con el descubrimiento de dones espirituales y su confiada utilización. Un don espiritual es una capacidad única para la canalización del poder del Espíritu Santo a un ministerio. He identificado unos diecinueve de ellos en mi libro sobre los dones espirituales.

El elemento de proceso del *descubrimiento de la aptitud* es cualquier avance significativo en el descubrimiento de los dones espirituales y su utilidad junto con el evento, persona o reflexión que produjo dicho descubrimiento. La figura 4-4 enumera el patrón del desarrollo básico de la aptitud.

1. experiencia en el ministerio ► 2. descubrimiento del don ► 3. aumento en el uso de ese don ► 4. eficacia en usar el don ► 5. descubrimiento de otros dones ► 6. identificación del conjunto de dones ► 7. desarrollo del conjunto de dones ► 8. convergencia

(Lea «►» como «por lo general lleva a» o «lo cual lleva a»)

Figura 4-4 Patrón básico del desarrollo de la aptitud

Los líderes de plena dedicación de las iglesias u organizaciones cristianas suelen manifestar más de un don espiritual. La expresión *mezcla de dones* describe el conjunto de dones espirituales que un líder manifiesta repetidamente en su ministerio. Al hablar de *conjunto de dones* nos referimos a una mezcla de dones en la que se manifiesta un don dominante apoyado por otros dones. En el conjunto[5] los dones de apoyo armonizan con el don dominante para maximizar su efectividad.

Normalmente, los dones surgen en el contexto de grupos pequeños o cuando un líder tiene una asignación ministerial. La mayoría de los dirigentes laicos descubrirán sus dones usándolos, sin reconocer que son dones espirituales. La mayoría de estos líderes llegarán al paso 3 y algunos al paso 4. En cualquier caso, es posible que no identifiquen su don explícitamente, pero, por regla general, se entiende de forma implícita por una intuitiva inclinación hacia un ministerio que utiliza el don en cuestión. Por norma general, los líderes de plena dedicación llegarán al paso 5, donde descubrirán otros dones. Los líderes que desempeñan un ministerio más allá de la iglesia local —es decir, en esferas de influencia regionales, nacionales o internacionales— alcanzarán el paso 6: identificación de la mezcla de dones. A menudo llegarán al paso 7, desarrollando un conjunto de dones, y reorganizarán sus roles y prioridades para que sus dones tengan un efecto mayor. Esto puede llevar a la convergencia, un periodo de ministerio muy productivo y gratificante.

Daré dos ejemplos de descubrimiento de la aptitud —Bernabé y yo mismo—, pero primero mencionaré dos patrones que complementan el patrón esencial del desarrollo de la aptitud.

Tabla 4-2 Dos patrones de aptitud suplementarios

PATRÓN	EXPLICACIÓN
Los semejantes se atraen	Los líderes potenciales se sienten atraídos intuitivamente hacia líderes que tienen sus mismos dones espirituales.
Atracción por aptitud	Los líderes potenciales responden de forma intuitiva a los desafíos y deberes ministeriales que requieren de sus dones espirituales, aunque no sepan explícitamente cuáles son.

Un estudio del surgimiento del liderazgo de Bernabé pone de relieve un descubrimiento temprano de su don de exhortación[6]. Hechos 4:32-37 indica que Bernabé alcanzó los pasos 1 y 2 del patrón del desarrollo básico de la aptitud. Más adelante hubo importantes descubrimientos, en Hechos 9 (paso 3) y Hechos 11 (paso 5), que mostraron manifestaciones de su don de apostolado. En Gálatas 2:6-10 el reconocimiento de los líderes de Jerusalén fue otro paso adelante en el patrón. Cuando los apóstoles animaron a José poniéndole el nuevo nombre de Bernabé (que significa «hijo de consolación»; ver Hechos 4:36), recibió un reconocimiento ministerial distintivo[7]. Bernabé desarrolló este don de consolación que caracterizaría su vida.

Personalmente descubrí que tengo un don de enseñanza a través de unas tareas que me asignó mi pastor. Estaba dando estudios bíblicos en casas y acepté otras propuestas para enseñar. Este patrón ha seguido. Di clases a niños, adolescentes, universitarios, parejas, solteros y ancianos. Aunque algunos de estos desafíos eran externos, muchos otros eran de carácter interno y me obligaron a formar estructuras para llevar a cabo la enseñanza. Cuando recuerdo mis experiencias de aquel tiempo me es fácil ver el paso 3 del patrón de descubrimiento de la aptitud.

A medida que fui desarrollando mi don de enseñanza, mi eficiencia como maestro creció con la experiencia, mi crecimiento personal y mi comprensión del cristianismo. El paso 4 del patrón comportó mis esfuerzos por desarrollar habilidades complementarias para incrementar la eficiencia de mi don. Estudié varios libros sobre comunicación y hermenéutica para mejorar mis habilidades docentes.

Para mi sorpresa fui avanzando lentamente hasta el paso 5. En aquel tiempo no tenía una doctrina explícita sobre los dones espirituales, pero comencé mis propios estudios bíblicos sobre el tema. Mi estudió me llevó a reconocer que tenía el don de exhortación, principalmente de amonestación. A medida que seguía utilizando mi don de enseñanza, vi que la exhortación dominaba todo lo que hacía en la enseñanza. Mi estudio de la enseñanza bíblica sobre los dones fue crucial para alcanzar el paso 5.

Tres años después, comencé a observar que, especialmente en los grupos pequeños, mis reflexiones para determinadas situaciones eran a menudo sabias (palabra de sabiduría; ver 1 Corintios 12:8). Me introduje en este don observando simplemente el funcionamiento de nuestro equipo ejecutivo en la toma de decisiones. Con el tiempo llegué al paso 6 del patrón. Entendí que mi mezcla de dones era exhortación, enseñanza y palabra de sabiduría. Aunque algunas situaciones ministeriales han requerido el ejercicio de otros dones, en mi ministerio he usado de manera consistente mi mezcla de dones.

En este momento me encuentro en el paso 7 del patrón. Mi conjunto de dones ha comenzado a tomar forma. He entendido que mi don dominante es el de exhortación y que el de enseñanza traza el marco en que debo utilizarlo. Durante la enseñanza surgen ideas que mueven a las personas y las abren al cambio, y la exhortación mueve a las personas hacia el uso de las ideas. La orientación de seguimiento me da a menudo ocasión de utilizar el don de la palabra de sabiduría.

He experimentado en mi propia vida los dos patrones complementarios de la tabla 4-2, «los semejantes se atraen» y «atracción por aptitud», y también los he observado en otras personas. Me sentí atraído por el ministerio de enseñanza bíblica de mi pastor un poco antes de descubrir mi don de enseñanza: los semejantes se atraen. Asistí a la Escuela de Posgrado de Biblia y Misiones Columbia para observar el ministerio de enseñanza de los profesores, Frank Sells y Buck Hatch. Uno de ellos tenía un don dominante de exhortación, fuerte en amonestación. El otro tenía una capacidad especial para organizar y conceptualizar. Me sentí atraído hacia ellos y aprendí mucho de lo que enseñaban y del modo en que lo hacían. El patrón «los semejantes se atraen» estaba allí. Más adelante, participé en un pequeño grupo de líderes ejecutivos donde a menudo escuchaba palabras de sabiduría de uno de los miembros. Una vez más, «los semejantes se atraen».

La «atracción por aptitud» fue un patrón en mi descubrimiento de mi don de enseñanza. Antes de saber que existía un don espiritual de enseñanza, me sentía constantemente retado a aceptar asignaciones que requerían un don de enseñanza.

EL PRINCIPIO PEQUEÑO-GRANDE

Este capítulo comenzó con el desafío que plantea Lucas 16:10 en el sentido de que quienes «son fieles en las cosas pequeñas, serán fieles en las grandes». Es posible que, a medida que hemos analizado los diferentes elementos de proceso que Dios usa para llevarnos por las etapas de desarrollo, hayas visto un patrón sobre la fidelidad. Este patrón está en el fundamento de toda maduración ministerial. Aparece en cada una de las subfases. Este patrón indica que la fidelidad en las tareas ministeriales y en los desafíos, unida a la respuesta adecuada a las pruebas, lleva a una esfera de influencia más amplia. La fidelidad seguirá siendo probada en cada nuevo nivel de ministerio.

Este patrón de fidelidad se construye en repetidos ejemplos del principio pequeño-grande: *La fidelidad en una responsabilidad pequeña es un indicador de probable fidelidad en una responsabilidad mayor.*

RESUMEN

Cuando Dios dirige a un líder potencial al ministerio, le lleva por cuatro etapas de desarrollo. (1) Le desafía a entrar en el ministerio: entrada. (2) Desarrolla en él capacidades y dones espirituales para incrementar la efectividad de su liderazgo: formación. (3) Le capacita para relacionarse con personas de formas que les motive e influya, y le enseña a preparar los medios para llevar a cabo estos objetivos: aprendizaje relacional. (4) Le ayuda a ver los principios espirituales que demanda el ministerio que le agrada: discernimiento.

En este capítulo me he concentrado en las dos primeras etapas del desarrollo: entrada y formación. He explicado cómo usa Dios los elementos de proceso para desarrollar a los líderes. En la etapa de entrada los elementos de proceso son la tarea ministerial y el desafío ministerial. En la etapa de formación están las habilidades ministeriales, la experiencia de formación y el descubrimiento de la aptitud.

Hemos estudiado dos patrones principales: el patrón ministerial de base y el patrón de desarrollo de la aptitud. En relación con los dones he mencionado dos patrones menores: «los semejantes se atraen» y «atracción por aptitud». También he identificado el principio pequeño-grande, que es el principio subyacente en esta fase.

En este capítulo hemos considerado las dos primeras etapas de desarrollo que aparecen principalmente en las subfases del ministerio temprano e intermedio. En el capítulo 5 hablaremos de las etapas comprendidas en la subfase del ministerio posterior y algunos asuntos más complejos del desarrollo de los líderes.

AHORA ES SU TURNO

Puede que, a medida que describía algunos de estos conceptos ministeriales, usted identificara algunos incidentes de su propia experiencia. Es posible que algunos de estos conceptos le sean extraños, pero las siguientes preguntas pueden probablemente ayudarle a entenderlos y aplicarlos.

1. ¿Cuál fue el desafío ministerial más reciente que ha aceptado? Describa los detalles de este elemento de proceso.
2. ¿Qué desafíos ministeriales ha usado usted, personalmente, para atraer a otros líderes potenciales al ministerio?

3. ¿Cuál es su habilidad ministerial práctica más importante? ¿Cómo desarrolló Dios esta habilidad en su vida?
4. ¿En qué punto del patrón de desarrollo de aptitud se encuentra? Señale dónde piensa que puede estar.

- Paso 1: experiencia ministerial
- Paso 2: descubrimiento del don
- Paso 3: uso cada vez mayor de este don
- Paso 4: efectividad en el uso de este don
- Paso 5: descubrimiento de otros dones
- Paso 6: identificación de la mezcla de dones
- Paso 7: desarrollo del conjunto de dones
- Paso 8: convergencia

5. Si ha llegado al paso 5, describa lo que sabe de su mezcla de dones. Use las listas de Romanos 12:3-8, 1 Corintios 12–14, Efesios 4:7-16 y 1 Pedro 4:10-11. O puede consultar *Sus dones espirituales pueden ayudar a crecer a su iglesia* de C. Peter Wagner, o *Unlocking Your Giftedness* (Liberar sus aptitudes) de J. Robert Clinton y Richard Clinton.
6. Si todo este concepto del descubrimiento de la aptitud es nuevo para usted, quizás podría entrevistar a alguien que se encuentre en un punto más adelantado del patrón del desarrollo de la aptitud. Después de explicarle algunos de estos conceptos, use las preguntas 4 y 5 con esta persona y determine en qué punto se encuentra.

CAPÍTULO 5

SEGUNDAS LECCIONES: PROCESOS DE MADURACIÓN MINISTERIAL (PARTE II)

El desafío o problema: Por esto, ya que por la misericordia de Dios tenemos este ministerio, no nos desanimamos [...]. No nos predicamos a nosotros mismos, sino a Jesucristo como Señor; nosotros no somos más que servidores de ustedes por causa de Jesús [...]. Pero tenemos este tesoro en vasijas de barro para que se vea que tan sublime poder viene de Dios y no de nosotros. *(2 Corintios 4:1, 5, 7, NVI)*

Bob y Alice se encaminaban a su primera asignación ministerial tras su graduación del seminario. Estaban entusiasmados ante la perspectiva de trabajar en el reino. Habían hecho entrevistas con un grupo de personas que tenían la visión de establecer una iglesia en aquella zona. Emocionados ante la semejanza de sus visiones, este grupo llamó a la pareja para que llevara a cabo la tarea pastoral.

La etapa del entusiasmo fue breve. Tras algunas semanas comenzaron los primeros conflictos. Surgieron diferencias de opinión y visión sobre el formato de las reuniones, los ministerios infantiles, la estructura y liderazgo de los grupos pequeños y la jornada laboral del pastor. Además de estas presiones, Bob y Alice sentían las tensiones de encontrarse al otro lado del país, lejos de la familia, con nuevas escuelas para los niños y crecientes sentimientos de soledad y aislamiento de todo lo que les había sido familiar.

Estos conflictos no aparecieron al mismo tiempo, sino a lo largo de muchos meses. Al final del primer año y tras un conflicto particularmente doloroso sobre el papel de la esposa del pastor en la iglesia, estuvieron a punto de tirar la toalla. ¿Les había llamado realmente Dios? En caso afirmativo, ¿cómo podía haber tantos conflictos dentro del cuerpo de Cristo?

Sin embargo, Bob y Alice siguieron adelante, y hoy siguen aprendiendo cómo desarrolla Dios a los líderes durante la fase de maduración ministerial. Su historia no es un caso aislado. El índice de agotamiento entre pastores y otros obreros cristianos va en aumento. Muchos abandonan después de tres o cuatro años de ministerio.

Los que permanecen en su servicio a largo plazo son las excepciones. El ministerio conlleva problemas que pueden desanimar fácilmente a cualquiera —sea un dirigente laico o un ministro de plena dedicación—, y el desaliento procede de varias fuentes. Aquellos que han seguido adelante han aprendido cómo lleva Dios a los líderes a la madurez; los problemas son sus peldaños hacia ella.

En el capítulo 4 comenzamos el estudio de la fase de maduración ministerial. Vimos que esta fase se dividía en tres subfases en las que Dios lleva a los líderes por cuatro etapas de desarrollo (figura 4-1, página 76). Estudiamos las dos primeras etapas llamadas *entrada* y *formación*.

Este capítulo aborda algunas cuestiones más complejas de la fase de maduración ministerial, características de las dos últimas etapas de desarrollo: el *aprendizaje relacional* y el *discernimiento*. Al estudiar los elementos de proceso que aparecen en estas etapas identificaremos cuatro problemas comunes. El primero, el problema de la autoridad, se produce en la etapa del aprendizaje relacional, y los tres siguientes —el problema de la guerra espiritual, el de la barrera de estancamiento y el de la filosofía del ministerio— aparecen en la etapa del discernimiento. Finalmente, analizaré tres formas en que termina la fase de maduración ministerial; dos de ellas son poco satisfactorias y una es progresiva.

APRENDIZAJE RELACIONAL

Un líder es alguien que influye en un grupo específico de personas para que se dirijan en una dirección marcada por Dios. Para influir y motivar a las personas, un líder debe aprender a relacionarse con las personas de manera efectiva. Debe también aprender a trabajar dentro de las estructuras organizativas existentes y crear otras nuevas para enriquecer el ministerio. Estos conceptos fundamentales se aprenden en la etapa del aprendizaje relacional, que se produce durante las subfases del ministerio intermedio y posterior. Cuatro elementos de proceso —conocimientos sobre la autoridad, conocimientos relacionales, conflicto ministerial y reacción negativa al liderazgo— forman un racimo de lecciones relacionadas, que yo llamo conjunto de sumisión. Dios usa estas lecciones para enseñar a los líderes a salvar el importante problema ministerial de la autoridad. Dios se sirve también del conjunto de sumisión para enseñarnos otras lecciones relacionales.

El problema de la autoridad

Cada uno de los cuatro problemas que hemos comentado en este capítulo puede ser una barrera o un puente para el surgimiento del liderazgo. Esto sucede especialmente con el problema de la autoridad, puesto que los líderes tienen que utilizar la autoridad espiritual como una base de influencia para su ministerio[1]. La autoridad espiritual es delegada por Dios y difiere de la autoridad que se basa en la posición o en la fuerza. Por regla general, los líderes que tienen problemas para someterse a la autoridad los tienen también para ejercerla. Este desafío se produce a lo largo de todo su ministerio, y se hace más sutil a medida que maduran.

Cuando yo mismo experimenté el problema de la autoridad, Dios llamó mi atención sobre el libro de Watchman Nee *Autoridad espiritual*, que me ayudó a salvar el problema de la autoridad. Cualquiera puede someterse cuando las decisiones parecen correctas; pero la sumisión es difícil cuando las decisiones parecen erróneas o lo son. La sumisión se pone sobre todo a prueba cuando hay diferencias de opinión sobre asuntos cruciales.

Del libro de Nee extraje algunos principios que he llamado «los diez mandamientos de la autoridad espiritual» (ver tabla 5-1 a continuación).

Tabla 5-1 Los diez mandamientos de la autoridad espiritual

MANDAMIENTO #	ENUNCIADO DEL MANDAMIENTO
1	Un líder que entiende la autoridad espiritual como la base del poder para el ministerio debe reconocer la fuente esencial de toda autoridad: Dios.
2	Un líder con autoridad espiritual debe saber que es la autoridad delegada de Dios y que no le pertenece al líder que la ejerce; el líder es tan solo un canal.
3	El canal de autoridad delegada debe ser responsable ante Dios por la forma en que esta autoridad se ejerce.
4	Un líder es alguien que debe reconocer la autoridad de Dios manifestada en situaciones de la vida real.
5	Un líder debe saber que objetar a la autoridad significa que una persona está sujeta a Dios mismo y no al canal a través del cual viene la autoridad.
6	Un líder debe saber que rebelarse contra la autoridad significa que la persona en rebelión está rechazando alguna manifestación impura de la autoridad de Dios mediante un canal humano.
7	Un líder debe saber que quienes están bajo la autoridad de Dios buscan y reconocen la autoridad espiritual y se someten voluntariamente a ella.
8	Un líder debe saber que la autoridad espiritual nunca se ejerce para beneficio propio, sino para el de aquellos que están sometidos a ella.
9	Un líder con autoridad espiritual debe saber que no tiene que insistir en ser obedecido. Esa es la responsabilidad moral del seguidor.
10	Un líder debe saber que es responsabilidad de Dios defender la autoridad espiritual.

¿Cómo aprenden los líderes estas lecciones? El conjunto de sumisión es parte del método divino para enseñar estos diez principios. Consideremos los cuatro elementos de proceso del conjunto de sumisión uno por uno, comenzando con uno de importancia crucial: el elemento de proceso de conocimientos sobre la autoridad.

Conocimientos sobre la autoridad

Hay muchos ejemplos bíblicos de líderes que descubren o adquieren conocimientos sobre la autoridad: el centurión de Lucas 7:1-10; la petición a favor de Jacobo y Juan en Mateo 20:20-28; los discípulos en Lucas 8:22-25, cuando Jesús calma la tempestad; los fariseos, doctores de la ley y discípulos en Lucas 5:17-26, en la sanación de un paralítico; y Miriam y Aarón en Números 12:1-16, durante el incidente de los celos por la autoridad de Moisés.

La autoridad de Jesús es un tema recurrente en los Evangelios y una importante fuente de controversia con los judíos. Jesús demostró autoridad en su ministerio de enseñanza por medio de su sabiduría, conocimiento y profecía. También demostró autoridad espiritual en su ministerio de sanidad, en varios milagros en el ámbito de la creación física y a través de su poder en la guerra espiritual. Su reivindicación de poseer autoridad divina fue validada a lo largo de su ministerio.

La meta final del desarrollo de la autoridad es ayudar a los líderes a entender que la autoridad espiritual es la base principal de la influencia de su liderazgo. Con esto no pretendo negar la legitimidad de otras clases de autoridad, sino situarlas en su perspectiva correcta. La transición de la fase de maduración ministerial a la fase de maduración de vida se caracteriza por un significativo progreso hacia esta meta final[2].

El elemento de proceso de *conocimientos sobre la autoridad* tiene que ver con todas aquellas lecciones ministeriales, positivas y negativas, que enseñan sobre el uso de la autoridad espiritual. Son lecciones sobre la sumisión a la autoridad, las estructuras de autoridad, la autenticidad de las bases de poder, el conflicto con la autoridad y la forma de ejercerla.

Cuando un líder aprende estas lecciones por medio del elemento de proceso de conocimientos sobre la autoridad, su desarrollo seguirá un patrón característico, en el que cada paso lleva al siguiente: (1) lecciones de autoridad negativas, (2) un esfuerzo por ejercer y comprender la autoridad legítima, (3) un deseo de ser ejemplo de autoridad legítima, (4) conocimientos sobre la autoridad espiritual y (5) un mayor uso de la autoridad espiritual como fuente de poder. No se trata de un patrón exhaustivo, pero sí sugerente y útil.

Conocimientos relacionales

En su primer viaje misionero con Pablo, Bernabé es un ejemplo de alguien que aprendió los elementos de proceso de conocimientos sobre la autoridad y conocimientos relacionales (ver Hechos 13). Bernabé había sido mentor de Pablo desde el primer viaje de este a Jerusalén tras su conversión. Bernabé presentó a Pablo a los líderes de la iglesia de Jerusalén (ver Hechos 9:27-29) y lo introdujo en la iglesia de Antioquía (ver Hechos 11:25-26).

Durante su ministerio en Chipre, Bernabé entendió que Pablo estaba ejerciendo autoridad espiritual y que, de hecho, se había convertido en el líder. Había llegado el momento en que Pablo tenía que dejar atrás su relación de mentoría con Bernabé. A partir de Hechos 13:13, y con solo tres excepciones, el registro bíblico se refiere siempre a Pablo y Bernabé en lugar de a Bernabé y Pablo. Ahora era Pablo quien dirigía.

Bernabé mostró mucha gracia y madurez, no solo permitiendo este cambio de liderazgo sino esforzándose activamente para que prosperara. Sus conocimientos relacionales le decían a Bernabé que Pablo no necesitaba una relación de mentoría subordinada o en un plano de igualdad: lo que necesitaba era dirigir. Bernabé tenía que ser un gran hombre para estar dispuesto a humillarse y convertirse en seguidor; reconoció la autoridad espiritual, reconoció en Pablo a un líder con una capacidad mayor que la suya y dio los pasos necesarios para estimularle en su llamamiento. Bernabé salvó el problema de la autoridad, aprendió a relacionarse con Pablo de un modo distinto, y por ello entró en el registro como alguien que influyó significativamente en la historia misionera.

Un ejemplo negativo de conocimientos relacionales es el conflicto de Pablo con Bernabé por Juan Marcos (ver Hechos 15:36-39). Juan Marcos dejó el equipo durante el primer viaje misionero (cuando el liderazgo pasó de Bernabé a Pablo). Más adelante, cuando Pablo le sugirió a Bernabé que regresaran a Turquía para hacer un seguimiento, Bernabé quería que llevaran con ellos a Juan Marcos. Pero Pablo no estuvo de acuerdo; no había aprendido todavía la importancia de la paciencia y el perdón en una relación de mentoría (ahora con Juan Marcos), y ambos tomaron caminos distintos. Más adelante Pablo reconoció que el paciente ministerio de Bernabé con Juan Marcos había dado su fruto. Colosenses 4:10 muestra el cambio de actitud de Pablo, que anima a los cristianos de Colosas a acoger a Juan Marcos.

El problema de la autoridad tiene que ver con la capacidad de un líder para llevarse bien con las personas: sus líderes, colegas y subordinados. La influencia depende de las relaciones personales; muchas de las lecciones aprendidas durante esta fase se centrarán en tales relaciones. Se aprenderán muchas lecciones mediante experiencias negativas. La capacidad para establecer relaciones personales y ver cómo Dios las utiliza para llevar a cabo sus propósitos es un arte y una habilidad. El elemento de proceso de los conocimientos relacionales trata del aumento de la capacidad de liderazgo en términos de relaciones personales. El desarrollo de los líderes por medio de este elemento de proceso va más allá de ayudarles a superar el problema de la autoridad. También es útil para analizar cuestiones relacionadas con la autoridad.

Los elementos de proceso de *conocimientos relacionales* se dan en aquellos casos en que un líder aprende lecciones, positivas o negativas, sobre las relaciones con otros cristianos o no cristianos en el transcurso de determinadas decisiones ministeriales. Las lecciones aprendidas por medio de los conocimientos relacionales pueden afectar considerablemente a los futuros dirigentes.

En Mateo 8:5-13, el centurión sabía algo sobre la autoridad legítima: «Lo sé porque estoy bajo la autoridad de mis oficiales superiores y tengo autoridad sobre mis soldados. Solo tengo que decir: "Vayan", y ellos van, o: "Vengan", y ellos vienen. Y si les digo a mis esclavos: "Hagan esto", lo hacen» (versículo 9). Este hombre transfirió su comprensión de la autoridad terrenal legítima a la esfera espiritual cuando vio a Jesús como alguien que tenía autoridad espiritual. Por otra parte, vio su relación con Jesús a través de este conocimiento, y actuó con fe. «Tan solo pronuncia la palabra desde donde estás —dijo— y mi siervo se sanará» (versículo 8). Jesús lo hizo y el siervo fue sanado. Jesús le respondió con uno de los cumplidos más elogiosos registrados en el Nuevo Testamento: «Les digo la verdad, ¡no he visto una fe como esta en todo Israel!» (versículo 10).

¿Qué responderías si te preguntara: «¿Cuál es la percepción relacional más importante que has tenido? ¿Cómo la aprendiste?». Muchas veces las percepciones relacionales se producen tras un choque de autoridad, una lección de sumisión o una crisis ministerial. Estas lecciones en las relaciones personales, ya sea que las aprendamos de forma negativa o positiva, son momentos decisivos en el desarrollo de los líderes.

La percepción relacional más importante que he tenido es que los subordinados han de tener mucho cuidado en su corrección de aquellos que tienen autoridad sobre ellos. Uno ha de tener algo más que razón sobre un determinado asunto para corregir a un líder superior. En estos casos, la razón no lo es todo. A veces, tener razón sobre ciertas cuestiones es menos importante que mantener una relación positiva. Yo aprendí esta lección de manera dolorosa, pero nunca la he olvidado. En mi caso, esta lección tuvo dos resultados: aprendí que no era muy flexible y tenía que permitir que Dios comenzara a cambiar mi rigidez, y aprendí a renunciar al derecho a tener razón.

Los elementos de proceso de conocimientos sobre la autoridad y de conocimientos relacionales actúan muchas veces juntos para despertar a los líderes emergentes al problema de la autoridad. A veces el problema de la autoridad no se percibe aparte del conflicto, que es el tercer elemento de proceso en el conjunto de sumisión.

Conflicto ministerial

En Hechos 6 los apóstoles experimentaron un conflicto interior de la iglesia entre los creyentes de habla griega y los que hablaban hebreo. Este conflicto tenía que ver con la distribución de la comida para las viudas, pero su raíz estaba en problemas de autoridad y relacionales. Los apóstoles resolvieron este conflicto con la aprobación de todos.

Cuando unas personas influyen en otras, es inevitable que surja el conflicto. Esto se aplica especialmente a la fase de maduración ministerial, porque muchas de las decisiones que toman los líderes afectan a otras personas. Normalmente, estas decisiones se toman sin la valiosa experiencia que se adquiere *a posteriori*.

El elemento de proceso del *conflicto general* alude a cualquier conflicto que sirve para desarrollar al líder en su vida o ministerio espiritual. El conflicto es una poderosa herramienta en manos de Dios, y puede servir para enseñarle al líder unas lecciones que no podría aprender de ninguna otra forma.

El elemento de proceso del *conflicto ministerial* hace referencia a aquellos conflictos del ministerio mediante los cuales el líder aprende lecciones positivas o negativas sobre la naturaleza del conflicto, posibles formas de resolverlo o evitarlo, maneras creativas de utilizarlo y, también, a ver el conflicto como uno de los medios que Dios usa para desarrollar la vida interior del líder. La comprensión que los líderes tengan de estas lecciones puede afectar considerablemente el desarrollo de su liderazgo futuro.

El conflicto puede venir de fuera (de aquellos que no son creyentes) y de dentro (de aquellos que sí lo son). A veces, el conflicto que viene de dentro es más difícil de afrontar porque el líder tiene expectativas más elevadas para los creyentes.

El conflicto ministerial, como el general, pone a prueba la madurez personal de un líder. En las crisis se revela lo que somos verdaderamente. Procesar el conflicto es importante, no tanto para aprender a resolver problemas, sino por su valor como elemento revelador del carácter. Lo que *somos* en el conflicto es mucho más importante que lo que *hacemos*. Procesar el conflicto ministerial es a la fase de maduración ministerial lo que procesar la integridad es a la fase de crecimiento de la vida interior.

Una de las cosas más importantes que hemos de aprender del elemento de proceso del conflicto ministerial, en su relación con el conjunto de sumisión, es que este es a menudo necesario[3]. Es decir, los conocimientos sobre la autoridad y los conocimientos relacionales —arraigados en el problema de la autoridad— no pueden aprenderse sin el conflicto.

Los conflictos suelen cerrarse mal. Cerrar un conflicto finaliza una experiencia que permite dejarlo atrás y aprender lecciones para el futuro. Un líder puede dejar un conflicto ministerial bien resuelto, parcialmente resuelto o sin resolver, pero es importante cerrarlo. De lo contrario, será difícil ver y aprender las necesarias lecciones.

Otra importante lección en la fase de maduración ministerial es que Dios utiliza el conflicto para sus propósitos, tanto en el ministerio como en la vida personal de los líderes. Aunque el conflicto es de por sí una mala experiencia, es todavía peor pasar por él sin sacar ningún beneficio.

El principio de autoridad es el resultado de estas lecciones: *Los líderes que están en la fase de maduración ministerial deben aprender a sujetarse a la autoridad para saber ejercerla debidamente.* Este proceso de aprendizaje comporta una comprensión de la sumisión, un reconocimiento de la autoridad de Dios y una disposición a someterse.

Reacción negativa al liderazgo

Moisés experimentó situaciones de oposición a lo largo de todo su ministerio. Los israelitas tenían que sujetarse a Dios. Estos siguieron su voluntad al dejar Egipto; sin embargo, en el desierto los propósitos de Dios ya no estaban tan claros. Sudorosos, cansados, sedientos y desanimados, el pueblo murmuró contra Dios. Él les mostró que seguía al frente supliendo sus necesidades con comida y agua, librándoles de la persecución y guiándoles durante toda aquella terrible experiencia. Moisés aprendió a sujetarse a Dios en estas pruebas, y Dios vindicó su liderazgo demostrando que era fiel.

El cuarto elemento de proceso en el conjunto de sumisión, la reacción negativa al liderazgo, es un aspecto especial del conflicto ministerial. Los líderes que experimentan reacciones negativas al liderazgo aprenden a través del conflicto con los demás a sujetarse a Dios de una forma más profunda. Por lo general, este cuarto elemento de proceso conlleva un discernimiento de la dirección de Dios y una aplicación en el ministerio.

El elemento de proceso de *la reacción negativa al liderazgo* alude a las renuencias y obstrucciones de los seguidores, de otros líderes dentro del grupo y de otros cristianos a un curso de acción que adopta el líder cuando comienzan a evidenciarse las consecuencias de su decisión[4]. Es útil reconocer el patrón normal:

Tabla 5-2 Ciclo de ocho etapas de la reacción negativa al liderazgo

ETAPA	ENUNCIADO DEL MANDAMIENTO
1	El líder tiene una visión (guía) de parte de Dios.
2	Los seguidores están convencidos de la dirección.
3	El grupo se mueve en la dirección propuesta.
4	El grupo experimenta persecución, dificultades o ataques de Satanás (la guerra espiritual es común).
5	Se produce una reacción negativa al grupo.
6	El líder es llevado a acudir a Dios en busca de confirmación a pesar de las repercusiones de la acción.
7	Dios se revelando más a sí mismo, mostrando quién es y lo que pretende hacer. Deja claro que él cumplirá.
8	Dios se vindica a sí mismo y al líder.

La reacción negativa al liderazgo pone a prueba la perseverancia, la claridad de visión y la fe del líder. Este elemento de proceso es complicado, y por lo general combina aspectos de los otros tres elementos del conjunto de sumisión. Muchas veces, la lección principal, aprender a someternos a Dios, se malogra por otros problemas relacionados con la autoridad, las relaciones personales y el conflicto.

Durante esta reacción negativa, las personas suelen olvidar cuál era la situación antes de adoptar el curso de acción que produjo el conflicto. Es posible que tengan una idea desvirtuada de lo que sucedía. Por lo general, entre las imprevisibles consecuencias de la situación hubo persecución o dificultades de algún tipo. Aunque puede que, inicialmente, los seguidores estuvieran de acuerdo en cuanto al curso de acción que se tomó, ahora culpan al líder por la decisión. El éxito final de los líderes no está nunca exento de problemas. Todo líder debe estar consciente de esto y perseverar a pesar de las experiencias difíciles que acompañan a los ministerios efectivos.

Es posible que Dios tenga varios propósitos para estas experiencias. Un líder puede sentirse fácilmente cautivado con un determinado plan de acción y quizás haya que recordarle *quién* es, en última instancia, el responsable del plan y de su éxito. En general, Dios utiliza las complicaciones para desarrollar la madurez de la vida interior. La reacción negativa al liderazgo es un tipo de prueba de integridad que puede revelar las verdaderas motivaciones del líder.

Los seguidores tienen que darse cuenta de que la sumisión a la autoridad espiritual implica obedecer a Dios siendo leales al líder que sigue la dirección de Dios. La lealtad no se pone a prueba hasta que llegan las dificultades. Dios puede usar las situaciones difíciles preparando el terreno para aquella liberación que solo puede venir de él. Puede después liberar, recibir gloria y establecer el fundamento para tareas futuras.

DISCERNIMIENTO

Para desarrollar la madurez de los líderes, Dios amplía sus perspectivas de las dinámicas espirituales del ministerio. El líder en cuestión ha de aprender a percibir la realidad espiritual (la guerra espiritual) que subyace tras la realidad física y a depender del poder de Dios en el ministerio. Por otra parte, el líder tiene también que aprender a conocer la voz de Dios en los elementos de proceso de desafío (fe, oración e influencia) y en los de afirmación ministerial (afirmación divina y afirmación del ministerio). El líder necesitará esta capacidad de discernir a lo largo de toda su vida.

La esencia de la etapa del discernimiento es la ampliación de las perspectivas del líder. Dios desarrolla su discernimiento a lo largo de toda la fase de maduración ministerial, pero este alcanza su nivel más alto en la subfase del ministerio posterior. El proceso de discernir la realidad espiritual se centra en la guerra espiritual y en los elementos de poder. El proceso de expansión personal tiene que ver con el conjunto de elementos de proceso de desafío —desafío de oración, desafío de fe y desafío de influencia— y el elemento especial de destino: la afirmación ministerial.

Elemento de proceso de guerra espiritual

En Daniel 10 se nos dice que Daniel fue fortalecido por un ángel. El profeta había estado ayunando y orando por la nación de Israel durante tres semanas. El ángel le explicó que Dios había escuchado su oración desde el primer momento en que la había hecho, pero la respuesta se retrasó porque el ángel tuvo que luchar con los poderes espirituales que gobernaban Persia. La explicación del ángel pone de relieve la realidad de la guerra espiritual invisible que subyace tras el plano físico. El ministerio de oración de Daniel formaba parte de la guerra espiritual.

El elemento de proceso de la *guerra espiritual* alude a aquellos casos del ministerio en que el líder discierne que la fuente del conflicto ministerial es principalmente sobrenatural. El líder depende del poder de Dios para resolver el problema de tal manera que su capacidad de liderazgo, en especial su autoridad espiritual, se manifieste y acreciente.

Este elemento de proceso se produce, ya sea que el líder posea o no el don espiritual de discernir los espíritus. Quienes tienen este don verán la realidad espiritual más rápidamente y reconocerán la guerra espiritual. Sin embargo, todos los líderes necesitan la capacidad de discernir la realidad espiritual en general y la guerra espiritual en particular. Algunos líderes tienden a irse a un extremo y atribuyen cualquier conflicto y problema a la guerra espiritual. Ven fuerzas espirituales detrás de todas las realidades humanas. Otros, en cambio, están ciegos a la realidad espiritual y no ven ninguna fuerza espiritual tras las acciones humanas. Las Escrituras muestran un equilibrio entre estos dos extremos.

La secuencia de acontecimientos que vemos en Mateo 16:13-23 muestra la sutileza de la realidad espiritual tras reacciones humanas aparentemente normales. Jesús les preguntó a sus discípulos: «Y ustedes, ¿quién dicen que soy?», y Pedro respondió: «Tú eres el Mesías, el Hijo del Dios viviente» (versículos 15-16). Jesús le dijo a Pedro que había sido bendecido por Dios con la capacidad de discernir la verdad. A continuación, Jesús predijo su sufrimiento en Jerusalén. Pedro respondió sugiriendo que aquello era un error y que jamás debería suceder. Jesús reprendió a Pedro, desvelando la sutil relación de la realidad espiritual y la guerra espiritual, diciendo: «¡Aléjate de mí, Satanás! Representas una trampa peligrosa para mí. Ves las cosas solamente desde el punto de vista humano, no desde el punto de vista de Dios» (versículo 23).

Efesios 6:10-20 nos insta a estar muy pendientes para discernir la realidad espiritual detrás de las acciones humanas. El versículo 12 dice: «Pues no luchamos contra enemigos de carne y hueso, sino contra gobernadores malignos y autoridades del mundo invisible, contra fuerzas poderosas de este mundo tenebroso y contra espíritus malignos de los lugares celestiales». Los versículos 18-20 identifican una de las armas más eficaces en la guerra espiritual: la oración intercesora.

El estudio de estos pasajes pone de relieve un importante principio sobre la guerra espiritual: *Los seres espirituales pueden producir, controlar o instigar determinadas situaciones en el mundo físico.*

Como vemos, el discernimiento es necesario en la guerra espiritual y hemos de evitar el doble peligro que plantea. Mantener el equilibrio dinámico entre los dos extremos requiere discernimiento. Los líderes deben tener en cuenta dos advertencias acerca del elemento de proceso de la guerra espiritual. No *subestimar* ni *sobrevalorar* la guerra espiritual que subyace tras cada situación. Cuando los líderes están abiertos a aprender, Dios les dará el discernimiento necesario.

Pero el discernimiento no basta para enfrentarse a la guerra espiritual. Los líderes también necesitan poder. Los elementos de poder amplían el discernimiento y se centran en soluciones para la guerra espiritual.

Elementos de proceso de poder

El conjunto llamado elementos de poder está formado por cuatro elementos de proceso. Estos elementos de poder se llaman: poder en el don, poder en la oración, encuentros de poder y poder de los contactos. El propósito final del conjunto de poder es formar a un líder para que se apropie habitualmente del poder de Dios por medio de la fe[5].

En Hechos 11:27-28 se habla del poder en el don. Agabo, un profeta de Jerusalén, recibe poder del Espíritu Santo para profetizar a los cristianos de Antioquía acerca de una hambruna que iba a producirse en Israel.

La iglesia de Antioquía responde a la profecía enviando dinero a la iglesia de Jerusalén. Está claro que Dios utilizó a Agabo para retar a la iglesia de Antioquía[6]. Dios ensanchó el ministerio de estos cristianos cuando su iglesia se convirtió en el centro de operaciones para los viajes misioneros transculturales de Pablo.

En el elemento de proceso del *poder en el don* los líderes utilizan un determinado don espiritual que manifiesta claramente el poder del Espíritu Santo.

La historia del último acto público de liderazgo de Samuel, en 1 Samuel 12, describe el poder en la oración. Era una cuestión de autoridad espiritual. Una respuesta poco común a la oración —una tormenta en medio de la estación seca— le dio a Samuel la autoridad espiritual que necesitaba para impartir sus palabras finales de amonestación.

El elemento de proceso de *poder en la oración* implica una situación o necesidad que se resuelve o satisface mediante una oración específica. La oración se responde de tal manera que el poder de Dios y la autenticidad de la autoridad espiritual del líder se manifiestan de forma clara.

En el capítulo 2 he descrito el incidente de Watchman Nee y su equipo de evangelización, que vieron cómo Dios vindicaba su poder en una tensa situación con Ta-Wang, el dios de los isleños. Fue evidente para todos que había habido una confrontación con los poderes malignos. Fue un ejemplo clásico del elemento de proceso llamado encuentro de poder. La mayoría de los líderes tendrán que afrontar en algún momento este tipo de elemento de proceso de poder especial.

Los *encuentros de poder* tienen que ver con una situación de crisis en la que se produce una confrontación entre unas personas que representan a Dios y otras que representan a otras fuerzas sobrenaturales. Es una cuestión de poder, y lo que está en juego es la credibilidad de Dios. En los encuentros de poder Dios reivindica su autoridad mediante una singular manifestación de su poder.

Ya hemos hablado un poco de la relación entre Bernabé y Pablo, por ello, solo consideraremos ahora la parte que desempeñó Bernabé en la vida de Pablo, en un elemento de proceso de poder de los contactos.

Bernabé fue enviado a impartir sabiduría y dirección en un momento crucial de la vida y ministerio de Pablo. Su autoridad e influencia atrajeron a Pablo al ministerio que Dios tenía para él, demostrando así el poder de trabajar interconectados: Dios tenía a la persona adecuada en el lugar y momento adecuados para facilitar el ministerio de otro.

El elemento de proceso que llamamos *poder de los contactos* alude al uso que Dios hace de mentores u otros líderes maduros para cumplir determinados objetivos para el líder de modo que este sienta la importancia de la relación con otros líderes y entienda cómo obra Dios mediante redes de personas.

Superar la barrera de estancamiento

La segunda área importante en la que el líder necesita discernimiento es la expansión de su propio ministerio. En esta área Dios se concentra en expandir el discernimiento del líder sobre su propia capacidad para dirigir. Reconocer y responder a la dirección de Dios en los elementos de proceso de desafío de oración, desafío de fe y desafío de influencia indica un significativo desarrollo en la función del discernimiento. Los líderes estancados rara vez disciernen o responden a los elementos de este conjunto de desafíos.

Todos los líderes tienen la capacidad de influenciar a otras personas. Dios quiere desarrollar esta capacidad a lo largo de toda la vida. Los líderes suelen llegar a un punto en las etapas posteriores de la fase de maduración ministerial en que su desarrollo parece detenerse. Se trata de la barrera de estancamiento. Los líderes tienen la tendencia a dejar de desarrollarse una vez que tienen ciertas habilidades y experiencia ministerial. Puede que se sientan cómodos con la idea de seguir su ministerio tal como es, sin discernir la necesidad de desarrollar otros aspectos ministeriales y personales.

Cuando un líder tiene un potencial para el liderazgo que todavía no ha desarrollado o usado, Dios le desafiará a dar pasos para desarrollar y usar dicha capacidad para sus propósitos. Muchas veces, los líderes no están conscientes de determinadas capacidades hasta que Dios les guía por medio de personas o acontecimientos para animarlos hacia el desarrollo. Consideremos los desafíos de Dios.

Elemento de proceso de desafío de oración

En Génesis 18 se narra un clásico desafío de oración en el que Abraham ora por Sodoma. Dios revela a Abraham su plan de que Sara conciba un hijo y después le informa de su intención de juzgar Sodoma. Abraham le suplica a Dios que no destruya la ciudad. De igual modo, a lo largo de la historia, Dios revela sus planes a ciertos líderes, les desafía para que oren al respecto, y de este modo les involucra en el desenlace.

En el centro del liderazgo hay una comunicación entre Dios y el líder. Los líderes deben conocer los propósitos de Dios para el grupo antes de poder comunicárselos a las personas que lo forman.

El frenético ritmo del ministerio propicia que, a menudo, se descuide la vital comunicación con Dios por medio de la oración. La oración es uno de los principales elementos del «ser» que Dios recalca sin cesar en esta fase de «hacer».

El desafío de oración puede suscitarse mediante necesidades personales o ministeriales acuciantes, pero esencialmente es más que una respuesta a tales necesidades. Este desafío es un recordatorio de que la oración es un necesario hábito de liderazgo que intensifica la comunicación con Dios y asegura una visión para el ministerio.

El elemento de proceso del *desafío de oración* alude a aquellos casos en que Dios le recuerda al líder que debe orar para tener un ministerio eficaz. Cuando los líderes responden adecuadamente a este desafío, habrá un crecimiento positivo en su vida que afectará a su ministerio posterior.

A Samuel se le recordó este hecho esencial y es, por tanto, un prototipo para los líderes. Samuel había ungido a un nuevo rey y estaba también abandonando el ministerio activo. Sin embargo, su compromiso de orar por aquel ministerio se mantuvo. Deberíamos imitar su respuesta al desafío de oración cuando dijo: «En cuanto a mí, ciertamente no pecaré contra el Señor al dejar de orar por ustedes. Y seguiré enseñándoles lo que es bueno y correcto» (1 Samuel 12:23).

Este pasaje nos ofrece un importante principio: *Si Dios le llama a un ministerio, le llama entonces a orar por él.*

Los estudios sobre el surgimiento del liderazgo de numerosos gigantes en la historia de las misiones (Hudson Taylor, Jonathan Goforth y otros) muestran la importancia de este principio[7]. El registro del Nuevo Testamento no siempre habla de la forma en que Dios impartió desafíos de oración, pero podemos asumir que lo hizo porque, frecuentemente, estos líderes apartaban tiempo para orar por sus ministerios. Vemos en las Escrituras que Cristo responde al desafío de oración antes de afrontar importantes decisiones o crisis en su ministerio. Su tiempo de oración apartado de las multitudes y solo con el Padre le fortalecía y le daba visión para su ministerio futuro.

La meta final de este elemento de proceso es ayudar al líder a no ver la oración como una carga sino como una liberación, un privilegio al que entrar con gozo. Una meta intermedia es adquirir el discernimiento que le permita ver el desafío y la guía de Dios para el ministerio.

Elemento de proceso de desafío de fe

Cuando trabajaba como ingeniero eléctrico, comencé a sentir la necesidad de formarme más extensamente en el estudio bíblico. No sabía qué sucedería después de la formación, pero me sentía impulsado a llevarla a cabo. Mi esposa, Marilyn, y yo sabíamos que no teníamos dinero para cubrir el coste de aquellos estudios. Recuerdo la noche que hablamos de este problema. ¿Cómo nos las arreglaríamos? Teníamos cuatro hijos y había una gran diferencia entre el salario de un ingeniero y el de un estudiante.

Dios nos había desafiado con la promesa de Mateo 6:33: «Busquen el reino de Dios por encima de todo lo demás y lleven una vida justa, y él les dará todo lo que necesiten». Cuando consideramos esta promesa, nos convencimos de que Dios supliría las necesidades de nuestra familia. Mientras estábamos hablando, recibimos una llamada de mi cuñado para decirnos que prometía apoyarnos durante mi estancia en el instituto bíblico. Dios honró nuestro paso de fe. Durante los tres años que pasamos en la escuela bíblica, Dios suplió todas nuestras necesidades económicas.

Uno de los mayores desafíos que afrontaremos como líderes es el llamamiento de Dios a aumentar nuestra fe en el ministerio. Los desafíos de fe casi siempre nos llevan más allá de nuestra comprensión presente. No se limitan a aquellos que tienen el don espiritual de la fe.

Los desafíos de fe están directamente vinculados a ministerios efectivos. Los líderes son personas que poseen una visión dada por Dios, y una de sus funciones esenciales es inspirar a sus seguidores con esta visión y esperanza. No pueden cumplir esta función sin fe.

El elemento de proceso del *desafío de fe* alude a aquellos casos en el ministerio en los que Dios reta a un líder para que dé pasos de fe y vea a Dios recompensar tales pasos con su afirmación y el éxito del ministerio. La fidelidad de Dios aumenta la capacidad del líder para confiar en él y en el ministerio futuro.

Los desafíos de fe comportan tres elementos: (1) una revelación por parte de Dios sobre un determinado plan futuro, (2) una percepción del líder de que Dios está retándole a actuar en base de esta revelación y (3) una mentalidad que decide tomar decisiones de liderazgo basadas en esta firme convicción. Los desafíos de fe pueden presentarse de repente o pueden hacerlo de forma gradual.

Elemento de proceso de desafío de influencia

El desafío de enviar a Bernabé y a Pablo en su primer viaje misionero fue más que un mero desafío colectivo para la iglesia de Antioquía. Fue también un elemento de desafío de influencia tanto para Bernabé como para Pablo. La influencia de estos líderes se extendió para incluir como objetivos a grupos de otras culturas. La clase esencial de influencia seguía siendo directa: de persona a persona.

El *desafío de influencia* como elemento de proceso alude a aquellos casos en que Dios lleva a un líder a ampliar su esfera de influencia[8]. Al hablar de esfera de influencia me refiero al número de personas por las que un líder dará cuenta a Dios. El desafío de influencia puede venir por un aumento de la influencia en extensión, intensidad o ámbito.

Para Pablo, el desafío de animar a la iglesia tesalonicense escribiéndole una epístola fue un desafío de influencia indirecto. Al escribir su carta, el apóstol extendió constantemente esta influencia indirecta a lo largo de toda su vida. Su influencia se propagó por todo el mundo cristiano y llegó hasta personas que no conocía directamente, y aun hoy, nosotros seguimos recibiendo su impacto al leer las epístolas.

Comprender la esfera y el desafío de la influencia es un paso adelante en el discernimiento, pero hay una advertencia: los líderes no deben esforzarse conscientemente por extender su esfera de influencia como si esta fuera mejor cuanto más grande; estos tienen, más bien, que responder al desafío de Dios aceptando distintas esferas de influencia para encontrar la esfera que Dios tiene exactamente para ellos.

Afirmación ministerial

Primera de Reyes 19:1-16 ilustra un elemento de proceso de afirmación ministerial. El profeta Elías estaba experimentando una depresión severa. Aunque había sido fiel en su ministerio, ahora se encontraba solo y asustado. Dios envió un ángel para que ministrara a Elías y después él mismo le confirmó. En un silbo apacible, Dios le habló a Elías y le dio una asignación ministerial y un joven profeta al que enseñar: Eliseo. No cabe duda de que tanto los líderes fuertes como los débiles necesitan de la afirmación ministerial.

Los líderes potenciales formados para trabajar a plena dedicación a menudo se desaniman y abandonan el ministerio. Esto sucede también con aquellos que no sirven a todo tiempo. La comprensión de cómo desarrolla Dios a un líder es un importante factor para superar esta barrera. Un segundo antídoto contra el síndrome de desaliento / abandono es el elemento de proceso de afirmación ministerial. Este elemento anima a los líderes y les imparte una renovada sensación de propósito final en su liderazgo. Es la palmadita en el hombro de Dios.

El elemento de proceso de la *afirmación ministerial* es una clase especial de asignación o experiencia por medio de la que Dios muestra su aprobación de un líder, y que redundará en un renovado sentido de propósito para este último.

En la afirmación ministerial hay cosas como visiones, señales, un acertado incidente ministerial, expresiones humanas de gratitud, satisfacción interior, palabra de conocimiento, palabra de sabiduría, profecía, promoción y expansión de la esfera de influencia. Es fácil ver las visiones, señales y promociones, pero el verdadero crecimiento en discernimiento llega cuando los líderes sienten la aprobación de Dios mediante afirmaciones menos espectaculares como las expresiones humanas de gratitud y la satisfacción interior.

La afirmación ministerial sirve para animar, pero puede servir también como una confirmación de la guía de Dios. Con bastante frecuencia la afirmación divina se produce cuando un líder busca a Dios en un periodo de aislamiento. Los deliberados días de ayuno u oración a solas con Dios producen la necesaria afirmación. La necesidad de afirmación ministerial no es una señal de debilidad, sino un indicador de renovación y refrigerio que motivará al líder a seguir sirviendo.

Los Evangelios registran muchos casos de afirmaciones ministeriales en la vida de Jesús, comenzando con las palabras del Padre en su bautismo: «Este es mi Hijo muy amado, quien me da gran gozo» (Mateo 3:17). El Evangelio de Juan registra otra afirmación ministerial en la vida de Cristo:

> «Padre, gracias por haberme oído. Tú siempre me oyes, pero lo dije en voz alta por el bien de toda esta gente que está aquí, para que crean que tú me enviaste». Entonces Jesús gritó: «¡Lázaro, sal de ahí!».
>
> Y el muerto salió de la tumba con las manos y los pies envueltos con vendas de entierro y la cabeza enrollada en un lienzo. Jesús les dijo: «¡Quítenle las vendas y déjenlo ir!». (11:41-44)

Dios se sirve a menudo de la afirmación ministerial no solo para establecer al líder sino también para vindicarlo delante de sus seguidores.

FILOSOFÍA MINISTERIAL

Con frecuencia los líderes se adentran en el ministerio sin una clara filosofía ministerial. O no aprenden las lecciones o no las identifican e integran dentro de un sistema capaz de sustentar la toma de decisiones en un ministerio futuro. El que un líder se estanque o siga avanzando hacia las fases de maduración de la vida y de convergencia depende de cómo trate este problema.

Cuando hablamos de filosofía ministerial aludimos a las ideas, valores y principios que un líder usa como directrices para la toma de decisiones, para ejercer influencia o para evaluar su ministerio. Durante la fase de la maduración ministerial debería desarrollarse una filosofía ministerial efectiva. Esta es una etapa tan importante y puede producir un problema tan grave que volveremos a ella en el capítulo 8 para tratarla con más detalle.

ALCANZAR EL FINAL DE LA FASE DE MADURACIÓN MINISTERIAL

Hay tres patrones de conclusión para la fase de maduración ministerial. Dos de ellos dejan al líder en la fase ministerial, y el tercero le conduce a la fase siguiente: la maduración de la vida.

Los líderes que concluyen su desarrollo en la fase de maduración ministerial se dividen en dos categorías: (1) los que se estancan en un determinado nivel de competencia ministerial, y después muestran relativamente poco crecimiento en el ministerio o en su desarrollo espiritual; y (2) los que son objeto de acciones ministeriales disciplinarias y se les limita o se les aparta de él.

A estos dos grupos de líderes hay que sumar, además, a los que tiran la toalla y abandonan el ministerio. Un tercer patrón de conclusión, el patrón normal de límite ministerial, conlleva una reflexión sobre el significado del ministerio y la implicación de Dios en él, además de un importante cambio filosófico acerca de la base para el ministerio. Se trata de un cambio de competencia para *hacer* a una eficiencia que fluye del *ser*, y es una consecuencia de la reflexión del líder en la implicación de Dios en su vida y ministerio.

En general, los límites[9] representan un tiempo de reflexión sobre el pasado, evaluación del presente y de acercarse a las decisiones futuras en vista de esta reflexión. Esto es especialmente cierto en el límite entre la fase de maduración ministerial y la fase de maduración de vida porque es una separación sutil y principalmente psicológica. Esta transición puede producirse sin cambios de asignación ministerial, ubicación, rol u otros cambios comunes relacionados con las transiciones importantes de límites.

En el cambio del ministerio entendido como *hacer* al ministerio como *ser*, la autoridad espiritual se convierte en la zona de influencia dominante. El procesamiento de los límites, que conduce a la fase de maduración de la vida, puede prolongarse durante varios años.

RESUMEN

En la etapa de desarrollo del aprendizaje relacional se usan cuatro elementos de proceso (el conjunto de sumisión) para desarrollar a los líderes. Estos elementos de proceso —conocimientos sobre la autoridad, conocimientos relacionales, conflicto ministerial y reacción negativa al liderazgo— se usan para salvar el primer problema ministerial: el problema de la autoridad. En esta sección hemos considerado dos patrones: el patrón de autoridad de cinco etapas y el ciclo de la reacción negativa al liderazgo. Hemos identificado «los diez mandamientos de la autoridad espiritual» y un importante principio de liderazgo acerca de la autoridad.

Hemos aprendido que en la etapa del desarrollo de discernimiento los líderes aprenden a discernir en dos áreas principales. La primera tiene que ver con la realidad espiritual y la segunda con la expansión personal. El discernimiento en la esfera de la realidad espiritual se aprende mediante el elemento de proceso de la guerra espiritual. Un segundo problema (la guerra espiritual) nos muestra que Dios también utiliza elementos de poder para enseñar a los líderes acerca de la guerra espiritual. Estos son los elementos de proceso de poder en el don, poder en la oración, encuentro de poder y poder de los contactos.

En la segunda área de discernimiento, la expansión personal, encontramos un tercer problema, a saber, la barrera de estancamiento. Los líderes tienen que aprender a discernir los desafíos de Dios para seguir desarrollándose. Dios utiliza un conjunto de elementos de proceso —desafío de oración, desafío de fe y desafío de influencia— para enseñarle al líder la necesidad de discernimiento personal. Hemos identificado dos principios de liderazgo —el principio del desafío de oración y el del desafío de fe—, así como también el patrón del desafío de fe. Se ha hablado también de un último elemento de proceso: la afirmación ministerial.

El cuarto problema (la filosofía ministerial) ha sido el último que hemos considerado en este capítulo. Es importante para los líderes desarrollar una filosofía del ministerio que incorpore las lecciones que han aprendido y que les dé después un fundamento para tomar decisiones en el futuro.

He concluido con una exposición de las distintas formas en que puede terminar la fase de maduración ministerial. Es necesario analizar estas terminaciones porque no son muchos los líderes que avanzan más allá de esta fase. Entrar en la fase siguiente depende de realizar una buena evaluación de la fase de maduración ministerial.

La etapa del discernimiento es importante porque abarca todas las otras etapas de la fase de maduración ministerial. Los elementos de proceso y los patrones que se han descrito, así como los principios y advertencias, deberían darnos un discernimiento espiritual para reconocer la implicación de Dios en los sucesos diarios de la vida y el ministerio. Esto lleva al líder a desarrollar una confiada expectativa en cuanto a la persistente labor de Dios y a ejercer una confiada influencia en otras personas.

AHORA ES SU TURNO

Puede que durante mi descripción de las cuatro principales funciones hacia las que trabaja Dios usted haya pensado en incidentes de su propio ministerio. Las siguientes preguntas pretenden animarle a aplicar algunas de estas ideas a su experiencia personal.

1. Considere de nuevo las cinco lecciones principales que nos enseña el elemento de proceso de conocimientos sobre la autoridad:

- Sumisión a la autoridad
- Estructuras de autoridad
- Autenticidad de las bases de poder que subyacen en la autoridad
- Conflicto de autoridad
- Cómo ejercer la autoridad

¿Cuáles de ellas aparecen en los siguientes ejemplos?

- El centurión de Lucas 7:1-10
- Jacobo y Juan en Mateo 20:20-28
- Los amigos del hombre paralítico en la sanación de Lucas 5:17-26
- Miriam y Aarón en Números 12:1-16

2. Ilustre un elemento de proceso de conocimientos sobre la autoridad con algo sucedido en su propia vida. Describa el incidente en cuestión e identifique cuál (o cuáles) de las cinco lecciones principales ha aprendido. Comparta los detalles con alguna otra persona con experiencia en el ministerio.
3. Recuerde que las cuatro principales etapas de desarrollo de la fase de maduración ministerial son importantes, no solo para que entienda cómo le está Dios desarrollando como líder, sino también para ayudarle a seleccionar y ayudar a los líderes emergentes en su ministerio. ¿Por cuál de las siguientes cuatro etapas cree usted que Dios le está llevando en este momento? ¿Está Dios impartiéndole conocimientos para que los use con los líderes emergentes relacionados con su ministerio? Determine qué etapa es la más importante para usted personalmente y cuál le es más útil para ayudar a los líderes emergentes relacionados con su ministerio.

- La etapa de entrada
- La etapa de formación
- La etapa del aprendizaje relacional
- La etapa del discernimiento

CAPÍTULO 6

LECCIONES CONSTANTES: GUÍA Y OTROS PROCESOS EN VARIAS FASES

El desafío o problema: Y Jehová iba delante de ellos de día en una columna de nube para guiarlos por el camino, y de noche en una columna de fuego para alumbrarles, a fin de que anduviesen de día y de noche. *(Éxodo 13:21, RVR60)*

Ken tenía los ojos húmedos y su voz temblaba. «No sé qué hacer», dijo tras explicarme su situación. La misión con la que había estado sirviendo en el océano Índico había hecho un importante cambio de filosofía. Los ministerios como el suyo, que no estaban directamente relacionados con el establecimiento de iglesias, iban a ser retirados de forma progresiva.

Los misioneros que trabajaban en esos ministerios tendrían tres opciones. Si su ministerio podía ser absorbido por alguna misión que establecía nuevas iglesias, podrían unirse a dicha misión. También podían someterse a una nueva formación e incorporarse a alguno de los ministerios para plantar iglesias que iban a comenzarse en África. Su última opción era abandonar el campo misionero, regresar a casa y participar en algún otro ministerio. En cualquier caso, varios misioneros iban a quedarse sin trabajo.

Ken había visitado dos de los proyectos más recientes para el establecimiento de nuevas iglesias en África para ver si podía encajar en ellos. Compartió conmigo dos cartas que había recibido de los líderes de aquellas obras. Francamente, ninguna de las dos me había parecido muy prometedora. No parecían tener en cuenta la mezcla de dones de Ken, su destino y surgimiento del liderazgo hasta este momento de su vida.

Ken estaba comprometido con el campo de misión. Estaba al borde de una decisión trascendental para su vida. Tenía treinta y tantos años y, en la voluntad de Dios, le quedaban al menos otros diez o veinte años de servicio misionero productivo. ¿Qué podía decirle? Era evidente que necesitaba dirección.

¡La guía[1] es una necesidad continua en la vida de los líderes! ¿No sería fantástico que Dios pusiera una nube para Ken como lo hizo con la nación de Israel durante el éxodo? Muévanse cuando se mueva la nube, y deténganse cuando esta se detenga; vayan donde va la nube. Ciertamente, Dios nos ofrece su dirección, pero lo hace de un modo que desafía nuestro discernimiento, responsabilidad personal y compromiso.

La guía es uno de los elementos cruciales del liderazgo. La necesidad de guía es una constante a lo largo de toda la vida del líder; por ello, los elementos de proceso que aluden a la guía no se limitan a una sola fase. Son procesos continuos que están presentes en todas las fases del desarrollo. Hay otros elementos que aparecen también a lo largo de todas las fases del desarrollo. De momento me limitaré a llamarlos elementos de proceso misceláneos.

En este capítulo consideraremos dos tipos de elementos de proceso que aparecen a lo largo de todas las fases del desarrollo. Hablaré de seis elementos de proceso relacionados con la guía y de cuatro elementos de proceso misceláneos. Los elementos de guía son relativamente infrecuentes, excepto en el estudio de la vida de los líderes. He seleccionado cuatro elementos de proceso misceláneos: elementos literarios, elementos de palabra, crisis y conflictos. La guía llega a menudo a través de estos elementos y de los que he definido como elementos de guía. Sin embargo, estos son de naturaleza general y aparecen frecuentemente durante el desarrollo de los líderes.

PROCESAR LA GUÍA

Un líder es una persona con una capacidad y responsabilidad dadas por Dios que influye en un grupo de seguidores conduciéndoles al cumplimiento de los propósitos divinos para ellos. El elemento central de esta definición de un líder es su influencia para el cumplimiento de los propósitos de Dios. Los líderes deben aprender a recibir guía colectiva para los grupos que están dirigiendo. ¿Cómo lo hacen? Este es el desafío de este capítulo: señalar la guía que Dios usa en el desarrollo de los líderes para este crucial aspecto del liderazgo.

El patrón básico de la guía es sencillo. Los líderes aprenden primero a reconocer la guía de Dios en su vida personal. Tras aprender a discernir la dirección de Dios para su vida en numerosas decisiones cruciales, el líder puede cambiar a la función de liderazgo de reconocer la guía para el grupo que dirige.

Existen muchos libros que abordan la comprensión de la dirección de Dios para la toma de decisiones personales, y yo no quiero repetir este material. Doy por sentado que el líder está en comunión con Dios y aprendiendo a escuchar su voz por medio de la palabra escrita, el ministerio bíblico de otros dentro del cuerpo de Cristo, las convicciones interiores generadas por el Espíritu Santo y las circunstancias providenciales. Asumo también que una buena parte de la guía vendrá a través *de una vida de obediencia consistente del líder con Dios*[2] en la que este se encuentra diariamente con él en su tiempo devocional y en su estudio personal de la Palabra. En esta sección no voy a ocuparme de estas cosas, y quiero ir más allá de lo que se enseña en la mayoría de los libros sobre la guía de Dios. Hay seis importantes elementos de proceso que Dios usa con frecuencia para aumentar el discernimiento del líder para entender su dirección:

- Contactos divinos
- Mentores
- Doble confirmación
- Preparación negativa

- Acto en la carne
- Afirmación divina

Expondré cada uno de estos elementos cuando presente con más detalle el asunto de la guía.

El proceso de la guía es complicado y delicado. Dios debe enseñarle al líder a discernir su dirección sin frustrar su iniciativa personal. Esto lo hace al tiempo que crea en él el compromiso de seguir su dirección y mientras le enseña a sentir su responsabilidad personal en la toma de estas decisiones. No es una lección que se aprenda de la noche a la mañana, sino algo que tiene lugar lentamente, a través de muchos elementos de proceso y durante un amplio periodo de tiempo que abarca varias fases.

En 1964, Harold Dollar se cruzó en mi camino en una iglesia a la que asistía en aquel momento. Dios lo envió. Su desafío al discipulado cambió mi vida para siempre, y en aquel momento me dio ciertas recomendaciones sobre los siguientes pasos que seguí en el servicio de Dios. Harold fue un contacto divino.

En 1979, estaba terminando mi trabajo doctoral en misiología cuando Dios usó a Chuck Kraft, otro amigo, para aconsejarme respecto a una importante decisión ministerial. Chuck no solo me aconsejó, sino que preparó el camino para mi siguiente fase de desarrollo.

Dios suele poner en el camino de los líderes emergentes, en especial de los más jóvenes, a dirigentes más sabios y experimentados que les aconsejan en cuestiones puntuales. De esta noción básica surgen dos elementos de proceso: el contacto divino y el mentor. Hemos de entender estos elementos desde una perspectiva doble. Hemos de reconocer a los contactos divinos y los mentores de nuestra vida, a medida que avanzamos por las fases del desarrollo, cuando sea necesaria la guía. A medida que maduramos en nuestro liderazgo, hemos de reconocer que Dios nos usará como contactos divinos y mentores para otros.

Contactos divinos

En su momento, Dios lleva a la vida del líder en desarrollo exactamente lo que este necesita para inspirarse, comprender una verdad o recibir dirección. Podría tratarse de un tratado que cuestiona o explica una verdad, un libro que le imparte nuevas perspectivas o una persona a quien Dios usará en gran manera en la vida de este líder. El elemento de proceso del contacto divino alude a una forma poco común en que Dios pone en contacto al líder con una persona relevante para su vida en el momento oportuno.

Un *contacto divino* es una persona a quien Dios lleva a la vida de un líder en un momento crucial de una fase de desarrollo para afirmar o estimular su potencial para el liderazgo, para guiarle sobre un asunto especial, para darle ideas que ensanchen la visión del líder, para desafiarle hacia Dios o para abrir la puerta de una oportunidad ministerial.

Bernabé fue un contacto divino para Pablo en Hechos 9:27, en un momento en que este no podía conseguir que los líderes de la iglesia de Jerusalén le recibieran. Bernabé abrió la puerta defendiendo los intereses de Pablo y presentándole a aquellos líderes. Pedro fue un contacto divino para Cornelio en Hechos 10. Dios le envió para que, por medio de su predicación, Cornelio y su casa pudieran ser salvos. Cornelio le percibió como un emisario de Dios. Pablo fue un contacto divino para Timoteo, Priscila, Aquila y muchas otras personas. Su entrada en sus vidas les dio una dirección oportuna que afectó sus vidas y ministerios.

Los contactos divinos están a menudo entretejidos en las vidas de los líderes y reaparecen en momentos cruciales. A veces se trata de relaciones de reciprocidad en las que cada uno ayuda al otro en determinadas circunstancias. Esto es lo que ha sucedido entre Harold Dollar y yo. A lo largo de los años, Dios ha hecho converger nuestras vidas en momentos cruciales y cada uno ha podido ayudar al otro. En 1967, Harold jugó un papel decisivo en mi decisión de abandonar mi trabajo en Bell Telephone Laboratories para ir a formarme en el Instituto Bíblico Columbia. En 1972, mi esposa y yo invitamos a Harold y Sharon a considerar la posibilidad de unirse a la Misión West Indies y servir en Trinidad. Dios usó a Harold para presentarme el programa In-Service Program de la Escuela de Misión Mundial. Así comenzó mi formación, que finalmente me llevó a doctorarme y a ocupar mi posición actual en el Seminario Teológico Fuller.

Por su capacidad de influenciar a otros, los líderes han de reconocer que serán a menudo contactos divinos para otras personas que conocen. Deberían ser especialmente sensibles al uso que el Espíritu Santo hace de ellos como contactos divinos, y reconocer esta forma especial de influenciar a otras personas. A veces, los contactos divinos no están conscientes de que Dios los ha usado en un momento especial de la vida de alguien. A menudo una frase o un mensaje son clave en un momento determinado. Es posible que unos años después se descubra que en un determinado momento alguien fue usado como contacto divino. La percepción de este elemento del contacto divino y su dinámica pueden ser un importante paso en la capacidad consciente del líder para cooperar con Dios en su uso de este elemento con los líderes emergentes.

Mentores

Dios ha dado a algunas personas la capacidad y el corazón para reconocer el potencial para el liderazgo y para dar pasos a nivel personal para ayudar al desarrollo de los líderes. Estos pasos suelen convertirse en una importante forma de guía para el líder potencial. Cuando hablamos de *mentoría* nos referimos al proceso por el que una persona con una actitud servicial, generosa y alentadora, el mentor, ve potencial para el liderazgo en una persona que todavía no se ha desarrollado como tal, el protegido o mentorado[3], y es capaz de estimularla o influenciarla de forma significativa en el desarrollo efectivo de su potencial. El elemento de proceso de *mentoría* alude al proceso y resultados del mentor en su ayuda al líder potencial. El mentor es una clase especial de contacto divino que puede ofrecer una prolongada ayuda o dirección, o ser un incentivo para el crecimiento.

Bernabé mentorizó a Pablo. En Hechos 11:25, Bernabé hizo todo lo que pudo por reclutar a Pablo para el ministerio en Antioquía. Bernabé le introdujo en esta iglesia y ministró con él. Bernabé también instruyó a Juan Marcos, uno de los autores del Nuevo Testamento. Incluso cuando Pablo se dio por vencido con Juan Marcos, Bernabé estuvo dispuesto a ayudarle. Juan Marcos se convirtió en un líder con talento por méritos propios. Muy probablemente no tendríamos el Evangelio de Marcos si no fuera por la actitud de Bernabé como mentor.

Margaret Barber, una misionera inglesa, instruyó a Watchman Nee durante sus primeros años de desarrollo. Barber llevó a cabo su mentoría mediante una instrucción informal e imitación de modelos. Sus sabias recomendaciones, conocimiento de las Escrituras y espíritu sumiso le afectaron profundamente en una etapa impresionable de su desarrollo. Mucho de lo que Nee consiguió en su ministerio tiene sus raíces en el tiempo de la mentoría de Margaret Barber.

Durante los últimos años, he observado a varios alumnos de Burma que estudiaban con nosotros en la Escuela de Estudios Interculturales. Sondeando sus historias y la forma en que llegaron a Fuller, descubrí que John Stott fue su mentor y mecenas[4]. Stott encontró formas de enviar a varios líderes emergentes a nuestra institución para que completaran su formación y tuvieran otras experiencias que han ampliado su esfera de influencia.

No todo el mundo está capacitado para ser mentor. Los mentores son personas que ven enseguida el potencial de una persona. Son capaces de tolerar errores, impetuosidad, antipatía, etcétera, para ver el desarrollo del potencial. Son flexibles y pacientes, reconociendo que el desarrollo de las personas requiere tiempo y experiencia. Tienen la visión y la capacidad de mirar al futuro y sugerir los pasos siguientes que su protegido necesita para desarrollar su potencial. Y, por regla general, tienen una mezcla de dones que incluye al menos uno de los dones espirituales de ánimo: misericordia, dar, exhortación, fe y palabra de sabiduría.

Un mentor es alguien que ayuda a su protegido de formas muy prácticas: dándole *consejos* puntuales que le animan; *arriesgando* su reputación para respaldarle; facilitándole los recursos necesarios; siendo un *modelo* y planteando expectativas que le desafían; dándole tratados, cartas, libros u otra información literaria que le abren perspectivas; ofreciendo *recursos económicos*, a veces de forma sacrificada, para impulsar su ministerio; ministrando *con* él para aumentar su credibilidad, estatus y prestigio; y teniendo la *disposición* a permitirle avanzar más allá de su propio nivel de liderazgo, estimulándole incluso a hacerlo.

El líder emergente que cuenta con un mentor sabio durante sus primeros pasos en el ministerio es afortunado. La guía de Dios mediante un mentor puede ser transformadora[5]. Puede acelerar el proceso de desarrollo y establecer patrones que perdurarán de por vida.

Doble confirmación

¿Recuerda la situación de Ken, el misionero que se vio forzado a buscar un nuevo ministerio? Quizás se haya preguntado qué le dije. Lo primero que tengo que decir es que había estudiado su historia personal y, por tanto, había visto varios patrones en su vida, conocía su mezcla de dones y parte de su filosofía ministerial. Pude hablar con él sobre el futuro en términos de posibles tareas que el Señor quería llevar a cabo en su vida. Aparte del consejo general que le di, también le señalé que en periodos cruciales de toma de decisiones cabía esperar que Dios impartiera certidumbre en la guía. Por ejemplo, el elemento de proceso de la *doble confirmación* alude a una guía especial en la que Dios deja clara su voluntad reforzándola mediante más de una fuente.

Hechos 9 habla de la conversión de Pablo. Este fue un episodio tan crucial para la historia del cristianismo que Dios utilizó una doble confirmación para indicar su certidumbre. Cuando Pablo tuvo su encuentro con el Señor Jesús en el camino de Damasco, vio una luz resplandeciente que le deslumbró y cayó al suelo. Entonces oyó la voz del Señor Jesús hablándole. ¿Fue esto una falsa ilusión o una alucinación? Hechos 9:10-16 nos dice que el Señor mismo le dijo a Ananías lo que le había hecho a Pablo. Ananías fue, confirmó la conversión de Pablo y le impuso las manos para sanarle de la ceguera producida por la deslumbrante luz. Este crucial incidente fue doblemente confirmado.

En un viaje ministerial me hospedé en casa de un pastor llamado «Bill».

Según es mi costumbre cuando me alojo en casa de un líder, realicé un breve estudio del liderazgo de Bill. Pude trazar una cronología y enumerar algunos de los principales elementos de proceso que para él eran relevantes. Durante una entrevista desestructurada, descubrí una doble confirmación que encaja exactamente en el patrón clásico que describiré en breve.

En conexión con dos periodos de ayuno un poco extensos, Bill fue guiado a reclamar cierta extensión de terreno para Dios. Anduvo por algunos barrios y oró por el territorio que pisaba, las familias, las calles, etcétera. El pasaje que Dios usó para convencer a Bill fue Josué 1:3, en el que Dios desafió a Josué diciéndole: «Te prometo a ti lo mismo que le prometí a Moisés: "Dondequiera que pongan los pies los israelitas, estarán pisando la tierra que les he dado"». Fue durante este periodo de aprendizaje experiencial sobre la posesión cuando Bill asistió a unas conferencias con su esposa. Hacia el final de la reunión el orador comenzó a impartir exhortaciones directas a algunos de los asistentes a la conferencia. Se volvió hacia Bill, le señaló con el dedo, citó Josué 1:3 y le dijo que Dios quería que poseyera la tierra. El orador no conocía de nada a Bill. No tenía ningún conocimiento de su situación. Su palabra de confirmación fue de gran inspiración para Bill, que después de aquello tomó importantes decisiones sobre algunos pasos que dio en su ministerio.

El clásico patrón de la doble confirmación comporta cuatro pasos. Primero hay un momento crucial en el ministerio del líder en que este necesita una segura palabra de Dios para cerciorarse de su guía. En segundo lugar, Dios le da su dirección al líder de forma directa o indirecta. En tercer lugar, Dios confirma después su guía por medio de otra persona. En cuarto lugar, Dios unifica ambas instrucciones de forma inequívoca y soberana.

La doble confirmación da afirmación divina a una importante decisión y valida la autoridad espiritual del líder. Imparte al líder un renovado sentido de destino y sirve de señal tanto a los de fuera como a los de dentro.

El famoso incidente del vellón de Gedeón (ver Jueces 6:36-40) es una doble confirmación, aunque se trata de un ejemplo un tanto insólito[6]. Gedeón quería estar completamente seguro de que Dios le estaba guiando a liberar a su pueblo de los madianitas y los amalecitas. Puso un vellón de lana en el suelo y le pidió a Dios que hubiera rocío en el vellón pero que la tierra alrededor estuviera seca. La noche siguiente pidió lo contrario: que hubiera rocío alrededor de la lana pero que el vellón estuviera seco. Dios respondió ambas oraciones y Gedeón tuvo su certeza.

En Hechos 10:1-8, Dios le dijo en una visión a Cornelio que le pidiera a Pedro que fuera a hablar con él. Por otra parte, Dios estaba también trabajando con Pedro, dándole una visión sobre la inclusión de los gentiles en el reino. Dios visitó a ambos por separado y después los reunió. Aquel fue un importante acontecimiento para la expansión del cristianismo. Dios incluyó a los gentiles en su oferta de salvación. Para que los cristianos de origen judío pudieran creer esto, fue necesario que Dios guiara las cosas del modo en que lo hizo.

Era un periodo crucial en la historia del pueblo de Dios y de su obra. La doble confirmación no es cualquier cosa. No es la forma normal de guía que Dios usará en la mayoría de los casos, pero un líder que tiene que tomar una decisión crucial puede pedirle a Dios una doble confirmación.

Preparación negativa

Reconozco que siento una cierta reticencia a dar el siguiente elemento de proceso de guía, porque ofrece una razón potencial para tirar la toalla a quienes se encuentran en situaciones incómodas. Pero lo he visto en la vida de muchos líderes y siento que debo mencionarlo, aunque pueda ser malinterpretado y usado erróneamente[7].

Alguien ha dicho que, aunque pueda parecer que la hierba es siempre más verde al otro lado de la valla, el hecho es que está seca en ambos lados. La preparación negativa se ve con frecuencia, especialmente en los periodos de transición entre las fases de desarrollo. Dios prepara, muchas veces, a alguien para aceptar los siguientes pasos de su dirección permitiendo primero que pase por experiencias negativas durante su actual fase de desarrollo. Las experiencias negativas hacen que la hierba parezca más verde, produciendo un incentivo para seguir adelante y buscar la siguiente etapa que Dios tiene preparada. Sin un proceso negativo a muchos les sería fácil quedarse donde están (y estancarse, quizás) y no seguir avanzando para desarrollarse, extenderse y sintonizar con los siguientes pasos de Dios.

La *preparación negativa* comporta el uso que Dios hace de acontecimientos, personas, conflictos, persecución y experiencias negativas para librar a una persona de la situación presente y llevarla a entrar en la siguiente fase de desarrollo con renovado interés. Este elemento no es esencialmente una huida de una situación negativa, sino una liberación y preparación para aceptar una nueva situación con un abandono en las manos de Dios que, de otro modo, no se produciría.

Quiero dar dos ejemplos bíblicos de preparación negativa. Uno, la persecución de los israelitas previa al éxodo hizo que estos se abrieran al liderazgo de Moisés y a su promesa de liberación. Después de su huida de Egipto, la Biblia muestra que Dios no los llevó directamente a Filistea. Si lo hubiera hecho, es probable que los israelitas hubieran querido volverse a Egipto viendo las batallas que tenían por delante. Lo que hizo Dios fue llevarlos al desierto. Al final de su largo y difícil recorrido, los israelitas estaban dispuestos y preparados para entrar en batalla (ver Éxodo 13:17-18). Dos, después de luchar con la esterilidad, Ana estuvo dispuesta a entregar a Samuel para el servicio del Señor; este acto fue el medio por el que Dios levantó un juez profeta para que asumiera el liderazgo de Israel durante el periodo transicional a la fase del reino (ver 1 Samuel 1).

Los elementos de proceso de la preparación negativa pueden ser: problemas en una relación matrimonial, una crisis laboral o ministerial, un conflicto con otros obreros cristianos, insatisfacción con la propia vida interior o rol ministerial, dificultades con los hijos, condiciones de vida difíciles, alguna enfermedad por cuestiones geográficas o climáticas, aislamiento y restricciones que impiden el desarrollo de la esfera de influencia.

Quiero reforzar lo que he dicho al principio de este elemento de proceso. No hay que utilizar este elemento para eludir una situación desagradable. Puede que Dios quiera utilizar la situación para llevarle a madurar, como dice Santiago 1:2-4, y esto no debe confundirse con el elemento de la preparación negativa, en el que Dios quiere librarle de una situación para llevarle a algo que, de otro modo, probablemente no escogería.

El acto en la carne

No podemos aprender a discernir la guía de Dios de la noche a la mañana. Es algo que se produce lentamente, tras experimentar muchos elementos de proceso durante un extenso periodo de tiempo que abarca varias fases. Uno de estos elementos de proceso que se repite a menudo en la vida de los líderes emergentes es el acto en la carne, que le brinda lecciones sobre lo que no debe hacer en el futuro. Experimentar este elemento de proceso varias veces, puede que incluso muchas veces, produce un discernimiento que no puede obtenerse de ninguna otra forma. Los líderes emergentes tienen que aprender a distinguir entre una fe presuntuosa y la palabra situacional de Dios sobre la que puede descansar la fe.

Aprender a discernir la voluntad de Dios puede ser un proceso difícil durante tiempos de prueba. Hacerlo *a posteriori* puede ser útil puesto que Dios nos enseña a reconocer su dirección y guía. El acto en la carne puede observarse de un modo muy claro aquellas veces en que un líder se supone guiado por Dios y se mueve más allá de sus indicaciones. Ocurre también cuando el líder ha comprendido una parte de la guía de Dios pero no tiene la idea completa (como saber el qué, pero no el cuándo o el cómo). A menudo, el líder intenta ayudar a Dios a hacer las cosas[8].

El *acto en la carne* alude a aquellos casos en la vida de un líder en que este asume que Dios le está guiando y toma ciertas decisiones de forma precipitada o sin discernir correctamente la voluntad de Dios. Tales decisiones conllevan, normalmente, la manipulación de alguna persona, lo cual suele tener repercusiones negativas para su vida y ministerio.

Génesis 16 registra un ejemplo de un acto en la carne. Dios les había prometido a Abraham y Sara que tendrían un hijo y serían padres de una nación. Durante más de veinte años esta promesa de Dios no se cumplió. Entonces Sara hizo un plan. Mandó a Agar, su doncella egipcia, para que se acostara con Abraham y les diera un hijo. Agar concibió y dio a luz a Ismael. Esta práctica, aunque aceptable desde un punto de vista cultural, no era el plan de Dios. Más adelante, Dios cumplió la promesa a su manera. Las consecuencias negativas de este acto en la carne siguen con nosotros hoy.

Otro acto en la carne que tuvo repercusiones colectivas fue el incidente en que Josué hizo un tratado con los gabaonitas (ver Josué 9). Dio por sentado que venían de una tierra lejana, pero le estaban engañando deliberadamente ya que sus tierras estaban muy cerca de aquel lugar. El razonamiento de Josué fue posiblemente algo así: «¿Qué problema va a haber si firmamos un tratado de paz con ellos? Viven tan lejos de nosotros que no serán una amenaza». El versículo 14 nos da la pista: «los israelitas [...] no consultaron al Señor». Los gabaonitas estaban entre las tribus que Dios había ordenado destruir a Israel.

Un examen minucioso del acto en la carne de Josué pone de relieve ciertas lecciones que aprendió mirando al pasado. Los asuntos de cada día están llenos de sucesos que no son lo que parecen. Por otra parte, cuando un líder sigue fielmente a Dios, puede esperar que se produzcan distracciones. No puede pretender que entiende todas las situaciones sin más, sino que debe evaluar cada una de ellas en vista de la clara dirección que está siguiendo.

Ezequías, el rey de Judá, recibió a algunos mensajeros de Babilonia y les mostró todas sus riquezas y equipamiento militar (ver Isaías 39). Esto parecía algo normal, pero más adelante Isaías reprendió a Ezequías (ver versículos 5-8) con una palabra del Señor que condenaba su acción aparentemente inocente. La profecía predijo un futuro desastroso. Los asuntos de cada día pueden llevar a actos en la carne si los líderes no están atentos y son juiciosos en sus acciones. Algunas decisiones aparentemente triviales pueden afectar a cuestiones importantes. El orgullo (querer mostrar los propios logros, jactarse de posesiones, etcétera) puede llevar a actos de la carne.

Reflexionar sobre el elemento de proceso de los actos en la carne no es un ejercicio de pensamiento negativo. Es un procedimiento mediante el cual Dios puede agudizar las facultades discernidoras del líder y fortalecer su capacidad para reconocer su dirección. Cuando un líder reflexiona sobre casos de guía, tanto en su propia experiencia como en la de otras personas, debería buscar lecciones sobre el modo en que Dios guía para que en el futuro pueda discernir su dirección de un modo más claro.

Quiero resumir las lecciones que he identificado hasta ahora en relación con el acto en la carne. El *qué*, el *cuándo* y el *cómo* son importantes facetas de la guía divina. La certidumbre en uno solo de los aspectos pero no en los otros conduce, a menudo, a actuar en la carne, con presunción respecto a los demás. La fe presuntuosa asume que Dios hará algo que no ha comunicado y puede llevar a un acto en la carne. En las decisiones importantes, actuar sin consultar a Dios produce muchas veces actos en la carne. No actuar y escoger una alternativa humana, en lugar de hacer algo que Dios ha señalado, es también un acto en la carne.

Afirmación divina

Durante el ministerio del Señor Jesús pueden observarse, al menos en tres ocasiones, afirmaciones divinas por parte del Padre. Mateo 3:17 describe el descenso del Espíritu Santo en forma de paloma y una voz que declara la aprobación de Jesús. Encontramos una voz parecida de afirmación divina en el monte de la transfiguración (ver Mateo 17:5). Juan 12:28 registra una nueva afirmación divina en forma de una voz del cielo, en beneficio de los discípulos y de Jesús.

A lo largo de toda una vida de ministerio, habrá ocasiones en que un líder va a necesitar la confirmación de parte de Dios en el sentido de que su ministerio es relevante y válido, y de que su vida cuenta para los propósitos divinos. Esta reafirmación —normalmente se trata de una necesidad interior— infundirá nueva vida al líder. En ocasiones, esta afirmación se imparte de manera externa como una confirmación para los seguidores de que el líder tiene, sin duda, autoridad espiritual. Al elemento de proceso que describe esta aprobación especial de parte de Dios se le llama afirmación divina. Está estrechamente relacionado con la autoridad espiritual. Es un elemento de dirección, puesto que sin este toque especial de Dios muchos líderes se sentirían inclinados a abandonar el ministerio. Pero con él hay nueva vida y una sensación de seguir contando con la aprobación de Dios.

La *afirmación divina* es una clase especial de experiencia en la que Dios imparte aprobación a un líder de manera que este adquiere una renovada sensación de propósito final y nuevos deseos de seguir sirviendo a Dios.

Cuando Dios llamó a Abraham (ver Génesis 12:1-3) le dio una afirmación, y durante los veinticinco años siguientes siguió haciéndolo regularmente. Una de estas significativas experiencias fue una visión simbólica que renovó el propósito de Abraham (ver Génesis 15). Esta visión reveló también una gran verdad sobre un pacto unilateral establecido entre el Padre y el Hijo, que tuvo una trascendencia eterna para los descendientes de Abraham[9].

Primera de Samuel 12:13-19 ilustra la afirmación divina del ministerio de Samuel con una perspectiva externa. Dios respondió la oración de Samuel pidiendo lluvia en medio de la estación seca. El pueblo vio que Samuel tenía autoridad espiritual; Dios estaba con él.

Las afirmaciones divinas se han producido mediante la soberana disposición de circunstancias, una voz interior u otra revelación directa, un sueño, una visión, la visitación de un ángel, una palabra profética, una señal milagrosa o un sentido de la bendición de Dios sobre la vida del líder como se atestigua sobre José en Génesis 39:2-3, 21-23. La guía para seguir haciendo lo que estamos haciendo puede producirse muchas veces mediante una afirmación divina. Los líderes han de estar conscientes de esta forma de guía y reconocer las muchas formas en que Dios la administra.

ELEMENTOS DE PROCESO MISCELÁNEOS Y MULTIFASE

Hay otros elementos de proceso que pueden aparecer en distintas fases del desarrollo. Estos elementos de proceso misceláneos aparecen junto a otros elementos de proceso para complementar o intensificar su fuerza. Todos los elementos misceláneos que hemos comentado aparecen a menudo junto a otros elementos de guía para reforzarla, pero hacen algo más que procesarla. Tales elementos ofrecen estímulos, tanto para el crecimiento de la vida interior como para el crecimiento ministerial, para ser usados con los grupos que son guiados. Los dos primeros, los elementos literarios y de palabra, son por lo general experiencias positivas. Los dos últimos, los elementos de proceso de crisis y de conflicto, están relacionados y suelen ser experiencias negativas, aunque de ellos deberían colegirse lecciones positivas.

Literario

Leyendo la biografía de Jim Elliot, observé lo mucho que le ayudó leer lo que otras personas habían escrito. Una de las escritoras que le influenció más profundamente fue Amy Carmichael, una misionera que sirvió en India durante cincuenta y cinco años. Comencé a leer sus obras y vi que su biografía revelaba lo mismo. Carmichael citaba a muchas personas que le habían ayudado. Comencé a interesarme por este aprendizaje indirecto a través de las vidas de otras personas. Muchos grandes líderes han sido también grandes lectores que han obtenido mucha ayuda de las experiencias de otras personas narradas en biografías y otras obras.

El elemento de proceso *literario* alude a los medios que Dios utiliza para enseñarles lecciones a los líderes mediante los escritos de otras personas. Esta capacidad para aprender a partir de las lecciones observadas en las vidas de otras personas es aprendizaje vicario, es decir, a través de las vivencias de otros. Doy gracias de que procedo de una familia en que se fomentaba la lectura. Cuando era niño, mi madre solía leerme un libro de relatos bíblicos llamado *Egermeier's Bible Story Book* (Libro de relatos bíblicos de Egermeier) cada tarde mientras descansábamos. Me acuerdo perfectamente del día en que me llevó a la biblioteca pública y me ayudó a sacarme mi primera tarjeta como usuario. Aunque me gusta leer desde que era niño, fue mucho más adelante cuando aprendí el valor de la literatura viendo que Dios me hablaba por este medio. Dios ha usado mucho el elemento de proceso literario en mi vida.

A comienzos de 1964, comencé a leer todos los libros de la Misión al Interior de China, muchos de los cuales eran biografías. Dio usó aquellos libros de un modo muy poderoso para mi vida. En *El secreto espiritual de Hudson Taylor* vi a un hombre que estaba dispuesto a creer en lo que Dios había dicho y a confiar en él. Los desafíos de fe que afrontó Hudson Taylor me prepararon para asumir los míos. Podría señalar cientos de elementos literarios que Dios ha usado para hablarme. Los cientos de biografías que leí forman el trasfondo de mi estudio de los patrones de manifestación del liderazgo.

El propósito del elemento de proceso literario es desarrollar la capacidad de escuchar las lecciones sobre vida interior que Dios nos enseña para la vida y el ministerio a través de la lectura. Muchos líderes de alto nivel son famosos por ser voraces lectores y por su capacidad de aplicar lecciones a su vida a partir de lo que leen. El desarrollo de esta capacidad acorta los años que habrían sido necesarios para aprender las mismas lecciones mediante la experiencia personal.

El elemento de proceso literario sirve como complemento de casi cualquier tarea del desarrollo entre la fase II y la fase VI. En la literatura cristiana hay información disponible sobre todo el espectro de tareas del desarrollo. Las biografías de otros líderes deberían formar parte de la dieta literaria habitual de los líderes.

Palabra

En Daniel 9 vemos a Daniel en una fase tardía de la manifestación de su liderazgo. Daniel había estado estudiando Jeremías 27 y 29. Estos capítulos hablan del final de los setenta años de cautividad, cuando los israelitas invocarían a Dios y le buscarían. La lectura de estas palabras llevó a Daniel a ayunar, orar y arrepentirse por su pueblo. El Señor envió a un ángel con una revelación especial que amplió la perspectiva de Daniel y le estimuló a orar. Esto se tradujo en un desafío de fe que Daniel aceptó. La respuesta de Dios estaba más allá de las expectativas de Daniel[10].

El ministerio de Felipe con el eunuco etíope cambió su vida para siempre (ver Hechos 8). El eunuco estaba leyendo Isaías 53 cuando Felipe se le acercó e interpretó este pasaje de las Escrituras. El eunuco creyó lo que Felipe le dijo. Dios le habló a través de este pasaje y el eunuco se convirtió.

Una característica esencial del liderazgo es la capacidad para recibir la verdad de Dios. Esto es esencial para construir la zona de influencia de la autoridad espiritual: la influencia principal de un líder piadoso. Forma también parte integral de su metodología para obtener la guía de Dios para el ministerio. Los líderes a quienes Dios ha usado poderosamente han mostrado un gran amor por la verdad. Tales líderes estudian la palabra escrita para alimentar sus almas y ayudar a aquellos a quienes ministran. Disciernen con rapidez la verdad de Dios en la vida cotidiana. Aprenden a escuchar la voz de Dios mediante el ministerio de otras personas. Sería lógico esperar que Dios desarrollara a sus líderes sirviéndose de su capacidad para apreciar la verdad, cultivar hábitos de nutrirse de ella y obedecerla.

Los elementos de proceso de *palabra* son aquellas ocasiones en que un líder recibe una palabra de Dios que afecta significativamente a su guía, compromiso, toma de decisiones, sistema de valores personales, *formación espiritual*, autoridad espiritual o filosofía ministerial. Esta palabra difiere en su propósito principal dependiendo de la fase en que se produce. Los elementos de proceso de palabra que aparecen antes de la fase de crecimiento de la vida interior establecen valores. Durante la fase de crecimiento de la vida interior, los elementos de proceso de palabra serán comprobaciones de palabra y servirán para probar y formar el carácter del líder. En la fase de maduración ministerial los elementos de palabra servirán para desarrollar autoridad espiritual, para madurar, revelar dinámicas espirituales (como parte del ejercicio normal de los dones de palabra), y afectarán a la toma de decisiones y a la filosofía ministerial. Dios usa elementos de palabra en todas las fases para mostrar su guía.

Los dones de palabra son aquellos que Dios usa específicamente para revelar y clarificar la verdad con respecto a sí mismo y sus propósitos y para edificar a los creyentes e infundirles esperanza en relación con el presente y el futuro de su actividad. Los líderes son aquellos que tienen dones de palabra. Y los procedimientos de palabra van de la mano de este tipo de dones. Es de esperar que, a lo largo de su vida, los líderes experimenten muchos elementos de palabra. Un importante síntoma de estancamiento en el liderazgo es que el líder en cuestión apenas experimenta elementos de palabra.

Crisis

Los dos siguientes elementos de proceso —el elemento de proceso de crisis y el de conflicto— suelen conllevar experiencias negativas[11]. Es muy difícil discernir el obrar de Dios por medio de estos elementos de proceso. En estas experiencias Dios desarrollará la sensibilidad hacia su obra del líder si este lo permite y tiene un espíritu dispuesto a recibir instrucción[12].

Las *crisis* son portadoras de presiones crecientes por la amenaza de alguna pérdida (de la vida, posesiones o forma de vida), conflictos, conciencia de la necesidad de cambio, agitación interior, enfermedad, persecución, la necesidad de ver el carácter de Dios vindicado o de experimentar la guía de Dios o su especial intervención. Dios suele usar estas situaciones humanas para poner a prueba a los líderes y enseñarles a depender de él. Las crisis le enseñan también al líder que Dios es aquel que se encuentra con él en las principales experiencias de la vida con una solución hecha a medida para él.

Es la capacidad de aprender las soberanas lecciones en situaciones de crisis lo que hace que este elemento de proceso sea importante para comprender cómo surgen los líderes. Las lecciones que aportan las crisis mostrarán su enorme valor más adelante, en la fase de convergencia. Los elementos de proceso de crisis son situaciones especiales de intensa presión en la vida del líder que Dios usa para ponerle a prueba y enseñarle a depender de él. Pablo recoge el beneficio de esta clase de procesos cuando dice:

> Toda la alabanza sea para Dios, el Padre de nuestro Señor Jesucristo. Dios es nuestro Padre misericordioso y la fuente de todo consuelo. Él nos consuela en todas nuestras dificultades *para que nosotros podamos consolar a otros. Cuando otros pasen por dificultades, podremos ofrecerles el mismo consuelo que Dios nos ha dado a nosotros.* (2 Corintios 1:3-4, énfasis agregado)

Pablo habla más adelante de flagelaciones, apedreamientos, ser dejado por muerto, naufragios, inundaciones y también ataques de ladrones. Segunda de Corintios 11:21-29 nos brinda una lista y explicación de muchas de estas crisis.

Jefté, uno de los primeros jueces, fue líder en tiempo de crisis. En Jueces 10–11 vemos sus elementos de proceso de crisis: conflicto familiar y ostracismo, aislamiento forzado, supervivencia dentro de una banda paramilitar en un país extranjero, uso de poder ministerial, un encuentro de poder, una comprobación de integridad y una guerra civil. Como vemos en el ejemplo de Jefté, las crisis que se producen antes de la fase de crecimiento de la vida interior pueden desarrollar en el líder un carácter interior fuerte e independiente que será especialmente útil en situaciones de liderazgo drásticas. Las crisis pueden acercarnos a Dios o alejarnos de él. Esto es lo que sucede frecuentemente en las dos primeras fases. Las crisis que se producen en la fase de maduración ministerial suelen afectar las etapas relacionales y de discernimiento, y normalmente acercan al líder en desarrollo más profundamente al corazón de Dios. Las crisis son frecuentemente elementos de proceso de maduración de vida.

Conflicto

El elemento de proceso de conflicto afecta a los líderes en términos de formación espiritual o ministerial. La formación espiritual alude al desarrollo de la vida interior de una persona, mientras que la formación ministerial se refiere a su desarrollo en el ministerio. El conflicto es la forma preliminar de los elementos de proceso de crisis. Cuando este se produce en la fase de maduración ministerial lo llamamos conflicto ministerial, por cuanto las lecciones aprendidas tienden a afectar a la formación ministerial. El acento en este elemento son las lecciones que aprende el líder, ya sea que estas afecten a su formación espiritual o ministerial.

El elemento de proceso de *conflicto* tiene que ver con aquellas ocasiones en la vida de un líder en las que Dios usa el conflicto, sea personal o ministerial, para desarrollar al líder en su dependencia de Dios, la fe y sus conocimientos relacionados con la vida personal y su ministerio. La vida del profeta Jeremías estuvo llena de procesos de conflicto, tanto de carácter ministerial (varias tareas o deberes ministeriales y la reacción a su ministerio) como de orden general (afectando a su imagen propia por medio de la persecución).

La mayoría de los elementos de proceso de conflicto aparecen combinados con otros elementos y, por regla general, son el incentivo para aprender. Algunas importantes combinaciones de procesos de conflicto se producen con alguno de los siguientes elementos: proceso de habilidades ministeriales o desafío ministerial o desafío de fe o conocimientos sobre la autoridad o comprensión de estructuras o reacción negativa al liderazgo o aislamiento o elementos de guía. Las cosas aprendidas pueden ser: la naturaleza del conflicto, formas de resolver o evitar conflictos, formas de utilizar creativamente el conflicto, cómo identificar el conflicto con el proceso de Dios y cómo verlo como un incentivo para otros procesos. El acento no solo debería estar en las ideas aprendidas sobre el conflicto, sino también en el deseado desarrollo que Dios ha organizado en estas situaciones de conflicto.

RESUMEN

Antes de este capítulo he estado exponiendo los elementos de proceso fase a fase y señalando los elementos de proceso que aparecen en la fase de crecimiento de la vida interior y en la de maduración ministerial. En el próximo capítulo volveré a este patrón y analizaré aquellos elementos de proceso que aparecen en la fase de maduración de la vida. He interrumpido este patrón de exposición porque los elementos de proceso de guía y los elementos de proceso misceláneos tienen mucho que ver con la maduración de la vida. Pensé que sería más fácil analizar esta fase cuando ya hayamos visto algo de estos importantes elementos de proceso multifase.

PROBLEMAS, PATRONES Y PRINCIPIOS

El elemento de proceso del acto en la carne señala un problema de guía esencial que se ve con frecuencia en los nuevos líderes. Yo lo llamo el problema de la paciencia. *Los líderes tienden a avanzar en las decisiones importantes antes de recibir una clara palabra de guía.* Una palabra clara sería una guía soberana evidente, como un elemento de proceso de doble confirmación o un abrumador consenso de elementos de guía normales. Es difícil esperar en el Señor cuando hay presiones para que se tome una importante decisión. A veces los líderes tienen la sensación de que hacer algo, quizás cualquier cosa, es mejor que esperar.

Una directriz que suelo usar y ver en la vida de otras personas es que la guía de Dios para hacer un cambio importante en una situación debería ser igual de clara que la guía que llevó a la situación en cuestión. Servir al Señor es difícil. Por otra parte, a medida que va pasando el tiempo de espera, puede ser que al líder se le vayan agotando las opciones. Esperar tiene sus problemas, qué duda cabe, y yo entiendo a aquellos que quieren seguir adelante y hacer algo, pero el elemento de proceso del acto en la carne señala que es tan necesario saber el *qué* como el *cuándo* y el *cómo*.

Los líderes muestran una falta de equilibrio cuando funcionan con un conocimiento parcial, manipulando situaciones o no equilibrando todos los datos de guía. Normalmente, en las decisiones importantes habrá una convergencia de la voz de Dios en el corazón (los deseos emocionales), la voz de Dios en las circunstancias (factores providenciales), la voz de Dios en la iglesia (confirmación de hermanos maduros en la iglesia local) y la voz de Dios en las Escrituras. Este es el equilibrio de elementos que nos permite avanzar con certeza. Naturalmente, un abrumador elemento de proceso de guía soberana —como por ejemplo un incuestionable elemento de doble confirmación— es suficiente, por sí solo, para llevarnos a tomar una importante decisión, pero hay seguridad en una confirmación equilibrada. El problema puede plantearse de este modo: *Los líderes tienden a tomar decisiones sin un equilibrado conjunto de elementos de guía.*

Vale la pena observar dos patrones de guía:

> Los líderes aprenden a través de estos elementos de guía a experimentar la dirección de Dios para su vida personal, lo cual a su vez desarrolla la confianza para discernir su guía para los grupos que dirigen.

Un líder debe aprender a seguir la guía de Dios si ha de conducir grupos hacia sus propósitos. El líder aprende primero a conocer la voz de Dios en términos de su vida personal. Este es un paso hacia el discernimiento de su dirección para las situaciones ministeriales que se le presentan.

> Dios confirmará aquellos aspectos importantes de la verdad que los líderes tienen que implementar mediante más de una fuente para dar credibilidad al liderazgo.

El elemento de guía de la doble confirmación es un caso especial de este consistente patrón bíblico. Un análisis de algunos incidentes a lo largo de la Biblia señala repetidamente este patrón subyacente. El concepto de este patrón tiene incluso una aplicación más amplia. Los líderes con ciertos dones espirituales deberían dar especial atención a este patrón. Algunos dones espirituales requieren la cautela que aporta la doble confirmación. El apostolado, palabras de conocimiento, palabras de sabiduría, discernimiento de espíritus, don de lenguas y palabras de profecía sirven como fuentes a través de las cuales nos llega la verdad. Para ser creíbles, tiene que haber confirmación externa o múltiple cuando el don revela verdad de Dios que va a afectar la vida de otras personas. Muchas veces, los líderes fuertes que tienen estos dones no tienen en cuenta este axioma.

Voy a hacer una lista de varios principios que algunos líderes han encontrado útiles con respecto a la guía. Algunos son sugerencias para dar perspectiva. Otros son de naturaleza preventiva y cautelar.

1. La guía básica llegará mediante una vida diaria con Dios que comporta procesos de palabra, procesos de obediencia y escucha de la voz de Dios en las circunstancias y por medio de la convicción interior del Espíritu Santo. Esta es la regla general de la guía.
2. Los líderes emergentes pueden esperar que, al principio, aparezcan mentores en sus caminos y que estos les ayuden considerablemente en su desarrollo temprano.
3. Las experiencias excepcionales de guía son la excepción al primer principio y se producen cuando hay decisiones cruciales. Esta clase de decisiones cruciales demandan guía de certidumbre. En estas situaciones pueden esperarse experiencias de doble confirmación, contactos divinos y otras formas de intervención soberana y directa.
4. Los líderes maduros pueden esperar que Dios les use como contactos divinos y mentores.

Es difícil generalizar cuando se trata de los elementos de proceso misceláneos, pero los cinco principios siguientes han demostrado ser útiles como sugerencias y advertencias:

1. La capacidad de leer y escribir no es un requisito para la espiritualidad (enfatizar el elemento de proceso literario parece indicarlo). Sin embargo, en aquellos países en que los recursos literarios son fáciles de conseguir, Dios se sirve muchas veces de ellos para acelerar en gran manera el desarrollo de los líderes emergentes. Por consiguiente, los líderes emergentes deberían cultivar habilidades de lectura y esperar que Dios les enseñe muchas cosas a través de este medio.
2. Las biografías que revelan los tratos de Dios con los líderes son una fuente esencial para el elemento de proceso literario.
3. Los elementos de proceso de palabra son menos frecuentes (o inexistentes) en el caso de los líderes estancados.
4. Los elementos de proceso de conflicto y crisis suelen aparecer junto con otros elementos de proceso y señalan la gran importancia de estos otros elementos.
5. Los elementos de proceso de conflicto y crisis ofrecen una rápida formación experiencial en madurez, tanto en la formación espiritual como en la ministerial.

Se aprenderá más en un periodo relativamente corto con estos elementos de proceso que en un espacio de tiempo más extenso con elementos de proceso de menos presión.

AHORA ES SU TURNO

1. Identifique un contacto divino en su experiencia personal. ¿Cuáles de las siguientes funciones llevó a cabo su contacto divino?

- Afirmar su potencial para el liderazgo
- Estimular su potencial para el liderazgo
- Dar dirección sobre un asunto especial
- Dar ideas que ensanchan la visión del líder
- Desafiar al líder a una relación más profunda con Dios
- Abrir una puerta de oportunidad para el ministerio

2. Antes he hecho serias advertencias sobre el elemento de preparación negativa. ¿Por qué cree que lo he hecho? Exprese con sus propias palabras el problema de utilizar este elemento de proceso sin confirmación de otros elementos de guía equilibrados. Si no tiene claridad sobre este asunto, hable con un líder con experiencia y pídale que reflexione sobre las lecciones que ha aprendido mediante los periodos de procesos negativos.
3. Vea si puede identificar un elemento de proceso de palabra en su propia experiencia para cada uno de los diferentes aspectos mencionados en la definición de los procesos de palabra. Determine cuál de ellos afectó considerablemente a su:

- Guía
- Compromiso con el Señor
- Liderazgo
- Toma de decisiones
- Sistema personal de valores
- Formación espiritual
- Autoridad espiritual
- Filosofía ministerial

Los líderes que crecen verán constantemente elementos de proceso de palabra en muchas de estas categorías.

4. Entreviste a un líder cristiano maduro acerca del elemento de proceso de palabra en general. Procure identificar varias ilustraciones que fueron importantes en el surgimiento del liderazgo de esta persona. Identifique las categorías afectadas, como las mencionadas en la pregunta 3. Fíjese en *uno* de estos elementos de proceso y describa el incidente, la fuente del elemento de proceso de palabra, la función afectada y los resultados. Descubrirá que este ejercicio le es muy útil, ya que debería crear en usted un sentido de expectativa para su vida acerca de los procesos de palabra.
5. Según Santiago 1:2-4, ¿cuál es una de las cosas principales que Dios quiere hacer en un líder a través de una crisis?
6. En 2 Corintios 1:3-4 y 2 Timoteo 3:10-11 Pablo sugiere la forma en que Dios usa los elementos de proceso de crisis en la vida de los líderes. ¿Qué principios ve en estos pasajes acerca de las crisis?

CAPÍTULO 7

LAS LECCIONES MÁS PROFUNDAS: PROCESOS DE MADURACIÓN DE LA VIDA

El desafío o problema: El sufrimiento me hizo bien, porque me enseñó a prestar atención a tus decretos. *(Salmo 119:71)*

¡Despierta, viento del norte! ¡Levántate, viento del sur! Soplen en mi jardín y esparzan su fragancia por todas partes. *(Cantares 4:16)*

Toda la alabanza sea para Dios, el Padre de nuestro Señor Jesucristo. Dios es nuestro Padre misericordioso y la fuente de todo consuelo. Él nos consuela en todas nuestras dificultades para que nosotros podamos consolar a otros. Cuando otros pasen por dificultades, podremos ofrecerles el mismo consuelo que Dios nos ha dado a nosotros. *(2 Corintios 1:3-4)*

Watchman Nee se había entregado completamente al Señor para que lo utilizara en el ministerio. Sin embargo, se le diagnosticó una tuberculosis. Cada vez se sentía más débil. Alejarse del ministerio y descansar en un clima mejor parecía solo una respuesta temporal. Era lo mejor que podía hacer dadas las circunstancias. Estaba aislado y a solas con Dios. ¿Por qué le había sucedido aquello?

Nee decidió sacarle el máximo provecho. Durante los largos meses de aislamiento, pensó seriamente en cómo desarrolla Dios la espiritualidad de los obreros cristianos y escribió un libro detallando sus hallazgos. Descubrió que una parte del desarrollo de la espiritualidad tiene que ver con lo que sucede cuando alguien experimenta aislamiento. Comenzó a ver aquel tiempo como un periodo especial de profundo crecimiento de la vida interior, diseñado por Dios para él. Dios lo había apartado y él lo reconoció.

Watchman Nee fue sanado (algo que comenzó con un acto de fe) de la tuberculosis y volvió a su ministerio. Aquello habría podido terminar de otro modo. De hecho, a lo largo de toda su vida, Watchman Nee experimentó periodos de aislamiento debidos a conflicto ministerial, enfermedad, disciplina y persecución. Vio la mano de Dios formándole por medio de estas experiencias[1]. Los líderes de hoy deberían imitar esta actitud.

Los líderes experimentan situaciones inesperadas como enfermedades, crisis y conflictos. Pocos de ellos ven estos periodos como parte de la necesaria formación para un ministerio efectivo. Puede que esté afrontando algún tiempo singularmente difícil en su liderazgo. ¿Cómo debería percibir lo que le está sucediendo? ¿Cómo debería cualquier líder entender estos periodos difíciles? ¿Pueden comprenderse como una manifestación de liderazgo? Creo que Dios usa este tipo de experiencias para profundizar el carácter. Esta premisa subyace en mi pensamiento y procede de mis observaciones de la vida de muchos líderes.

EL MINISTERIO FLUYE DEL SER

A lo largo de toda la vida del líder, Dios actúa para profundizar su carácter y desarrollar habilidades ministeriales. Antes, hablando de la transición al ministerio, señalé que Dios obra en el desarrollo fundamental del carácter (principalmente la integridad) mediante comprobaciones de integridad, obediencia y palabra. Dios produce fidelidad mediante tareas ministeriales y asignaciones tempranas. El «principio pequeño-grande de Lucas 16:10» describe el efecto de la fidelidad. La integridad y la fidelidad son esenciales para el liderazgo. Pero son solo el comienzo.

Dios no deja de obrar en el carácter de una persona cuando la pone en el liderazgo, sino que sigue formándola a lo largo de todo su ministerio. Este desarrollo no se centra en pruebas para entrar en el ministerio, sino en la relación con Dios y en la profundización de cualidades como amor, compasión, empatía, discernimiento y otras. Estas cualidades establecen la diferencia entre un líder fructífero y un líder fructífero y *maduro*. Esta profundización del carácter del líder y de su relación con Dios redunda en su ministerio. Los líderes que han aprendido importantes lecciones de madurez ejercen su ministerio con un nuevo nivel de autoridad espiritual. ¿Quiere esta clase de ministerio? Entonces tiene que abrirse a los medios de Dios para desarrollarle para ello.

Dios utiliza una serie de elementos para desarrollar el carácter: el conjunto de madurez[2]. Este capítulo describe tres de los elementos de proceso más comunes de este conjunto —aislamiento, conflicto y crisis— junto con dos patrones de madurez que encontramos en muchas vidas.

Las principales lecciones de este capítulo son:

- Un ministerio maduro fluye de un carácter maduro.
- La madurez de carácter se forma mediante procesos difíciles.
- Muchos líderes atraviesan este tipo de procesos sin entender su beneficio.
- La autoridad espiritual no es una meta sino más bien un subproducto.

EL PATRÓN DE EVALUACIÓN REFLEXIVA

Los líderes son a menudo personas muy ocupadas. Están absortos en muchas facetas de la vida y el ministerio. A menudo no se dan cuenta de que no están creciendo, especialmente en su formación espiritual. En este punto, Dios irrumpe muchas veces en la vida del líder. Puede identificarse un patrón, como se muestra en la tabla 7-1 (a continuación).

Tabla 7-1 El patrón de evaluación reflexiva: cinco etapas

ETAPA	DESCRIPCIÓN DE LA ETAPA
1	Dios inicia un intenso proceso para llamar la atención del líder.
2	El líder se ve forzado a realizar una seria reflexión sobre el ministerio, la vida y la realidad última.
3	El líder hace una evaluación que resulta en un pensamiento formativo y un compromiso con las medidas de crecimiento aprendidas durante el procedimiento.
4	El líder experimenta una renovada determinación de conocer más profundamente a Dios.
5	Dios bendice el compromiso y la renovada determinación al profundizar la relación entre él y el líder.

Si el líder se niega a ver la mano de Dios en este intenso procedimiento y en lugar de ello culpa a las circunstancias, a otras personas, o racionaliza el procedimiento, este patrón no podrá desarrollarse. El propósito de este capítulo es avisarle de la realidad de este patrón para que pueda sacarle partido fácilmente y no se limite a pasar por él.

EL PATRÓN DE DESARROLLO ASCENDENTE

El patrón de desarrollo ascendente se produce a lo largo de toda la vida del líder. Es una espiral de crecimiento en el ser y el hacer. En cada ciclo del *ser* hay una profundidad cada vez mayor en la experiencia y el conocimiento de Dios; y en cada ciclo del *hacer* hay una profundidad cada vez mayor de eficiente servicio a Dios. El resultado final del patrón de desarrollo ascendente es una fusión del ser y el hacer. Una expresión característica de este patrón puede ser:

1. Ser: conversión o conciencia de la salvación
2. Hacer: compromiso de liderazgo
3. Ser: crecimiento de la vida interior
4. Hacer: desarrollo y uso de habilidades ministeriales
5. Ser: la filosofía ministerial se arraiga en la vida (la realidad de Juan 15:5)
6. Vida de unión (fusión de ser y hacer)[3]

En el patrón de desarrollo ascendente pueden darse otros ejemplos de ser y hacer. Pero la idea esencial es que el crecimiento en el ser produce un hacer de un orden más elevado, lo cual a su vez pone de relieve la necesidad de una madurez cada vez mayor en el ser, etcétera. Las etapas 5 y 6 no llegan enseguida. Requieren tiempo. Miles Stanford pone esto de relieve cuando habla del procedimiento de maduración de un gran número de gigantes espirituales del pasado.

> Podemos considerar algunos nombres de conocidos creyentes a quienes obviamente Dios llevó a la madurez y utilizó para su gloria, como Pierson, Chapman, Tauler, Moody, Goforth, Mueller, Taylor, Watt, Trumbull, Meyer, Murray, Havergal, Guyon, Mabie, Gordon, Hyde, Mantle, McCheyne, McConkey, Deck, Paxson, Stoney, Saphir, Carmichael y Hopkins. Todos ellos habían desarrollado ya un promedio de quince años de vida ministerial antes de comenzar a conocer al Señor Jesús como su vida, dejar de intentar trabajar para él y comenzar a permitirle que fuera su todo e hiciera su obra a través de ellos. Con esto no pretendo que nos desanimemos en modo alguno, sino ayudarnos, como dice Filipenses 3:12b, a seguir «adelante a fin de hacer [nuestra] esa perfección para la cual Cristo Jesús primeramente [nos] hizo suyo[s]», con la mirada en la eternidad y por la fe[4].

Desde la perspectiva de Dios, lo que hace para movernos hacia adelante en este patrón de desarrollo ascendente es esencial. Él tiene en mente una meta a largo plazo. Es posible que a nosotros no nos parezca tan esencial, especialmente mientras estamos experimentando este proceso. Por otra parte, probablemente (desde nuestra perspectiva) este proceso requerirá mucho tiempo.

AISLAMIENTO

Durante las enormes presiones económicas que se suscitaron en China durante la Segunda Guerra Mundial, Watchman Nee hizo algo inusitado. Comenzó a dedicar una parte de su tiempo a un atrevido proyecto comercial de fabricación y distribución de suministros sintéticos para el ámbito médico. Su hermano era químico cualificado y aportó la experiencia técnica necesaria. Por su parte, Watchman aportó sus conocimientos comerciales. Nee formó a sus «apóstoles» (y en aquel momento había un buen grupo que estaban implicados en la evangelización y en actividades relacionadas con el establecimiento de iglesias) como representantes de ventas de la empresa. Hoy les llamaríamos obreros bivocacionales.

Hay cierta controversia sobre por qué Nee actuó de este modo. Hubo rumores de que estaba colaborando con el enemigo. Se le acusó de haberse cansado del ministerio. Se le acusó de mirar atrás después de poner la mano en el arado. Se decía que había violado los principios de su «fe», en el sentido de que los obreros tenían que confiar en que Dios supliría para su obra. En el punto álgido de este conflicto y controversia, los principales líderes de la iglesia madre donde Nee predicó y enseñó le pidieron que dejara de predicar y enseñar en la iglesia. Esta medida sorprendió mucho a los creyentes, que pensaron que posiblemente había razones más importantes que las que se habían dado. El testimonio de Nee se vio empañado. Los ancianos no clarificaron este asunto, ni tampoco lo hizo Nee.

No se sentía libre de la carga de sostener a los obreros. Cada vez dedicaba más tiempo a la empresa, y esta prosperó. Durante este periodo, la aportación de Nee a la obra del reino era importante, pero se le apartó del ministerio. Nee nunca defendió lo que hizo ni trató de aclarar falsos rumores. Años más tarde los ancianos le pidieron disculpas por lo que habían hecho y lo readmitieron. Sin embargo, durante los años que duró este proceso, Nee fue profundamente probado en su carácter.

Cuando estudié la vida de Amy Carmichael con el análisis que hacen Reid y Van Dalen, vi que el procedimiento de aislamiento fue un importante factor que afectó profundamente a su capacidad de liderazgo. Reid y Van Dalen identificaron distintas clases de aislamiento en su vida, entre ellas un incidente de autoaislamiento, una experiencia forzada por la comunidad misionera y otra que se produjo por accidente.

El autoaislamiento[5] es la menos desagradable de todas las experiencias de aislamiento. La persona percibe un cierto control sobre la situación. En 1890, Robert Wilson invitó a Amy a vivir con él en Broughton Grange, donde tenía su finca. Para Amy, Wilson había sido primero un contacto divino, después un mentor, y había tenido una gran influencia en su formación espiritual. En aquel momento era un hombre muy mayor y le quedaba relativamente poco tiempo de vida.

En aquel momento, Amy estaba en medio de su primer ministerio, con las muchachas de las fábricas. Esto había ayudado a Amy a descubrir dones apostólicos, de enseñanza y de misericordia y a utilizarlos en las primeras etapas de su desarrollo. Al principio, Amy dudó por sus sentimientos en cuanto a abandonar su ministerio. Después decidió aceptar la invitación y servir a Robert Wilson.

Durante tres años, Amy se vio forzada a permanecer en silencio y a «sentarse a los pies» de otros, como Hudson Taylor, Theodore Monad, F. B. Meyer, C. A. Fox y el propio Robert Wilson. Wilson estaba conectado a una extensa red de dirigentes cristianos con influencia a nivel regional, nacional e internacional. Amy estuvo bajo la influencia de estos líderes, vio su ejemplo como líderes cristianos y oyó sus testimonios de lo que habían aprendido sobre Dios y sobre el ministerio. Reid y Van Dalen comentan los efectos de este proceso de aislamiento:

> Este tiempo de aislamiento del ministerio la preparó para sus experiencias posteriores cuando, debido a su mala salud, Amy Carmichael fue «dejada de lado». Amy creció en amor a la Palabra y en su vida de oración. Siendo una ávida lectora, su vida fue también influenciada por los escritos de los eruditos, predicadores, misioneros y teólogos de aquel tiempo. Amy también se familiarizó con las formas de los cuáqueros por la influencia de Robert Wilson, y estas afectaron profundamente su vida y ministerio[6].

La mentoría de Robert Wilson durante este aislamiento, así como su red de contactos y provisión de materiales literarios fueron incentivos para un gran crecimiento, tanto en su formación espiritual como ministerial.

En 1895, Amy llegó a Bangalore, India, como misionera con la Sociedad Misionera Zenana de la Iglesia de Inglaterra. Su asignación era servir como evangelista a los pacientes de un hospital misionero y sus familias. El primer año se sintió muy sola. Reid y Van Dalen describen su sensación de aislamiento:

> El primer año fue un periodo muy solitario y muy difícil porque Amy se sentía como «pez fuera del agua» [Houghton 1953:89] entre otros misioneros cuyas cargas e intereses eran muy distintos de los suyos, pero aquel año también formaba parte de su preparación para una tarea de por vida[7].

Este primer año fue un periodo de aislamiento de los otros misioneros en espíritu y en objetivos ministeriales[8]. Aunque físicamente estaba allí, Amy estaba aislada psicológicamente de la comunidad misionera a la que había sido asignada. Esto creó una profunda soledad que forzaba a Amy a volverse completamente hacia Dios: un hábito que la sostuvo a lo largo de muchos periodos de soledad que vendrían (como consecuencia de la muerte, frustración y debilidad física)[9].

En 1931, Amy tuvo un accidente que la dejó con una pierna rota y el tobillo hecho añicos. La mayor parte del tiempo lo pasó confinada en su habitación. Este periodo de aislamiento le proporcionó un silencioso santuario. Pasó mucho tiempo en oración y escribió varios libros. Un segundo accidente en 1948 la obligó a guardar cama. Durante casi veinte años Amy estuvo bajo un procedimiento de aislamiento. Durante estos años, Dios le dio las palabras de consuelo que llenaron sus libros y cartas, y reconfortaron a quienes experimentaban dolor y sufrimiento. Dios también la animó a compartir las lecciones que aprendía en su tiempo de oración, que era cada vez más importante.

Una de las formas en que Dios fuerza a los líderes a entrar en una evaluación reflexiva y en una etapa de «ser» dentro del patrón de desarrollo ascendente es el aislamiento. Es una de las formas más eficientes de hacer madurar a un líder. Es posible que a lo largo de su vida un líder sea apartado varias veces de su ministerio normal. Las causas del aislamiento pueden ser crisis, acciones disciplinarias, circunstancias providenciales (guerras, medidas opresivas del gobierno, enfermedades) o una decisión personal. La idea general del procedimiento es el reconocimiento por parte del líder de que el aislamiento en cuestión es obra de Dios, quien le llama a una relación y experiencia más profundas con él.

Yo defino los elementos de proceso de *aislamiento* como aquellos en que un líder es apartado de su implicación normal, pero dentro del contexto en que ha venido desarrollando su ministerio, normalmente durante un periodo largo, y en el que experimenta la renovación de algún aspecto de su relación con Dios de una forma nueva o más profunda[10]. Dios usa con frecuencia el aislamiento para enseñarle importantes lecciones de liderazgo que no podía aprender mientras experimentaba las presiones normales dentro del contexto ministerial.

La tabla 7-2 da varios ejemplos de posibles tipos de aislamiento que pueden darse durante la fase de maduración de la vida y enumera también algunas posibles lecciones derivadas.

Tabla 7-2 Procesos de aislamiento: clases y resultados

TIPO DE AISLAMIENTO	LECCIONES OBSERVADAS
Enfermedad	Dependencia de Dios Conocimiento de sanación sobrenatural Apremio por cumplir la obra de Dios Profundización de la vida interior mediante oración intercesora
Prisión	Dependencia de Dios Mayor uso de las facultades mentales, especialmente de la memoria Sumisión a la voluntad de Dios Influencia indirecta mediante el ejemplo y un aumento de la vida de intercesión
Conflicto de personalidad y presiones organizativas	Sumisión a Dios Sumisión a la autoridad espiritual No vindicación de la propia autoridad espiritual Valor de las perspectivas de otras personas Dependencia de Dios
Elección personal de renovación	Nueva perspectiva sobre el ministerio Renovado sentido de trascendencia Poder de la oración Convicciones internas por la Palabra Guía espiritual
Elección personal de formación académica, de práctica o de transición	Nueva perspectiva sobre el ministerio Renovado sentido de trascendencia Disposición a nuevas ideas y cambios Dependencia del cuerpo de Cristo en un sentido más amplio Ampliación a través del contacto con otros

CONFLICTO

En mis viajes, me he sentido especialmente asombrado por la gran cantidad de conflictos que he visto en las iglesias y ministerios paraeclesiales. Los líderes están tratando constantemente con conflictos. Deduzco que la mayoría de los líderes invierten la mayor parte de su tiempo y energía tratando conflictos. Aquí me centro en el conflicto como una forma de desarrollar el carácter.

El elemento de proceso de *conflicto* comprende aquellos casos de la vida del líder en que Dios usa el conflicto —sea este personal o relacionado con el ministerio— para desarrollar su fe, dependencia de Dios, comprensión de la vida personal y del ministerio[11]. Los elementos de conflicto en la vida de Jeremías tienen que ver con su autoimagen, la persecución que experimentó, etcétera. Su conflicto ministerial lo generaron las diferentes tareas o asignaciones que recibió y la reacción a su ministerio.

Los conflictos son situaciones complejas que implican también otros elementos de proceso. A través de este procedimiento, los líderes aprenden lecciones sobre:

- La naturaleza del conflicto
- Formas de resolver el conflicto
- Formas de evitar el conflicto
- Formas creativas de usar el conflicto
- Cómo identificar el conflicto con el trato de Dios
- El conflicto como incentivo para otros procesos

Por lo que a la madurez se refiere, la lección más importante es la percepción del propio carácter, con sus puntos fuertes y débiles. Dios usará el conflicto para señalar áreas del carácter que requieren cambios, para mostrar o confirmar áreas de fortaleza o para señalar áreas del carácter ausentes por completo. El conflicto personal puede tratar temores interiores, problemas de autoimagen, temor al fracaso, culpa, etcétera. El acento no está solo en las cuestiones aprendidas sobre el conflicto, sino también en el desarrollo de carácter por el que Dios obra en las situaciones de conflicto.

Aunque conlleva muchas implicaciones negativas, el conflicto tiene también su lado positivo y creativo, que es muy importante. La mayoría de los líderes no se benefician de su lado positivo. Hablando humanamente, el proceso de conflicto es duro de por sí, sin embargo, es todavía peor pasar por esta experiencia sin beneficiarse de ella. El conflicto es un medio común por el que Dios estimula a los líderes dentro de patrones de desarrollo de la madurez reflexivos y ascendentes.

CRISIS

La crisis es un tiempo de presiones cada vez mayores debidas a numerosas situaciones como:

- Amenazas de pérdida de la vida, posesiones o forma de vida
- Conflictos de distintas clases
- Situaciones que requieren cambios urgentes
- Agitación interior
- Enfermedad
- La necesidad de ver vindicado el carácter de Dios
- La necesidad de experimentar la guía de Dios o una intervención especial de su parte
- Persecución

Dios suele usar estas situaciones humanas para poner a prueba a los líderes y enseñarles a depender de él. Considere el efecto general. El líder experimenta una crisis importante. El líder ve que su única esperanza está en Dios. Experimenta a Dios de una forma nueva durante la crisis. Ve a Dios como aquel que puede ocuparse de él, y lo está haciendo, en esta importante experiencia de la vida. Dios no solo atiende a las necesidades del líder en esta situación, sino que lo hace con una solución hecha a medida para él.

El efecto general es un líder más confiado. La experiencia de la crisis se convierte en un hito que afectará a la capacidad de esta persona para dirigir a otras. Por su parte, sus seguidores sienten que el líder en cuestión ha adquirido una nueva autoridad espiritual. Esta capacidad para aprender lecciones en las situaciones de crisis es lo que hace que esto sea tan importante para comprender la manifestación del liderazgo. La meta en tales experiencias es aprender estas lecciones. La autoridad espiritual es el subproducto más importante.

Los elementos de proceso de *crisis* son aquellas presiones especiales e intensas que se dan en las situaciones humanas y que Dios usa para probar y enseñar la dependencia de él. Los elementos de proceso de *crisis vital* aluden a crisis caracterizadas por una presión intensa donde se busca el propósito y el significado de la vida, y el líder experimenta a Dios de una forma nueva como fuente, centro y sostén de la vida.

Los cristianos en general y los líderes en particular reaccionan esencialmente a las situaciones de crisis de dos maneras. Los procesos de crisis los llevan a buscar más intensamente la presencia de Dios o los apartan de él. Identificar este elemento de proceso le ayudará a reconocer su función fundamental, atrayéndole a una dependencia más profunda de Dios como su fuente de vida y como motivación para vivir y servir.

En 2 Corintios 1:8-11, Pablo describe valiosas verdades que aprendió sobre Dios y sobre la vida tras experimentar crisis vitales:

> Amados hermanos, pensamos que tienen que estar al tanto de las dificultades que hemos atravesado en la provincia de Asia. Fuimos oprimidos y agobiados más allá de nuestra capacidad de aguantar y hasta pensamos que no saldríamos con vida. De hecho, esperábamos morir; pero, como resultado, dejamos de confiar en nosotros mismos y aprendimos a confiar solo en Dios, quien resucita a los muertos. Efectivamente él nos rescató del peligro mortal y volverá a hacerlo de nuevo. Hemos depositado nuestra confianza en Dios, y él seguirá rescatándonos, y ustedes nos están ayudando al orar por nosotros. Entonces mucha gente dará gracias porque Dios contestó bondadosamente tantas oraciones por nuestra seguridad.

Observe que Pablo no se dedica a describir el proceso, sino las profundas lecciones que aprendió de Dios en aquella crisis. En primer lugar, las crisis fuerzan a la persona a ver la necesidad de una absoluta dependencia de Dios. En segundo lugar, la oración es parte del proceso que el pueblo de Dios usa para obtener la liberación. Por último, la liberación en respuesta a la oración debería producir una conclusión en la que aquellos que han participado de la oración alaban a Dios.

En 2 Corintios 4:7-12, Pablo señala que estas experiencias nos aportan una comprensión más profunda del poder de Dios y del líder como canal de este poder.

> Ahora tenemos esta luz que brilla en nuestro corazón, pero nosotros mismos somos como frágiles vasijas de barro que contienen este gran tesoro. Esto deja bien claro que nuestro gran poder proviene de Dios, no de nosotros mismos. Por todos lados nos presionan las dificultades, pero no nos aplastan. Estamos perplejos pero no caemos en la desesperación. Somos perseguidos, pero nunca abandonados por Dios. Somos derribados, pero no destruidos. Mediante el sufrimiento, nuestro cuerpo sigue participando de la muerte de Jesús, para que la vida de Jesús también pueda verse en nuestro cuerpo. Es cierto, vivimos en constante peligro de muerte porque servimos a Jesús, para que la vida de Jesús sea evidente en nuestro cuerpo que muere. Así que vivimos de cara a la muerte, pero esto ha dado como resultado vida eterna para ustedes.

No cabe duda de que las situaciones de vida o muerte reúnen estas condiciones, puesto que nos llevan a reflexionar sobre el sentido más profundo de la vida y apuntan a la posibilidad del cese de sus objetivos. Tales situaciones nos impulsan a buscar una dependencia más profunda de Dios y al deseo de hacer y ser lo que él quiere en el tiempo que nos queda. Los elementos de crisis vital no se limitan a las situaciones de vida o muerte. Pueden ser cualquier crisis que nos lleve a reflexionar sobre el propósito final de la vida y a profundizar en la propia relación con Dios, viendo dicha relación como más importante que cualquier logro de la vida.

En este elemento de proceso es fundamental reconocer la necesidad de una relación más profunda con Dios y experimentarla. La propia experiencia es un importante recurso de poder para la autoridad espiritual.

RESUMEN

El liderazgo cualificado no se produce fácilmente. Requiere tiempo, experiencia y reiterados procesos de madurez. Un ministerio maduro emana de un carácter maduro, formado en la facultad de posgrado de la vida. Un líder que ejerce sus dones puede tener un ministerio fructífero, pero si sus habilidades ministeriales sobrepasan la formación de su carácter, su ministerio acabará flaqueando. Un ministerio maduro y próspero fluye de alguien que posee habilidades ministeriales y un carácter que ha sido suavizado, desarrollado y madurado mediante el procedimiento de maduración de Dios. La formación del carácter es fundamental. El ministerio fluye del ser.

Todos los líderes atraviesan procesos de conflicto, crisis y aislamiento. También usted los experimentará. Pero no todos reconocen su inmenso valor para su ministerio a largo plazo. ¿Lo hará usted? Los procesos de la madurez son difíciles, aunque entendamos sus valores positivos a largo plazo; pero es todavía peor vivirlos sin esta perspectiva. Espero que desee ver la soberana mano de Dios en ellos.

La autoridad espiritual no es una meta, sino más bien un subproducto. Es una autoridad delegada que procede de Dios. Es la principal base de poder de un líder que ha aprendido las lecciones divinas durante el proceso de maduración. Los líderes tienen distintas bases de poder que dan credibilidad a su capacidad. La autoridad espiritual procede de la experiencia con Dios. Los líderes no deberían buscar autoridad espiritual, sino conocer a Dios. El procedimiento de maduración aumenta este deseo de conocer a Dios. La autoridad espiritual es un resultado de la experiencia con Dios.

Los líderes no pueden evitar los procedimientos de maduración; estos llegarán. El líder sabio se beneficiará no solo de la propia experiencia personal, sino también de lo que pueda aprender mediante las vivencias de otros. Los líderes perspicaces aprenden a beneficiarse de las lecciones de otros. Esto acelera mucho su desarrollo.

Comprender el propósito del procedimiento de maduración y sus principales patrones y elementos de proceso debería ayudarle a percibir lo que Dios quiere hacer en su vida y en las de aquellos a quienes está influenciando.

Quiero concluir este capítulo con una experiencia personal del procedimiento de maduración. Sucedió hace más de cuarenta años y durante ocho años no lo compartí con nadie. Me parecía demasiado personal. Pero ahora ya ha pasado suficiente tiempo como para que pueda hacerlo sin darle un enfoque demasiado intenso y subjetivo. El proceso duró un año aproximadamente. Era una situación compleja que implicaba elementos de conflicto, crisis, aislamiento y procesos de palabra. El elemento de aislamiento fue el núcleo del procedimiento.

Yo formaba parte del equipo de liderazgo ejecutivo de mi misión. Éramos un equipo que se reunía cada semana para orar, compartir y resolver problemas. Habíamos trabajado juntos durante varios años. Yo veía mi papel en aquel equipo como el de un facilitador creativo. Introducía constantemente nuevas ideas y retaba a los líderes. Cuando miro atrás veo que a veces era insistente y quizás un poco abrupto y áspero. Constantemente analizaba situaciones y daba mis soluciones como si fueran las únicas correctas. Frecuentemente lo eran. (¡Es mi opinión, naturalmente!)

El grupo tenía que tomar una importante decisión con respecto a una nueva dirección ministerial para uno de los miembros del equipo. Esto sucedió después de un tiempo que apartamos para orar y evaluar la situación. En mi opinión, aquella sesión fue como la que se describe en Hechos 13, donde el Espíritu Santo habló con respecto a Bernabé y Saulo. Tenía la convicción de que el Espíritu Santo nos había guiado como equipo directivo a aquella conclusión. El grupo en su conjunto sentía que la conclusión era acertada y se tomó una decisión importante y unánime. Yo pensé que esto resolvería una serie de problemas que había visto durante los últimos años.

Posteriormente, aquella decisión fue revocada. Por mi parte, vi ciertas inconsistencias en ello. Lo que me preocupaba tenía que ver con nuestra capacidad como equipo para discernir la voluntad de Dios. En aquel caso había parecido muy clara. Si vacilábamos en aquel asunto, ¿cómo podríamos tener alguna certeza en cualquier decisión futura? ¿Cómo podríamos estar seguros de que, como consejo ejecutivo de la misión, estábamos haciendo lo correcto? Por decirlo suavemente, a mi forma de tratar este asunto le faltó, posiblemente, un poco de tacto. Insistí con mucha intensidad para que se volviera a la decisión original.

En una reunión del grupo, uno de los miembros me amonestó intensamente y le pidió al grupo que me quitara del equipo directivo. Esta petición me tomó completamente por sorpresa. No había habido ninguna advertencia previa. Nadie me había confrontado primero en privado. No tenía ningún indicio de que yo pudiera ser un problema para él, y el hecho era que lo había sido durante varios años. Lo que vino a continuación fue un periodo de lo más angustioso para mí. El debate fue de acá para allá.

En aquella tensa reunión dos cosas me quedaron claras. Se me acusaba de ser muy inflexible. Hubo una palabra profética (que en aquel momento no reconocí como tal) que indicaba que quizás la misión no tenía una posición que permitiera desarrollar mi potencial. Quizás tenía que seguir adelante. Ambos elementos me sorprendieron mucho y me llevaron a meditar y reflexionar mucho en los meses siguientes.

El resultado fue que fui apartado del equipo de liderazgo ejecutivo. También fui destituido del consejo, que se reunía una vez al año. Se me pidió que no fuera más a la oficina, para poner una cierta distancia entre el grupo y yo. Se me dijo que trabajara desde casa. Podría seguir investigando, escribiendo, dando talleres, seminarios y asesorando sobre nuestros campos; pero se me apartó de la oficina y de ejercer cualquier influencia sobre el equipo directivo.

De modo que comencé a trabajar desde mi casa. Lo que me dolió fue que no se informó de este asunto a los compañeros de la oficina ni se les dio ninguna explicación al respecto. Mi esposa seguía trabajando en la oficina. Fue una situación muy difícil para ella. Todo el mundo sabía que había sucedido algo, pero nadie sabía qué. Naturalmente, la gente podía haber imaginado que se trataba de algo mucho peor de lo que era en realidad.

Durante este periodo había estado estudiando la vida de Watchman Nee, tanto su biografía como su libro sobre autoridad espiritual. Vi en este incidente una lección de Dios para enseñarme sumisión a la autoridad. Entendí que la autoridad espiritual era delegada por Dios, y que era su responsabilidad defenderla. Vi que Watchman Nee se había sometido en varias ocasiones. Nee no se defendió. Decidí que este iba a ser también mi acercamiento, consciente de que el Señor me estaba enseñando.

Por otra parte, en la iglesia estábamos estudiando Romanos. Justo después del incidente disciplinario, llegamos a Romanos 6. Como siempre, la enseñanza del pastor fue excelente. La primera hora de la reunión estaba dedicada a la adoración y la exposición de la Palabra; la segunda hora era para aplicar lo que se había enseñado. Normalmente esto último lo hacíamos dividiéndonos en pequeños grupos para compartir.

Aquel domingo el pastor nos pasó unos pequeños trozos de papel con forma de lápida. En ellos había estas palabras:

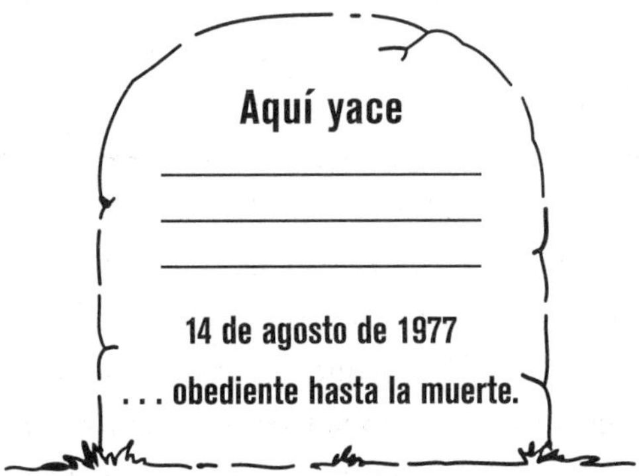

Figura 7-1 Lápida de aplicación personal: Romanos 6

Cada uno de nosotros tenía que poner su nombre y enumerar luego aquellas cosas que creía que Dios estaba señalando en su vida y a las que tenía que morir. Nos dijo que podíamos escribir en la parte de atrás si necesitábamos más espacio. Cuando acabamos de escribir, teníamos que compartir lo que habíamos escrito. Para mí, fue un momento emotivo. Sabía que aquella no era una mañana de domingo corriente.

Era como si Dios estuviera agrupando todo lo que me había sucedido y enfocándolo para enseñarme algo importante. Había pasado por el conflicto y la disciplina. Y había sido forzado a reevaluar mi ministerio y mis relaciones personales en la oficina. Había pensado mucho.

En la parte de delante puse mi nombre y las palabras «evaluación de vida y ministerio». Cuando estaba volviendo el papel para escribir por la parte de atrás, me vino de repente una idea: *era inflexible*. Era como si el Señor mismo me estuviera hablando. Escribí en la parte de atrás: «Morir al derecho a tener razón».

Compartí con la iglesia el modo en que Dios había tratado conmigo y la importante lección que había aprendido. Hoy llevo aquella lápida en mi Biblia. De vez en cuando la miro para recordarme a mí mismo aquel episodio. De vez en cuando mi esposa también me lo recuerda: «¿No tienes una lápida en alguna parte que dice que no tienes por qué tener la razón?».

Aquel fue un momento fundamental para mi manifestación de liderazgo. Vi que mi impulso a analizar las cosas y señalar la «acción correcta» había incomodado al Líder supremo desde el principio. Aquel fue un momento de libertad para mí.

Sigo teniendo tendencia a discernir situaciones y a llegar a conclusiones. Sigo teniendo tendencia a sentir que normalmente tengo razón en mi evaluación de estas situaciones. Es una tendencia configurada por mis dones, experiencia y personalidad. Pero no tengo por qué demostrárselo a los demás. Y no tengo por qué corregir constantemente a quienes dicen y hacen cosas distintas de las que yo creo acertadas.

Durante los casi doce meses de este aislamiento me deprimí, lo cual no es natural en mi personalidad. De hecho, es la única ocasión de mi vida en que esto me ha sucedido. Para mí es muy extraño incluso sentirme desanimado. Pero el aislamiento y la evidente injusticia de aquella situación parecían tener este efecto.

Cada mañana, en mi tiempo devocional, leía un sermón de George Morrison. Su estilo alentador, especialmente orientado hacia el ánimo y el consuelo, me hablaba mañana tras mañana. Finalmente, tras unos tres meses de su ministerio, salí de la depresión. Fue una tremenda experiencia que me ha ayudado a entender a quienes tienen una tendencia hacia el desaliento y la depresión.

Nunca volví a trabajar en la oficina de la misión. Esta experiencia de aislamiento fue un momento decisivo de mi vida que afectó profundamente a mi personalidad. ¿Cuáles fueron algunas de las lecciones que aprendí?

En primer lugar, entendí que Dios vindica la autoridad espiritual. Nunca intenté defender lo que hice, ni siquiera hablé de la situación, excepto con mi esposa y con la persona que se encargó de mí durante el periodo de aislamiento. No ataqué nunca al miembro del grupo que me había amonestado, ni siquiera en estas conversaciones. No me quejé de la decisión. Veía aquella situación como algo que Dios conocía y que yo necesitaba. Dios me llevó a refugiarme en él en una nueva relación de dependencia, y él sí vindicó mi autoridad espiritual.

En segundo lugar, la declaración profética que se produjo durante la reunión demostró ser cierta. Unos cuatro años después de este incidente, Dios me llevó a un nuevo rol. Lo que había sucedido fue, en parte, una preparación negativa para desligarme y dejarme libre para mi nuevo papel. Personalmente nunca habría escogido la dirección que se abrió ante mí si este proceso no hubiera tenido lugar.

En tercer lugar, aprendí algunas lecciones organizativas. Las personas que están en una posición de poder normalmente tienen las de ganar, ya sea que tengan o no razón en un determinado asunto. Entendí también que tenía que aprender mucho sobre estilos de liderazgo si quería ser un verdadero agente de cambio en el futuro.

En cuarto lugar, aprendí algo sobre mi carácter: era una persona muy flexible siempre que yo fuera el jefe. Tenía toda clase de ideas creativas. Pero era muy inflexible cuando alguien difería de mí. Y es precisamente en estas cuestiones donde de verdad se mide la flexibilidad. La afirmación de que era una persona muy inflexible demostró ser cierta; pero fue necesario un procedimiento duro para que yo lo viera.

Considero que esta experiencia fue el momento decisivo de mi manifestación de liderazgo. Doy gracias a Dios por las lecciones que me enseñó durante este periodo. Cuando miro atrás, veo el providencial tejido de muchas hebras que llevaron a aquel periodo de conflicto, crisis y aislamiento. El pasaje de Romanos fue el punto culminante de todo el proceso. Ser apartado del ministerio durante un año puede ser una experiencia dolorosa, especialmente cuando lo que está en juego es tu reputación. Pero ¿qué es un año comparado con el llamamiento a un ministerio más maduro y eficiente en el futuro durante el tiempo que el Señor me permita ministrar?

AHORA ES SU TURNO

Es posible que haya sido sometido a algún procedimiento de maduración pero que, en aquel momento, no se diera cuenta de los grandes propósitos que Dios tenía para su desarrollo personal. Los siguientes ejercicios pueden ayudarle a reflexionar sobre algunas de estas experiencias y ver nuevamente la mano de Dios en ellas.

1. Analice varios elementos de proceso de conflicto relacionados con su experiencia. Es posible que antes los viera como meros problemas y no se diera cuenta de que Dios estaba en ellos, obrando para desarrollarle. Esto le ayudará a reflexionar en estos conflictos con una nueva perspectiva. Describa lecciones que ahora puede ver (fe, dependencia de Dios, revelación de ideas sobre sí mismo, etcétera).
2. Alguien ha dicho: «¡En las crisis, aparece lo que somos de verdad!». La forma en que reaccionamos ante la crisis suele ser más importante que la forma en que la resolvemos. Una importante crisis que experimentó David fue la revuelta de Absalón (ver 2 Samuel 15:13–17:22). A pesar de todas sus faltas hasta aquel momento de su vida, David respondió bien. ¿Cuál fue la principal respuesta de David en la crisis? (Vea el Salmo 3 para entender la respuesta interior de David).

3. Pablo sugiere la forma en que Dios utiliza los elementos de proceso de crisis en la vida de los líderes (ver 2 Corintios 1:3-4; 2 Timoteo 3:10-11). ¿Qué principios sobre las crisis ve en estos pasajes?

INTEGRAR LAS LECCIONES DE LA VIDA: HACIA UNA FILOSOFÍA MINISTERIAL

El desafío o problema: Alegre es el que encuentra sabiduría, el que adquiere entendimiento. *(Proverbios 3:13)*

John, William y yo estábamos sentados en mi salón debatiendo un problema ministerial que John estaba viviendo. John había pedido tiempo para hablar sobre algunas cuestiones que le preocupaban en su situación eclesial. Su amigo William tenía unos cuatro años de experiencia como pastor principal. John había sido un dirigente laico durante casi el mismo tiempo.

El problema de John era común. Hacía poco tiempo que la iglesia había experimentado una transición. El antiguo pastor se había trasladado a otro ministerio y un nuevo pastor había tomado las riendas de la iglesia. John se había implicado en la iglesia con el primer pastor, que había transmitido un marcado sentido de dirección a la iglesia. Su visión para la iglesia consistía en preparar a líderes jóvenes y darles confianza para que sirvieran en la iglesia. Había explicado y argumentado su visión a la congregación. Era un hombre decidido y audaz.

John estaba creciendo en habilidades de liderazgo. Había adquirido experiencia y competencia dirigiendo un grupo pequeño. De hecho, se le había asignado la dirección de todos los grupos pequeños de la iglesia.

John había estado en la iglesia el mismo tiempo o más que cualquiera de los miembros actuales.

El nuevo pastor no era como el anterior. Era un hombre muy cuidadoso y pausado. Era más cauteloso, pero también indeciso. No era probable que reconociera líderes emergentes e innovadores y les otorgara confianza para ministrar. No transmitió una clara visión a la iglesia. Los miembros no estaban ya seguros de la dirección de la iglesia. Aquellos que hablaron con el pastor y le pidieron permiso para desarrollar una determinada clase de ministerio no obtuvieron respuestas.

John estaba en medio de aquella situación. Él conocía la antigua filosofía y operaba con ella. Veía también que el nuevo pastor no trabajaba con la filosofía del anterior. Los miembros de la iglesia iban frecuentemente a John en busca de consejo, cuando, en su opinión, deberían ir a hablar con el pastor. Aunque el nuevo pastor tenía una autoridad legítima por su posición, a John se le veía cada vez más como el líder espiritual. Tras describir su situación, me preguntó qué debería hacer. Se sentía frustrado y tenía una sensación de falta de dirección. No sabía qué decirles a quienes le pedían consejo.

El problema era doble. John no quería usurpar la autoridad espiritual del pastor. ¿Qué tenía que hacer cuando quienes habrían tenido que ir al pastor iban a verle a él? Bajo el primer pastor la iglesia se había movido claramente según un plan (comunicado como si fuera el plan de Dios) que reflejaba la filosofía ministerial del pastor. Bajo el pastor actual la gente no estaba segura de si el antiguo plan seguía vigente.

En primer lugar, comenté el problema de la autoridad espiritual. Antes de poder comentar el problema de la indecisión, William me interrumpió. Había estado escuchando cuidadosamente a John y también conocía la iglesia y al nuevo pastor. Su comentario demostró una sabiduría superior a la que cabía esperar en alguien de su edad.

William no atacó la indecisión directamente; la mostró como síntoma de un problema mayor. El nuevo pastor no tenía una clara filosofía ministerial. No tenía un marco de referencia con que juzgar las peticiones que le llegaban de potenciales líderes. Señaló que el primer pastor sí tenía una clara filosofía del ministerio. Cuando las personas se habían dirigido al antiguo pastor con peticiones parecidas, este veía, casi siempre de inmediato, si el ministerio propuesto encajaba o no en la filosofía ministerial de la iglesia y el plan de cinco años que se había trazado en conjunción con aquella filosofía. Si el ministerio encajaba, aunque fuera nuevo y distinto y no estuviera en la pizarra de planificación, por regla general se aceptaba. Si no encajaba, el pastor explicaba por qué lo descartaba. A veces era una cuestión de encontrar el momento adecuado, y aunque por el momento no se aceptaba, más adelante podía ser incorporado. Otras veces se rechazaba la propuesta porque no encajaba. Cuando este era el caso, el primer pastor ayudaba a la persona a encontrar una situación eclesial en la que aquel ministerio encajaría.

William había dado en el centro del blanco. Pensé para mis adentros: «Ojalá todos los pastores tuvieran una clara comprensión de su filosofía ministerial, un marco de referencia que les permitiera situar las ideas y tomar decisiones». Solo un marco de referencia así permite a los líderes influenciar a las personas hacia los propósitos de Dios.

Todos los líderes tienen una filosofía ministerial, que fluye de sus experiencias compartidas con Dios. Cuando los líderes experimentan elementos de proceso, sea en términos de formación espiritual (desarrollo del carácter) o formación ministerial (habilidades ministeriales), aprenden de ellos. Estas lecciones forman un creciente depósito de sabiduría que los líderes usarán en el futuro. Algunas lecciones son más explícitas, mientras que otras son implícitas.

Yo aprendí varias lecciones importantes durante mi procesamiento de ministerio temprano. Estas lecciones se convirtieron casi siempre en sucintas declaraciones de principios. Puesto que yo apreciaba estas ideas, comencé a desarrollar principios y patrones de vida y ministerio que surgían de ellas y eran coherentes con ellas.

UNA FILOSOFÍA MINISTERIAL[1]

En mis primeros estudios bíblicos aprendí que tenía que aplicar lo que estaba aprendiendo o lo olvidaría. La verdad de *¡Lo usa o lo pierde!* surgió de esta repetida experiencia de aprendizaje. Más adelante, tras estudiar los dones espirituales, vi que este deseo de aplicar la verdad no solo procedía de mi personalidad, sino también de mi don espiritual de exhortación. Este sencillo principio ha configurado todo mi ministerio. Un corolario de esta máxima, *¡Aprenda un poco! ¡Úselo mucho!*, expresa una equilibrada filosofía del aprendizaje.

Desde mis primeras experiencias con el discipulado y en grupos pequeños en mi iglesia de Reynoldsburg, Ohio, entendí que, para mí, *el ministerio tiene que ser personal.* Vi el poder de los grupos pequeños y el dinamismo del ministerio personal. Estas estructuras ministeriales me cambiaron la vida. Pero no todas las personas estaban dispuestas a aceptar mi ministerio personal. Aprendí a ser selectivo con aquellos a quienes discipulaba en profundidad. A partir de estas reflexiones, desarrollé otro principio concreto: *Quiero darle todo lo que pueda a quien quiera tenerlo.* Si una persona quiere de verdad mi ayuda estaré dispuesto a dársela, siempre que responda.

Aprendí a pedirles a las personas que acababan de tomar la decisión personal de seguir a Cristo que lo expresaran públicamente. El principio *¡La expresión ahonda la impresión!* surgió de estas experiencias. En mi enseñanza apliqué este principio de un modo más amplio. Cuando se apremiaba a las personas a expresar lo que estaban aprendiendo, estaban dando un paso de compromiso hacia aquello que estaban expresando.

Por medio de las parábolas, Jesús forzaba a las personas a aprender haciéndoles pensar. No les ofrecía su enseñanza en bandeja de plata. En los estudios bíblicos por las casas aprendí que *los alumnos retienen más tiempo la verdad que descubren por sí mismos.* Siempre que podía, guiaba a las personas hacia la verdad, pero trabajaba de manera que la descubrieran por sí mismas.

Frank Sells me impartió algunas reflexiones de su filosofía ministerial: *Sea tan claro como la Biblia; ni más, ni menos, ni ninguna otra cosa.* Este principio me ha forzado muchas veces a alejarme de afirmaciones o declaraciones dogmáticas.

Más adelante, cuando aprendí sobre el liderazgo organizativo, descubrí que, por regla general, *en los conflictos de poder el líder que está por encima en el escalafón ganará, independientemente de si tiene o no razón*, y que *alguien a quien se convence por la fuerza seguirá creyendo lo mismo*. Los cambios de organización sin la aceptación de los implicados son inestables.

Creo que entiende más o menos lo que quiero decir cuando hablo de declaraciones de valores, principios y suposiciones subyacentes que forman una filosofía ministerial. Cuando identificaba una lección y era capaz de expresarla mediante una concisa afirmación, aquella lección solía adquirir un valor añadido y la aplicaba de manera más consistente y amplia en mi ministerio.

Las lecciones aprendidas en las situaciones cotidianas se convierten en suposiciones subyacentes que guían a los líderes. Llegan a formar parte de una filosofía ministerial. Todos los líderes actúan a partir de una filosofía del ministerio. Repito. Todos los líderes actúan a partir de una filosofía del ministerio. Sin embargo, dicha filosofía puede ser inadecuada o demasiado simplista. Puede también ser implícita y no explícita. Los líderes eficaces son capaces de articular una buena parte de su filosofía ministerial.

El resultado de la manifestación del liderazgo es un líder en el que Dios ha desarrollado carácter y habilidades ministeriales, que ha aprendido algunas lecciones en este procedimiento, y que usa dichas lecciones para configurar su influencia y llevar a cabo los propósitos de Dios. La *filosofía ministerial* es el fruto de la manifestación del liderazgo: las ideas, valores y principios, implícitos o explícitos, que los líderes utilizan como directrices para la toma de decisiones, para ejercer influencia o para las evaluaciones ministeriales.

Una creciente percepción de la propia filosofía ministerial conduce a un liderazgo más eficiente. En los niveles más bajos de liderazgo la filosofía será más simple y específica a la situación ministerial, mientras que en los más elevados[2] esta incluirá directrices generales y preventivas, así como otras de carácter más específico.

Una de las sorprendentes características que se ven en los líderes eficaces es su deseo de aprender[3]. Estos aprenden de toda clase de fuentes.

Aprenden de las Escrituras. Sus situaciones los llevan a ver nuevas verdades en las Escrituras y en las propias situaciones. Aprenden sobre su singularidad personal. Saben aprovechar sus capacidades naturales. Adquieren habilidades necesarias para los desafíos de las situaciones que afrontan. Aprenden a utilizar sus dones espirituales. El procedimiento, que he venido describiendo en los capítulos que conducen a este, forma una importante fuente de lecciones para los líderes eficaces con una actitud de aprendizaje. Quiero hacer dos observaciones sobre lo que he visto en los líderes que quieren aprender.

> Los líderes eficaces, en todos los niveles del liderazgo, mantienen una actitud de aprendizaje a lo largo de toda la vida.

> Los líderes eficaces, que son productivos durante toda su vida, tienen una filosofía ministerial dinámica que se desarrolla constantemente por la interacción de tres importantes factores: dinámicas bíblicas, dones personales y dinámicas situacionales.

Creo que es esta capacidad de entretejer lecciones dentro de una filosofía lo que hace que los líderes sean eficientes. Un fuerte indicador de liderazgo es una actitud de aprendizaje que se refleja en una filosofía ministerial dinámica.

> Para ser productivos durante toda su vida, los líderes deben desarrollar una filosofía ministerial que honre a un tiempo los valores del liderazgo bíblico, adopte los desafíos del tiempo en que viven y haga encajar sus dones y desarrollo personal únicos.

En primer lugar, quiero comentar las tres dinámicas que conlleva esta declaración[4]. Después analizaré el patrón evolutivo de la filosofía ministerial, los principios como fundamento del que procede la filosofía y algunas directrices generales para la filosofía del ministerio. Finalmente, definiré el concepto de un valor de liderazgo y señalaré que la expresión de una filosofía ministerial comienza con la concreta identificación de algunos valores de liderazgo.

HONRA LOS VALORES DEL LIDERAZGO BÍBLICO

La Biblia es el ancla del liderazgo. Como dirigente cristiano, debería preocuparme, por encima de todo, de que mi liderazgo tenga algo singular. Aunque tenemos muchas cosas en común con el liderazgo secular, debería haber esta diferencia: el dirigente cristiano basa sus valores, metodología, motivación y objetivos en lo que Dios ha revelado en las Escrituras. La Biblia es el criterio para la evaluación del dirigente cristiano.

La Biblia no habla directamente a todos los aspectos del liderazgo; cuando sí lo hace hay libertad. Con frecuencia da ideas generales o ejemplos específicos en los que, guiados por el Espíritu Santo, los líderes han de encontrar aplicaciones. Pero la Biblia es siempre el criterio al que el dirigente cristiano acude en busca de dirección fundamental.

En las primeras etapas, Dios le inculcará lecciones y principios mediante comprobaciones de palabra específicas y procesos de palabra generales. Más adelante, estos principios llegan a ser parte de la filosofía ministerial del líder. Con el paso de los años, los líderes que crecen añadirán otras presuposiciones y valores derivados de la Biblia, de modo que su liderazgo será guiado por un amplio marco de referencia, aunque este sea implícito.

Estas suposiciones afectarán a la relación con sus seguidores, las normas éticas, las directrices para evaluar el ministerio, los objetivos de vida y muchos otros asuntos. La mayor parte de estas presuposiciones se aprenderán al principio del ministerio y cambiarán muy poco a lo largo de los años. A través de procesos de madurez, discernimiento ministerial y destino, se añadirán algunas nuevas y se clarificarán o modificarán ligeramente las antiguas. Las experiencias de la vida arrojan nuevas perspectivas sobre las Escrituras y nos fuerzan a ver cosas que antes no habíamos observado. Incluso el elemento bíblico de una filosofía ministerial es dinámico y cambia con el paso de los años, aunque mucho menos que el crecimiento en el liderazgo y el desarrollo de los dones del líder.

ADOPTA LOS DESAFÍOS DEL TIEMPO EN QUE VIVEN

Hay tres elementos fundamentales del liderazgo: líder, seguidores y situación. Los líderes deberían aprender de los cambios que trae el liderazgo. Un nuevo ministerio cambiará a los seguidores. Aun cuando los seguidores sigan siendo los mismos, en términos relativos, las situaciones siempre cambian rápidamente. El cambio de seguidores y situaciones conlleva un nuevo potencial para el aprendizaje. Aparecen lecciones. Estas lecciones de vida afectarán muchas presuposiciones cruciales para la filosofía del líder. Estas lecciones tendrán frecuentemente implicaciones bíblicas. Se fundamentarán en suposiciones previamente aprendidas en las Escrituras, pero adaptadas ahora a situaciones nuevas. Muchas veces serán nuevas y forzarán más investigación bíblica. Esto lleva a nuevos descubrimientos de verdad. En ocasiones, la nueva situación no estará reflejada en la revelación bíblica y será necesaria la confirmación del Espíritu, bien de manera individual o mediante alguna parte del cuerpo de Cristo. El desafío de los tiempos hace que la filosofía ministerial tenga que ser una entidad de cambios dinámicos y no una directriz estática y perfecta para todos los tiempos.

ENCAJA CON LOS DONES Y DESARROLLO PERSONAL ÚNICOS DEL LÍDER

Las filosofías ministeriales han de hacerse a medida para que encajen con cada líder. Los valores bíblicos de una filosofía ministerial pueden tener mucho en común con las filosofías de muchos líderes. Los líderes que comparten situaciones comunes encontrarán muchas cosas en común en sus filosofías del ministerio. Pero esa parte de la filosofía ministerial de un líder que depende de sus dones diferirá mucho de la de otros líderes.

El conjunto de aptitudes abarca las capacidades naturales, las habilidades adquiridas y los dones espirituales. Con los años, Dios refina a las personas en cuanto a su patrón ministerial de base y al patrón de desarrollo de aptitudes. Esto implica ver los puntos fuertes de las capacidades naturales y cómo se relacionan con la efectividad ministerial. Supone la identificación y desarrollo de ciertos dones espirituales y, con el tiempo, la identificación de un conjunto de dones y de roles que enriquecerán dichos dones. También supone la adquisición de habilidades que realzan tanto las capacidades naturales como los dones espirituales, y que son necesarias en los ministerios disponibles. Es fácil entender que la filosofía ministerial cambiará cuando el líder descubra su identidad en términos de aptitudes.

Las filosofías ministeriales han de ser dinámicas puesto que incorporan elementos dinámicos. En su núcleo los cambios serán relativamente pequeños. Pero existe una periferia más amplia en la que Dios está continuamente desarrollando a los líderes. Este aprendizaje tiene que ver con elementos dinámicos que cambian con el crecimiento personal en la Palabra, en el liderazgo y en el continuo descubrimiento de aptitudes.

En esencia, desarrollamos una filosofía ministerial comprendiendo las lecciones de la vida y aplicándolas al ministerio. Estar conscientes de cómo surge esta filosofía puede ser un paso hacia un reconocimiento, un desarrollo y un uso deliberados.

EL PATRÓN EVOLUTIVO

El tema de la filosofía ministerial puede ser complejo. Ha sido útil usar el siguiente modelo en tres etapas para el estudio y evaluación del proceso de desarrollo de la filosofía ministerial por parte de varios líderes.

- Etapa 1: Osmosis: los líderes aprenden experimentalmente la filosofía implícita
- Etapa 2: Pasos de bebé: los líderes descubren la filosofía explícita a través de la experiencia y la reflexión
- Etapa 3: Madurez: los líderes formulan y expresan su filosofía ministerial a otras personas junto con su propia reflexión retrospectiva

Los líderes jóvenes funcionan con una filosofía implícita derivada del grupo de apoyo del que forman parte. Si usted es un líder que acaba de empezar y está comenzando su ministerio en una universidad bajo los auspicios de una organización paraeclesial, la filosofía ministerial subyacente, la conozca o no, impregnará el desempeño de sus tareas y deberes ministeriales. Las lecciones personales, que afectan a la propia filosofía ministerial, se aprenden mediante incidentes cruciales. Estas lecciones estarán relacionadas con la formación ministerial y espiritual. Las lecciones positivas reforzarán las suposiciones, que después formarán parte de la filosofía ministerial. Las lecciones negativas crearán patrones de evitación. Cuando se nos dan nuevas tareas y asignaciones ministeriales utilizamos estas lecciones.

Los elementos de proceso relacionados con incidentes particularmente importantes nos hacen pensar. Reconocemos que una de nuestras suposiciones es cuestionable o parece no funcionar. Cuestionamos y evaluamos parte de nuestra filosofía implícita. Una función del patrón de evaluación reflexiva (descrito en el capítulo anterior) tiene que ver con este tipo de cuestionamiento. Vemos discrepancias entre lo «que es» y lo «que debería ser» cuando formamos a otras personas. A menudo nos vemos forzados a ver esto, sea por nuestra propia reflexión cuando diseñamos la formación o por las personas a las que formamos (que no actúan necesariamente según las mismas suposiciones). Descubrimos algunas de las suposiciones de nuestra filosofía ministerial. Esto nos lleva a comprenderla mejor y a modificarla. En este punto, nuestra filosofía ministerial está representada por algunas suposiciones explícitas, aunque la mayor parte de ella sigue siendo implícita.

Cuando un líder siente la necesidad de incrementar la rendición de cuentas, esto le lleva a una evaluación ministerial, que a su vez fuerza el proceso de identificar lo que motiva y controla el ministerio. Las ideas clave de esta transición preliminar son control y rendición de cuentas. El líder ve que la dirección del ministerio tiene que ser específica y debería estar más controlada. La anterior dirección del ministerio se ha controlado de forma situacional. Los acontecimientos han dirigido el surgimiento de la filosofía ministerial, y esta se hace cada vez más explícita.

Hacia el final del ministerio, mirando hacia atrás, surge una filosofía. La motivación para esto tiene que ver con la transmisión a otros de lo que se ha aprendido. Esto requiere una cuidadosa formulación.

Puede que ahora todo esto le parezca muy abstracto. La mayoría de quienes ocupan posiciones de liderazgo no son filósofos sino personas de acción. Quieren algo que les ayude a «llevar a cabo su ministerio». Quiero darle mis directrices prácticas para desarrollar una filosofía ministerial. Aproveche al máximo las lecciones que aprende a medida que Dios le desarrolla. Los principios son la columna vertebral de cualquier filosofía. No necesita una comprensión sistemática y teórica de las ideas para desarrollar un ministerio más específico y directo, le basta con ciertos principios que pueda aplicar.

DIRECTRICES PARA EL DESARROLLO DE UNA FILOSOFÍA MINISTERIAL

A continuación, presento tres directrices para ayudarle a desarrollar una filosofía ministerial:

1. Comience aprendiendo a identificar los principios.
2. Agrupe los principios en categorías similares.
3. Busque categorías evidentes que están ausentes.

Es probable que la mayoría de las personas solo necesiten el paso 1. La mayoría de los dirigentes laicos solo tendrán que aprender a identificar los principios y aplicarlos directamente a sus ministerios. Pero los líderes de plena dedicación cuya esfera de influencia sigue extendiéndose y aquellos que están involucrados en el liderazgo organizativo van a necesitar también los pasos 2 y 3.

IDENTIFICAR PRINCIPIOS[5]

Los principios son declaraciones de verdad de carácter general a partir de observaciones procedentes de casos ministeriales específicos. Muchos principios de verdad emanan directamente de las lecciones aprendidas en varios elementos de proceso. Reflexione para identificar lecciones pasadas y sea más sensible a las lecciones actuales. Comience con una afirmación describiendo la lección que ve. Espere que este tipo de declaraciones iniciales sean alteradas. Cuando Dios quiere enseñarme una lección, lo hará a través de muchos medios. Normalmente, las lecciones importantes se repiten. A partir de estos esfuerzos repetidos formulo y refino la lección.

Cuando descubro un valor o principio, considero si este tiene o no autoridad bíblica. Si encuentro enseñanza general que contiene el principio, me siento más seguro acerca de aplicarlo o no a mi vida y declararlo como un principio de liderazgo para otras personas. Yo sitúo los principios en la escala de certidumbre:

Sugerencias	Directrices	Requisitos
Observaciones provisionales		Absolutos
Muy poca autoridad - - - - -	- - - - - - - - - -	- - - - - Gran autoridad

Figura 8-1 Continuo de certidumbre

Esta escala se basa en dos ideas: (1) los principios son observaciones a lo largo de una escala; (2) podemos enseñar o usar con creciente autoridad aquellos principios que se encuentran más a la derecha de la escala.

Los *requisitos* son verdades que se reproducen en situaciones de liderazgo de forma transcultural sin restricciones (observables, por ejemplo, en todas las situaciones de liderazgo). Las *directrices* son verdades que se reproducen de forma general en la mayoría de situaciones, pero no necesariamente en todas (son observables en muchas). Las *sugerencias* se refieren a verdades observadas en ciertas situaciones. Las *sugerencias* son las más provisionales; úselas con prudencia. Las *directrices* son más firmes y cuentan con pruebas para una aplicación más amplia. Los *requisitos* son principios que demuestran el respaldo autorizado de Dios, para todos los líderes, en todo lugar. La Biblia es la fuente principal para determinar si una afirmación es una sugerencia, directriz o requisito. El principio *Sea tan claro como la Biblia* subyace en esta escala y me fuerza a ver lo que dice realmente la Biblia sobre las lecciones que aprendo en la vida.

AGRUPACIÓN DE PRINCIPIOS

Cuando comenzamos a formular una filosofía ministerial, dos categorías principales cubren la mayoría de las afirmaciones posibles. Algunas declaraciones de filosofía ministerial tienen que ver con el desarrollo del carácter personal. Otras aluden a la realización efectiva del ministerio. Las declaraciones de filosofía ministerial mencionadas anteriormente encajan en estas dos categorías:

Categoría 1: Filosofía ministerial que se aplica al carácter

- ¡Lo usas o lo pierdes!
- Quiero darle todo lo que pueda a quien quiera tenerlo.
- Sea tan claro como la Biblia; ni más, ni menos, ni ninguna otra cosa.

Categoría 2: Filosofía ministerial que se aplica a la realización efectiva del ministerio

- ¡Lo usas o lo pierdes!
- El ministerio tiene que ser personal.
- ¡La expresión ahonda la impresión!
- Los alumnos retienen más tiempo la verdad que descubren por sí mismos.
- Sea tan claro como la Biblia; ni más, ni menos, ni ninguna otra cosa.
- En los conflictos de poder el líder que está por encima en el escalafón ganará, independientemente de si tiene o no razón.
- Alguien a quien se convence por la fuerza seguirá creyendo lo mismo.

Algunas afirmaciones se aplican a ambas categorías (por ejemplo, *¡Lo usas o lo pierdes!*). Estas afectan tanto al carácter como al ministerio. Cuando piense en los principios, valores y lecciones que Dios le ha enseñado, es posible que identifique más de dos categorías. La agrupación de estos elementos es un primer paso útil hacia la integración de una filosofía ministerial.

BUSQUE CATEGORÍAS EVIDENTES QUE ESTÁN AUSENTES

A quienes tienen otras responsabilidades de liderazgo aparte de un ministerio directo puede serles útil crear otras categorías[6]. La siguiente lista puede señalar áreas de su filosofía ministerial que, o bien requieren un refuerzo o tienen que ser más explícitas. Estos elementos se aplican a un liderazgo de nivel más elevado con responsabilidades más allá de un ministerio directo. Estos líderes son responsables de las funciones genéricas de liderazgo. Estas funciones pueden ser categorías útiles para identificar principios.

Tabla 8-1 Ocho funciones genéricas de liderazgo

FUNCIÓN	NOMBRE DE LA FUNCIÓN GENÉRICA DE LIDERAZGO
1	Motivación hacia la visión
2	Selección y formación del liderazgo
3	Toma de decisiones
4	Resolución de crisis[7]
5	Resolución rutinaria de problemas
6	Coordinación con superiores
7	Coordinación con colegas
8	Coordinación con subordinados

La función 1 aborda la tarea fundamental del liderazgo: obtener la guía de parte de Dios y motivar a los seguidores hacia esta visión. Su historial de procesos de guía (ver capítulo 6) será una útil fuente de principios de filosofía ministerial que encaja en esta categoría.

Una importante responsabilidad del liderazgo es el reconocimiento de los líderes emergentes, su selección y desarrollo. La Biblia tiene mucho que decir sobre esta categoría. Los elementos de proceso relativos a la etapa de formación del ministerio (ver capítulo 4) serán una valiosa fuente de declaraciones de filosofía.

Los líderes afrontan decisiones habitualmente. Los procesos de discernimiento, que hemos visto en la fase ministerial, serán la fuente de filosofía más valiosa para esta importante función (ver el capítulo 5 para más detalles).

Las funciones 4 y 5 son similares. Los conflictos y las crisis les enseñan a los líderes lecciones de vida que les ayudan a realizar estas funciones (ver especialmente el capítulo 5).

Las funciones 6, 7 y 8 tienen que ver con las relaciones personales. La mayoría de los líderes experimentan repetidas decepciones en esta esfera. Las lecciones provenientes de los procesos de discernimiento y de relaciones forman la base de la filosofía ministerial (ver especialmente el capítulo 5).

EL PASTOR JOHNSON

Al principio de este capítulo he comentado un caso de diferencia en el liderazgo pastoral: el de un pastor anterior con una filosofía ministerial explícita en contraste con el pastor actual con una filosofía implícita. Tras aquella conversación visité al pastor anterior, Johnson, y le entrevisté. Johnson me explicó cómo había comenzado a desarrollar su filosofía ministerial. En primer lugar, redactó una declaración de propósito que describía lo que él creía ser el propósito de la iglesia. Johnson señaló que se había imbuido en gran medida de la filosofía del ministerio del movimiento del que formaba parte (ver etapa 1: osmosis). A continuación, cito su declaración de propósito de la iglesia:

> Hemos de trabajar para Dios durante el establecimiento de su reino por medio de la enseñanza, predicación, proclamación y testimonio sobre dicho reino. Esto se cumplirá si no nos limitamos a hablar sus palabras, sino que también hacemos sus obras. Hemos de ser una extensión de Jesús en el mundo. Hemos de mantener una actitud de servicio y darle al Espíritu Santo la libertad para movernos, empoderarnos y liberarnos para el ministerio. El poder de Dios debería ser tan evidente en las personas que ministramos y en la iglesia que seamos testigos, tanto a quienes no forman parte de la iglesia (mediante la evangelización) como a sus miembros (por medio de la renovación)[8].

Johnson entendía esto como una declaración general y desarrolló una serie de principios que serían importantes para una iglesia así.

Tabla 8-2 Ocho principios de la filosofía ministerial del pastor Johnson

#	DECLARACIÓN
1	El Espíritu Santo es el administrador de la iglesia.
2	El poder sobrenatural de Dios puede lograr más que los combinados esfuerzos carnales de cristianos sinceros.
3	Las relaciones son esenciales. La relación con Dios es nuestra meta principal. Las relaciones unos con otros proveen la intimidad y la rendición de cuentas que el Espíritu Santo usa para moldearnos.
4	Cada creyente tiene un lugar especial en el cuerpo de Cristo, y es vital que todos estén en su lugar. Algunas personas son más visibles pero no necesariamente más esenciales. Dios edifica la iglesia y pone a las personas donde tienen que estar.
5	Las personas deben ser libres para ser ellas mismas. Cada ser humano tiene que ser amado donde se encuentre.
6	Debe haber lugar para el fracaso. Donde no hay fracaso, no hay crecimiento. Debe haber una actitud de asumir riesgos.
7	Nos tomamos en serio la gran comisión (Mateo 28:18-20). Hemos de ser personas enviadas por todo el mundo para predicar el evangelio del reino.
8	Puesto que somos una iglesia orientada hacia la experiencia, necesitamos de forma especial estar constantemente arraigando nuestro ministerio en la Palabra de Dios[9].

Esto le llevó a identificar y formular algunas prioridades, o más declaraciones de filosofía ministerial.

Tabla 8-3 Declaraciones de visión ministerial del pastor Johnson (plan de cinco años)

ETIQUETA	DECLARACIÓN EXPRESADA EN LENGUAJE DE VALORES
1. Adoración	Debemos desarrollar constantemente formas de expresar nuestra adoración, alabanza y acción de gracias por todo lo que Dios ha hecho por nosotros. La adoración debe ser un reflejo de nuestra relación con Dios.
2. La Palabra	Hemos de saber y entender lo que enseñan las Escrituras. Las Escrituras ofrecen los modelos y directrices para nuestras vidas y ministerios.
3. Comunión	Hemos de ofrecer una atmósfera amorosa, sensible, alentadora y sanadora a través de las relaciones.

4. Ministerio de formación	Hemos de ser un centro facilitador. Hemos de estar formando y activando al pueblo de Dios para el servicio.
5. Enviar	Hemos de ser un pueblo que «va hacia adelante». Hemos de ser activos en el envío de obreros a la mies, tanto a nuestro entorno como por todo el mundo[10].

El pastor Johnson me mostró después una declaración de visión, un plan de cinco años para la iglesia, que emanaba de estas afirmaciones filosóficas. Este documento de veintinueve páginas contenía declaraciones que ponían de relieve el carácter único de aquella iglesia.

El pastor Johnson tenía una estructura que podía usar para evaluar ministerios potenciales sugeridos por los líderes emergentes. Su filosofía también le llevó a esperar el surgimiento de estos ministerios. Sus valores, prioridades y visión le daban un marco de referencia para la toma de decisiones. Johnson desarrolló estas cosas durante un espacio de cuatro años en el contexto del ministerio. Al principio estaban implícitas en el ministerio. Pero después se hicieron explícitas a medida que la iglesia hacía planes para el futuro.

WARREN WIERSBE

Conocí a Warren Wiersbe en un seminario en Cedarville, Ohio, cuando yo era pastor auxiliar en una iglesia bautista. Su seminario se titulaba «Mándanos un pastor que lea». Este seminario me mostró la importancia de que los líderes mantengan una actitud de aprendizaje. También afirmó mi deseo de estudiar biografías de líderes. Wiersbe compartió ejemplos de su proceso literario personal. El seminario nos presentó sus hábitos de lectura, los grandes libros que había leído, las clases de libros que los pastores deben tener en su biblioteca y muchas grandes ideas que teníamos que adquirir.

El pastor Wiersbe fue magnífico, ministrando a pastores y compartiendo algunos de los libros e ideas que habían sido usados en su vida. Fue un buen ejemplo para nosotros de lo que significaba una actitud de aprendizaje. Me quedó claro por qué su ministerio tenía tanta profundidad. Todo lo que aprendía revertía constantemente en su ministerio. Supe inmediatamente que era un hombre sabio con un ministerio sólido. No me sorprendí cuando, diecisiete años más tarde, su artículo en *Leadership* contenía ideas esenciales sobre filosofía ministerial. Aquel artículo, «Principles Are the Bottom Line» (Los principios son lo esencial), es uno de los mejores que se han publicado en esta revista.

En este artículo, Wiersbe exponía una amplia declaración filosófica que le ha dirigido en todo su ministerio. A través de aquella declaración describía los principios que le dirigían en su ministerio y daban forma al cimiento de su filosofía ministerial. (Wiersbe utiliza la palabra *principio* como yo uso *requisito* en la escala de certidumbre). Sus principios se aplican al liderazgo cristiano en general así como al liderazgo pastoral.

Wiersbe fue estimulado a pensar sobre los principios mediante un poema que dio en una de sus clases en aquel seminario:

> Los métodos abundan,
> los principios no.
> Los métodos siempre cambian,
> nunca los principios[11].

Su meditación sobre este asunto le llevó a buscar principios (o requisitos). *Desarrolle un ministerio basado en requisitos.* Wiersbe evaluó su ministerio y el de otros según requisitos subyacentes y según el éxito del ministerio. Aquello impidió que se dedicara a perseguir «la última novedad». Los medios y los métodos pueden ser buenos, pero Wiersbe fue más allá de ellos.

> Aprendí a no adoptar nunca un método hasta no entender el principio que subyace tras él[12].

Con esta actitud esencial, Wiersbe comenzó a ministrar y a identificar requisitos para el ministerio a medida que avanzaba. Escribió su artículo como una reflexión retrospectiva sobre este proceso. He plasmado lo esencial de sus observaciones en la tabla que sigue. He analizado y reformulado estas diez afirmaciones para que puedan aplicarse de forma genérica. (Las etiquetas son mías, y he enumerado estos principios en mis propias palabras).

Estoy convencido de que el pastor Wiersbe tenía muchos principios del día a día como los que he compartido de mi propia vida. También estoy seguro de que cada uno de ellos fue evaluado según estas diez declaraciones generales.

Estos dos ejemplos nos dan el marco de referencia alrededor del que los líderes han desarrollado sus filosofías del ministerio. El pastor Johnson describe una filosofía ministerial que se mueve del escenario 1 al 2 en el patrón evolutivo ministerial. Wiersbe ilustra el movimiento hacia una filosofía ministerial de etapa 3.

Tabla 8-4 Principios de Wiersbe adaptados para incluir lenguaje de valores

ETIQUETA DEL PRINCIPIO	DECLARACIÓN SIMPLE DEL VALOR / PRINCIPIO
1. Carácter	Un líder debe reconocer que la obra de Dios en el desarrollo de su carácter es algo fundamental, pues el ministerio efectivo fluye del ser.
2. Ministerio	Un líder debe servir, pues la naturaleza del ministerio es el servicio: en primer lugar al Señor y, después, a aquellos a quienes dirigimos.
3. Motivación	El ministerio debe estar esencialmente motivado por amor a aquellos a quienes se ministra, no por ganancias, deber ni aptitudes.
4. Sacrificio	Un líder debe reconocer que para un ministerio efectivo será necesario sacrificio.
5. Autoridad y sumisión	Un líder debe aprender primero sumisión a la autoridad; es esencial para ejercer debidamente la autoridad.
6. Propósito final	Un líder debe saber que Dios ha de recibir la gloria en la vida y la obra del líder.
7. Equilibrio dinámico	Un líder debe crecer en el uso efectivo de las herramientas básicas de la Palabra y la oración.
8. Fidelidad y capacidad	Un líder debe esforzarse por ser fiel en el ministerio, incrementando su capacidad para servir.
9. Empoderado por el Espíritu	El ministerio debe ser empoderado por el Espíritu Santo.
10. Principio modelador	Un líder debe reconocer que Jesús es el modelo supremo para el ministerio.

LA FILOSOFÍA MINISTERIAL COMO COORDENADAS[13]

Estos dos ejemplos muestran la importancia de una filosofía ministerial como marco de referencia para un líder. Algunos de ellos pueden resultarle sugerentes. Si, de hecho, Dios desarrolla a los líderes a lo largo de toda su vida y si, realmente, les enseña lecciones sobre carácter y ministerio, de ello se sigue que identificar y utilizar estas lecciones es crucial para los propósitos de Dios para ese líder.

Lea de nuevo la declaración que he estado trabajando durante este capítulo[14].

> Para ser productivos durante toda su vida, los líderes deben desarrollar una filosofía ministerial que honre a un tiempo los valores del liderazgo bíblico, adopte los desafíos del tiempo en que viven y haga encajar sus dones y desarrollo personal únicos.

Quiero sugerir un acercamiento mínimo para cumplir esta declaración de valor de liderazgo. En lugar de sentirse abrumado con la idea de llevar a cabo toda una filosofía ministerial completa, comience por escribir cualquiera de sus principios esenciales de ministerio como observaciones de valor de liderazgo[15], es decir, usando lenguaje de valor de liderazgo. Permítame explicar lo que quiero decir con lenguaje de valor de liderazgo.

DOS DEFINICIONES NECESARIAS PARA CAPTAR LAS CONVICCIONES DE LIDERAZGO IMPORTANTES

Los distintos autores usan el concepto de valores de manera distinta. Permítame definir cómo estoy utilizando el término valor.

Definición 1

Un *valor de liderazgo* es una suposición subyacente que afecta el modo en que un líder percibe el liderazgo y lo practica.

La convicción del liderazgo, cuando se identifica y escribe (utilizando lenguaje de valores), pasa a ser un valor explícito de liderazgo.

Definición 2

Un *valor explícito de liderazgo* es una declaración de compromiso de un líder a una determinada percepción sobre su liderazgo / ministerio que se escribe en primera persona como un compromiso con la declaración y utiliza uno de los tres verbos auxiliares para respaldar dicho compromiso: debería, tendría que o debo; en este orden.

La intensidad del compromiso se muestra mediante la forma verbal que se usa: *debería* (sugerencia), *tengo que* (directriz) o *debo* (requisito).

EL FORMATO: TRES POSIBILIDADES

- (Yo) *debería*... seguido de la declaración de compromiso (*posible* valor para otras personas)
- (Yo) *tengo que*... seguido de la declaración de compromiso (*fuerte directriz* que otras personas tienen que considerar)
- (Yo) *debo*... seguido de la declaración de compromiso (se aplicará a la mayoría de los líderes; casi un *requisito*)

Permítame ilustrarlo con algunos ejemplos. Aquí hay seis ejemplos de valores explícitos de liderazgo de mi lista personal de ADN espiritual[16] junto a una explicación y argumentación entre paréntesis (por qué he adoptado este valor). Obsérvese que he cambiado la formulación en primera persona (mi valor) para aplicarlo a los líderes en general. Pero puede estar seguro de que estoy personalmente comprometido con cada uno de estos valores.

Tabla 8-5 Seis valores del ADN de liderazgo espiritual de Clinton

ETIQUETA DEL VALOR	DECLARACIÓN DEL VALOR
Valor 1. Intimidad	Un líder debe buscar una relación íntima con Dios en términos del ser, ya que el ministerio fluye del ser.
Valor 2. Mentalidad de desarrollo	Un líder debe tener una mentalidad de desarrollo, pues Dios es un Dios que desarrolla a las personas. Los líderes deben estar desarrollando líderes emergentes de entre aquellos a quienes ministran.

ETIQUETA DEL VALOR	DECLARACIÓN DEL VALOR
Valor 3. Crecer en la Palabra	Un líder debe estar en constante desarrollo en términos de su comprensión de la Palabra de Dios, pues la Palabra de Dios es la revelación fundamental del ser de Dios y de sus propósitos.
Valor 4. Historial de obediencia	A lo largo de su vida, un líder debe vivir en obediencia a Dios, pues la obediencia es la clave para conocer la voluntad de Dios para una vida.
Valor 5. Crecer en la semejanza de Cristo	A lo largo de su vida, un líder debe ser transformado a la imagen de Cristo por el poder del Espíritu Santo, pues una importante meta de Dios es la transformación de un individuo hacia la semejanza de Cristo en términos de la singularidad del líder.
Valor 6. Poder en los dones	Un líder debe ministrar con el poder de sus dones, pues el ingrediente esencial del liderazgo es la poderosa presencia del Espíritu Santo en la vida y ministerio del líder.

En mi clase ML524: Vidas enfocadas, que imparto en el Seminario Fuller, hago que mis estudiantes lleven a cabo una sección de su examen titulada «Sección de valores», que comprende una cronología y sus diez valores de liderazgo más importantes aprendidos hasta aquel momento. La tabla siguiente, tabla 8-6, representa los diez valores explícitos más importantes de un estudiante[17]. Observe que aparecen las tres formas verbales indicando si se trata de una sugerencia, una directriz o un requisito. Observe también su explicación de cada valor. Esta es una tabla muy extensa que se desarrolla a lo largo de varias páginas.

Tabla 8-6 Sección de valores, examen de un estudiante en ML524: Clase de Vidas enfocadas

FUNDAMENTOS 1979–1999 (20 AÑOS DE EDAD)	ENTRE LOS 20 Y 30 AÑOS 1999–2009 (30 AÑOS DE EDAD)
V1: 1987–1992 Actitud de aprendizaje	V6: 1999–2006 Red para conectar y empoderar
V2: 1987–1996 Verdadero interés en las personas y las culturas	V7: 2000–2003 Grupos pequeños como salidas de formación del liderazgo
V3: 1991-presente Iniciador de ministerios asumiendo riesgos	V8: 2000-presente Escucha activa
V4: 1994–2004 Mentoría para un cambio de vida	V9: 2001–2004 Liderazgo relacional
V5: 1997 Actitud de rendición	V10: 2008 Familia como ministerio

Valor 1: *Debo* mantener en todo momento una *actitud de aprendizaje.*
Explicación: Muchos líderes sienten que ya han adquirido suficientes capacidades en su repertorio de habilidades para «hacer la obra» y dejan de aprender. Sin embargo, una falta de desarrollo personal puede llevar al líder a un estancamiento y hasta a quitarle su poder, haciéndole menos eficiente, inútil incluso. En mi ministerio, he de mantener un constante deseo de desarrollar mis capacidades y esforzarme por aprender algo nuevo en cada circunstancia. Recordándome a mí mismo que ser un líder eficaz consiste en un desarrollo personal a lo largo de toda la vida, seré menos proclive a la altivez, la apatía y el orgullo.

Valor 2: *Debo* interesarme verdaderamente *por las personas y por otras culturas.*
Explicación: La clave para entender a las personas y su cultura es mostrar un auténtico interés en ellas. Si mi interés no es sincero, pondré en peligro mi capacidad para desarrollar amistades, adaptarme a circunstancias desconocidas y ministrar eficazmente en mi entorno. Por tanto, nunca debo permitirme olvidar el valor esencial que posee cada ser humano y, por ende, su cultura.

Valor 3: Al iniciar nuevas expresiones ministeriales, *tengo que* asumir *riesgos.*
Explicación: Asumir riesgos forma parte del ministerio, en particular cuando ello significa iniciar nuevas expresiones ministeriales. Aunque debo esforzarme siempre en discernir la dirección del Espíritu de Dios, habrá tiempos en que este permanecerá silencioso o deliberadamente ambiguo. En tiempos así, debo invocar mi don de la fe y seguir hacia adelante, a riesgo incluso de fracaso personal. Después de todo, soy un pionero (en desarrollo), y mi trabajo implicará sin duda tomar decisiones basándome en un resultado que todavía no puedo prever. Debo recordar en todo momento que Dios tiene control de la situación.

Valor 4: *Debería* practicar una *mentoría personalizada* para cambiar la vida de las personas.
Explicación: Las personas suelen ser más transparentes en situaciones de intimidad. Cuando se les brinda una atmósfera segura y acogedora, son

proclives a abrirse y compartir sus corazones, especialmente cuando esta situación se da con una persona con quien han desarrollado una relación de confianza y respeto. Es en estos lugares donde soy más capaz de retar y ayudar a crecer a las personas hacia un cambio de vida. Debería, pues, encontrar personas que desean hacer una aportación al reino y esforzarme por guiarlas de tal manera que sus vidas sean permanentemente redirigidas.

Valor 5: Todo lo que hago *debe* fluir de una *actitud de rendición.*
Explicación: El ministerio fluye del ser. Aquellos líderes cuyas vidas estén entregadas incondicionalmente a los propósitos de Dios son sus herramientas más eficientes. Si quiero ser útil a Dios, debo evaluar constantemente si hay alguna fortaleza en mi vida que impide este tipo de rendición. Puesto que las distracciones se introducen muy sutilmente en nuestras vidas y a menudo pasan desapercibidas, debo permitir que otras personas me llamen la atención cuando detectan algún desvío en mi curso.

Valor 6: *Debería* usar mis *habilidades de red para conectar* a unas personas con otras, *empoderándolas* de este modo para el desarrollo de un ministerio más efectivo.
Explicación: El trabajo en red es una maravillosa forma de capacitar líderes. Puesto que mis capacidades para desarrollar y dotar de herramientas a ciertos líderes son limitadas, mantener una relación con aquellos cuya mezcla de dones es más apropiada me ayudará a ponerles en contacto. Debería, pues, esforzarme por seguir desarrollando relaciones personales con personas de todo el mundo, y debo estar dispuesto a encomendar a mis protegidos o pupilos a personas que pueden formarles de manera más apropiada.

Valor 7: *Debería* usar *pequeños grupos para formar a líderes en desarrollo.*
Explicación: Los pequeños grupos pueden ofrecer maravillosas oportunidades para el desarrollo del liderazgo. Puesto que en estos escenarios el nivel de responsabilidad es limitado y el grado de fracaso potencial es manejable, debería permitir habitualmente que los líderes emergentes ejerzan responsabilidad en pequeños grupos como una forma de incrementar sus

capacidades de liderazgo. También debería procurar hablar de la experiencia con ellos, alentándoles y reorientándoles hacia el progreso.

Valor 8: *Tengo que* ser un *oyente activo.*
Explicación: Escuchar activamente ayuda a guiar la conversación con un objetivo concreto. Haciendo buenas preguntas, comentarios apropiados y mostrando una actitud general de interés y preocupación, puedo ayudar a mi pupilo a avanzar hacia una serie de resultados deseados, como una percepción más profunda, claridad en su comprensión o dirección. Tengo, pues, que adoptar un estilo coloquial que pueda integrar todos estos elementos. Mi prioridad debería ser escuchar, y aconsejar o expresar mis propias percepciones debería ser algo secundario.

Valor 9: *Tengo que* dirigir desde una *forma de liderazgo relacional, no posicional.*
Explicación: Las personas siempre me han seguido y siempre me seguirán principalmente por una razón relacional. Aunque habrá casos en que tendré que ejercer la autoridad que tengo por mi cargo, debería esforzarme en mantener estos casos al mínimo. La disfunción humana ofrece muchas oportunidades de disentir, y yo estaré en una mejor posición para aplacar contiendas dentro de un marco de referencia altamente relacional. Debería, pues, hacer que las personas se sientan, en todo momento, valoradas y tomadas en serio.

Valor 10: *Debo* recordar que mi *vida familiar será el elemento clave de mi ministerio.*
Explicación: La forma en que dirijo mi familia determinará la forma en que dirijo en mi ministerio público y será una evidencia de mi integridad como líder. De hecho, mi familia será *el* elemento clave de todo lo que hago. A no ser que —en lo que depende de mí— mi vida familiar sea saludable, no tengo derecho a dirigir a otras personas. Debo, pues, dar prioridad a mi familia sobre cualquier cosa que haga en el ministerio, prestando una cuidadosa atención al bienestar físico y espiritual de mi

cónyuge e hijos. Debería, también, procurar animar a los demás a hacer lo mismo a través de mi ejemplo y desafío directo.

Vea el Apéndice B, donde enumero una lista de materiales que he escrito con ilustraciones de valores explícitos de liderazgo. La mayoría de las personas adquirirán valores explícitos de liderazgo por la mera observación de un gran número de valores explícitos de liderazgo interiorizados por otras personas. Los materiales del Apéndice B ofrecen precisamente este gran número de valores explícitos de liderazgo interiorizados por otras personas.

CONCLUSIÓN

Creo que la mayoría de los líderes pueden enumerar diez importantes valores explícitos de liderazgo. Comience con esto. Lea las ilustraciones de valores explícitos de liderazgo a las que me refiero en los materiales que se enumeran en el Apéndice B. La mera lectura de estos ejemplos le sugerirá posiblemente los que para usted son los diez valores explícitos de liderazgo más importantes. Ojalá hubiera sabido algo de teoría de valores cuando entrevisté al pastor Jeff para conocer su historia (ver la Introducción). Me encantaría ver sus «compromisos» con los principios de liderazgo, escritos en lenguaje de valores de liderazgo. Por tanto, redacte, si puede, una filosofía ministerial completa como la que he descrito en este capítulo. Pero si no puede hacerlo, escriba al menos sus diez valores explícitos de liderazgo más importantes.

AHORA ES SU TURNO

1. ¿Cuáles son algunas de las lecciones más importantes que Dios le ha enseñado personalmente con respecto al carácter de su liderazgo? Defina dos de ellas en términos de una explícita declaración de liderazgo, un compromiso con la lección que ha

aprendido. Utilice alguna de las tres expresiones verbales para reflejar el carácter de la declaración como una sugerencia, una directriz o un requisito para usted en el ministerio.

2. Enumere algunas de las lecciones más importantes que Dios le ha enseñado con respecto a su ministerio. Defina dos de ellas en términos de una explícita declaración de liderazgo, un compromiso con la lección que ha aprendido. Utilice alguna de las tres expresiones verbales para reflejar el carácter de la declaración como una sugerencia, una directriz o un requisito para usted en el ministerio.

ACEPTAR LAS LECCIONES DE LA VIDA: EL RETO DEL LIDERAZGO

El desafío o problema: Cuando vio a las multitudes, les tuvo compasión, porque estaban confundidas y desamparadas, como ovejas sin pastor. A sus discípulos les dijo: «La cosecha es grande, pero los obreros son pocos. Así que oren al Señor que está a cargo de la cosecha; pídanle que envíe más obreros a sus campos». *(Mateo 9:36-38)*

El desafío y la solución: Jesús los llamó: «Vengan, síganme, ¡y yo les enseñaré cómo pescar personas!». *(Mateo 4:19)*

Me has oído enseñar verdades, que han sido confirmadas por muchos testigos confiables. Ahora enseña estas verdades a otras personas dignas de confianza que estén capacitadas para transmitirlas a otros. *(2 Timoteo 2:2)*

LA NECESIDAD: MÁS Y MEJOR LIDERAZGO

En este capítulo quiero sugerir tres desafíos que se aplican a los líderes. Estos desafíos emanan de la necesidad de liderazgo en la obra cristiana. Por todos los lugares que voy oigo decir: «No tenemos suficiente liderazgo bien formado». Esto puede significar: «No tenemos suficientes líderes de plena dedicación que hayan estado en el seminario». Discrepo en cierto modo de esta idea. No necesitamos únicamente líderes de plena dedicación. Y la educación formal tampoco resolverá el problema. Sin embargo, la esencia de la declaración es correcta: necesitamos líderes equipados.

La necesidad se hace particularmente crucial ahora por dos razones. En primer lugar, en numerosas organizaciones paraeclesiales occidentales, especialmente en aquellas que desarrollan ministerios internacionales, hay un cierto número de líderes mayores que han influenciado el pensamiento y la acción cristiana durante algún tiempo. Estos saldrán de la escena durante los próximos diez años. Aunque hay muchos líderes emergentes jóvenes, hay pocos de edad mediana para llenar el vacío hasta que estos líderes jóvenes maduren. En segundo lugar, en muchos lugares del tercer mundo la iglesia está creciendo con tanta rapidez que está sobrepasando a su liderazgo. ¿Cómo puede formarse un liderazgo que supla esta necesidad que crece tan rápidamente? Haciéndonos eco del sentimiento de Jesús (ver Mateo 9:37) podemos decir: la carga de trabajo es mucha. Necesitamos un liderazgo equipado para la multitud de tareas que deben realizar los líderes en la obra cristiana. Las perspectivas que se dan en este libro pueden ayudarnos a levantar líderes que ocupen los espacios vacíos con más sensibilidad y eficiencia, y en menos tiempo.

Quiero sugerir tres desafíos finales. Aquellos que han estudiado las ideas de liderazgo de este libro y han encontrado alguna verdad en ellas tienen la responsabilidad de usar esta verdad. Primero quiero enunciar estos desafíos para después explicar cada uno de ellos con más detalle:

Desafío 1: Cuando Cristo llama a un líder al ministerio cristiano pretende desarrollarle en todo su potencial[1]. Todos los que estamos en una posición de liderazgo somos responsables de seguir desarrollándonos durante toda nuestra vida de acuerdo con los procesos de Dios.

Desafío 2: Una función fundamental de todos los dirigentes es la selección de líderes emergentes. Los líderes deben estar siempre conscientes de los procesos que Dios desarrolla con los líderes más jóvenes y trabajar con este proceso.

Desafío 3: Para ser productivos durante toda su vida, los líderes deben desarrollar una filosofía ministerial que honre a un tiempo los valores del liderazgo bíblico, adopte los desafíos del tiempo en que viven y haga encajar sus dones y desarrollo personal únicos.

LIDERAZGO PERSONAL

Las lecciones de liderazgo compartidas en este libro se basan en la premisa de que Dios se complace en cultivar líderes e intervenir en sus vidas para desarrollarles de acuerdo con sus propósitos. Jesús sigue llamando a personas para que le sigan y para que influencien a muchas otras. Mis estudios de los personajes bíblicos a quienes Dios ha usado como líderes para llevar a cabo sus propósitos me llevan a una definición operativa de líder.

> Un *líder*, definido a partir de un estudio del liderazgo bíblico y cuyo desarrollo estamos interesados en trazar, es una persona (1) con una capacidad dada por Dios *y* (2) responsable ante él para *influenciar* (3) a un grupo específico del pueblo de Dios (4) hacia los propósitos de Dios para dicho grupo.

La *capacidad dada por Dios* denota sus aptitudes: dones espirituales y capacidades y talentos naturales[2]. Estas aptitudes son inherentes en el líder. La *responsabilidad dada por Dios* incluye no solo una carga por la obra, sino también un sentido de rendición de cuentas a Dios por dicha obra. Mis estudios sobre las aptitudes, particularmente sobre la permanencia de los dones (ver Romanos 12; Efesios 4) y las parábolas sobre la mayordomía (ver especialmente Lucas 19, las minas; Mateo 25, los talentos), me han llevado a la conclusión de que los líderes tienen capacidades que deben desarrollarse y utilizarse.

Romanos 12:3-7 es un texto particularmente instructivo. Su idea clave es la evaluación y el uso cualitativo de los dones. Se nos amonesta a evaluar nuestros dones. El sacrificio diario que implica el desarrollo de este compromiso (ver 12:1-2) significará la comprensión de las aptitudes.

La expresión del versículo 3, «la gracia que Dios me ha dado», contiene una metonimia (una figura literaria en la que una palabra sustituye a otra con la que está unida por una cierta relación, como causa por efecto)[3]. Aquí la palabra «gracia» sustituye a «dones», es decir, los dones dados por medio de la gracia. Los dones espirituales de Pablo eran dones de la gracia. La traducción de este texto en la Nueva Biblia Española («en virtud del don que he recibido») confirma mi idea sobre esta metonimia. Pablo está diciendo que los dones que Dios le impartió le permiten afirmar verdades sobre los dones espirituales con autoridad.

La expresión «según la medida de fe» del versículo 3 contiene la otra metonimia importante. Esta frase figurativa matiza el modo en que hemos de usar nuestros dones espirituales. La palabra *medida* hace referencia a capacidad; *fe* es la metonimia que alude al «don que ejercemos por la fe». Cada cristiano debería ejercer su don de acuerdo con la capacidad de fe que Dios le ha dado con dicho don. Este pasaje continúa señalando que cada uno tendrá una capacidad distinta. Cada uno debería evaluar y utilizar sus dones hasta la capacidad que Dios pretende.

Por consiguiente, se espera que, como líderes, cada uno de nosotros evaluemos nuestros dones espirituales y nuestras capacidades y los utilicemos al máximo. Cada uno de nosotros es único. El éxito de otro no es nuestra norma. Más grande no es sinónimo de mejor, ni significa tener una mayor esfera de influencia. Si Dios me ha dotado para ser un dirigente laico, ¡perfecto! Si esto es así, desde luego no quiero ser un líder a todo tiempo. Si Dios me ha dotado con el potencial para ser un líder a nivel nacional, no quiero entonces quedarme estancado como un dirigente laico. Deberíamos ser lo que Dios pretende que seamos.

Podemos desarrollarnos como personas utilizando nuestros dones espirituales y capacidades naturales hasta el nivel que Dios desea para nosotros[4]. Deberíamos desarrollar y usar aquellas habilidades que enriquecen nuestros dones y capacidades. Deberíamos procurar activamente aquel conocimiento que nos hará más eficientes en el uso de nuestros dones. Si no lo hacemos, tendremos que darle cuentas a Dios. Y tendremos que dar cuentas también de lo que hemos hecho, de si hemos desarrollado o no el potencial que Dios nos ha dado. Hebreos 13:17,

Santiago 3:1 y los pasajes sobre el juicio dejan claro que los líderes darán cuenta de su influencia.

A fin de revisar nuestras vidas y evaluar lo que Dios está haciendo en ellas, hemos de valorar dónde estamos y estimularnos así a seguir desarrollándonos. Permítame repetir el desafío:

> Cuando Cristo llama a un líder al ministerio cristiano pretende desarrollarle en todo su potencial. Todos los que estamos en una posición de liderazgo somos responsables de seguir desarrollándonos durante toda nuestra vida de acuerdo con los procesos de Dios.

Las perspectivas que he compartido pueden ayudarle a percibir en qué etapa de desarrollo se encuentra, a evaluar estas cosas de forma más clara y a sentir la mano de Dios en este proceso. Esto le llevará, a su vez, a actuar conjuntamente con los propósitos de Dios para su desarrollo. Este es el reto más importante. Si no experimentamos el constante desarrollo de Dios no podremos ayudar a otras personas a desarrollar su capacidad de liderazgo. ¿Cómo le va en su desarrollo como líder? ¡Sea todo lo que Dios quiere que sea como líder!

LÍDERES EMERGENTES

Una función fundamental de todos los dirigentes es la selección de líderes emergentes. No me refiero a seleccionar a personas jóvenes para enviarlas al instituto bíblico o al seminario, sino más bien a observar a aquellos que Dios está seleccionando y procesando, y buscar formas de incentivar su desarrollo. Conocer los primeros síntomas y los conceptos de proceso significa que podrá aconsejar y tutelar de manera mucho más eficiente a los líderes emergentes. Puede guiarles a adoptar alguna formación informal y no formal que usted sabe que puede ayudarles a avanzar en varios de los patrones de desarrollo. En todos los ministerios Dios está desarrollando líderes y seguidores. Como líderes debemos trabajar con Dios para reconocer espacios vacíos de liderazgo y llenarlos con líderes emergentes.

Pablo señala que la fidelidad es un ingrediente clave en la selección de líderes emergentes. Este ingrediente está en el centro de los primeros patrones de prueba y del patrón ministerial de base. Por ello, es una ventaja que reconozca estos patrones clave de selección y desarrollo: el patrón de prueba negativo y correctivo, el de prueba positivo y expansivo, el ministerial básico, el de atracción entre dones semejantes y el de atracción por aptitud. Los elementos de proceso como los elementos de destino, la tarea ministerial, el desafío ministerial, las habilidades ministeriales, el progreso de formación y el descubrimiento de la aptitud deberían serle muy familiares. Todos los elementos de guía, pero especialmente el contacto divino y la mentoría, deberían estar en su caja de herramientas en su esfuerzo de ayudar a los líderes emergentes a avanzar en su desarrollo.

Observe a las personas vinculadas a su ministerio con ojos de selección de liderazgo[5]. Hágase constantemente preguntas como: «¿En qué punto de su desarrollo se encuentra esta persona?», «¿Qué podría hacer yo para ayudarle a ver la forma en que Dios procede en su vida hacia el liderazgo?», «¿Está Dios utilizándome como contacto suyo en esta situación?», «¿Puedo ser mentor o formador de esta persona?». Recordemos el principio de expectativa de Goodwin: *Los líderes potenciales tienden a alcanzar el nivel de auténtica expectación de un líder al que respetan*[6]. Asegúrese de ser un líder respetado. Esfuércese por conocer hasta tal punto a sus seguidores que pueda descubrir a los líderes emergentes entre ellos. Y procure también que sus desafíos produzcan crecimiento pero sean alcanzables.

El vacío de liderazgo nunca se suplirá a no ser que todos los líderes comiencen a tomarse en serio la amonestación de Pablo a Timoteo (ver 2 Timoteo 2:2). Esto significa que todos ellos deberían tener un interés activo en el desarrollo de líderes. ¿Cómo está usted formando a líderes para su ministerio? ¿Están ayudando sus esfuerzos a llenar el vacío de liderazgo? ¿O está agrandando el vacío? Como dijo el Señor: ore por los líderes emergentes de su ministerio. Después, cuando Dios le responda, haga lo que sea necesario con ellos.

> Una función fundamental de todos los dirigentes es la selección de líderes emergentes. Los líderes deben estar siempre conscientes de los procesos que Dios desarrolla con los líderes más jóvenes y trabajar con este proceso.

FILOSOFÍA MINISTERIAL

Los líderes con buenas filosofías del ministerio suelen acabar bien. La función del discernimiento, la cuarta etapa de desarrollo de la fase de maduración ministerial, es crucial para un liderazgo eficiente. Los líderes deben ser capaces de ver a Dios obrando en los acontecimientos, personas y situaciones que les rodean. Deben reconocer la obra de Dios en sus propias vidas. Un líder con discernimiento es un líder con una sólida filosofía ministerial. El patrón de filosofía ministerial es esencial para un liderazgo eficiente que se desarrollará hasta el final.

No todos los líderes acaban bien. He observado cuatro patrones en cuanto a la respuesta de los líderes a los procesos durante la fase de desarrollo ministerial. Estos patrones son:

1. Abandonos: bastantes
2. Líderes estancados: la mayoría[7]
3. Disciplinados: pocos
4. Los que siguen creciendo y acaban bien: algunos

El desafío es acabar bien, como el apóstol Pablo. Hemos de invertir el número de líderes en los patrones 2 y 4. Sin una clara filosofía ministerial, pocos líderes se situarán en el patrón 4.

Las filosofías del ministerio serán tan diversas como los líderes. No podemos copiar la filosofía de un líder exitoso y aplicarla tal cual a nuestra situación. La filosofía ministerial de un líder debe surgir de su manifestación del liderazgo. Debe dar cabida a las lecciones que ha aprendido dicho líder y surgir del singular proceso que Dios tiene preparado para él. Debe encajar con el patrón de desarrollo de aptitudes del líder y con la situación en que Dios le coloca. Seguirá el proceso de destino de este líder.

Naturalmente, la Biblia expresa valores sobre la ética y estilos de liderazgo, sobre sus fines y medios y sobre la actitud general de liderazgo servicial que se aplica a todos los líderes. Naturalmente, podemos beneficiarnos mucho del estudio de filosofías del ministerio de líderes a quienes Dios ha usado en gran manera. Sin embargo, la inmensa mayoría de los valores aprendidos serán singulares para el líder en cuestión por el carácter, también singular, de las situaciones en que ministra. O sea, cada situación forzará un examen más cuidadoso de las Escrituras en busca de la verdad que se aplica a aquella situación.

Una filosofía ministerial no tiene que expresarse de forma explícita en declaraciones proposicionales, aunque esto es muy útil. Pero tiene que estar ahí e integrar el ministerio del líder. Observe especialmente los conceptos 3 y 4 de mi definición de líder:

> Un líder, definido a partir de un estudio del liderazgo bíblico y cuyo desarrollo estamos interesados en trazar, es una persona (1) con una capacidad dada por Dios y (2) responsable ante él para influenciar (3) a un grupo específico del pueblo de Dios (4) hacia los propósitos de Dios para dicho grupo.

Si el Señor nos hiciera una declaración, mirando no solo el vacío de liderazgo sino también a los líderes actuales, podría reformular Mateo 9:36-38 como lo he hecho yo:

> Cuando vio a los líderes, se llenó de consternación, porque muchos tiraban la toalla, muchos eran apartados del ministerio y muchos estaban estancados y faltos de dirección. Habían perdido el entusiasmo por dirigir a su pueblo. No tenían una clara filosofía o dirección en su liderazgo. Eran líderes sin liderazgo. Entonces les dijo a sus discípulos: «La mies es abundante, pero los líderes con clara dirección son pocos. Rogad al Señor de la mies, que envíe líderes-obreros informados, juiciosos y orientados a su mies».

La tarea fundamental del liderazgo es *influenciar al pueblo de Dios hacia los propósitos de Dios.* Este objetivo no se mantendrá durante toda una vida sin una adecuada filosofía ministerial.

> Para ser productivos durante toda su vida, los líderes deben desarrollar una filosofía ministerial que honre a un tiempo los valores del liderazgo bíblico, adopte los desafíos del tiempo en que viven y haga encajar sus dones y desarrollo personal únicos.

¿No sería maravilloso que dentro de unos diez o quince años el Señor Jesús pudiera reformular Mateo 9:36-38 en los siguientes términos?

> Cuando vio la inmensidad de la tarea y de las multitudes que tenían que ser alcanzadas no se descorazonó, sino que se alegró porque muchos líderes estaban supliendo estas necesidades y levantando constantemente nuevos líderes para afrontar el inmenso desafío de liderazgo. Y dijo: «Dad gracias al Señor de la mies, porque está mandando líderes, líderes con dirección y propósito».

¿Cómo está Dios desarrollando la función del discernimiento en usted como líder? Si usted y yo aceptamos el tercer desafío y transmitimos su intención a líderes emergentes dentro de nuestro ministerio, puede que oigamos la segunda revisión de Mateo 9:36-38.

RESUMEN

El vacío de liderazgo es enorme. Hay una gran necesidad de liderazgo eficiente. En mi opinión, los tres desafíos que he presentado abordan la esencia del problema. Cada líder debe ser personalmente lo que Dios quiere que sea. Cada líder debe implicarse en el surgimiento de otros líderes. Los líderes deben estar en sintonía con los propósitos de Dios para ellos. La teoría de manifestación del liderazgo puede ser una gran ayuda en estos tres desafíos.

Cuando comencé mi recorrido personal en el estudio de las vidas de líderes, fui desafiado por la siguiente amonestación bíblica. Comencé el libro con este desafío. Ahora lo planteo de nuevo, pero como un desafío final.

EL DESAFÍO FINAL

> Acuérdense de los líderes que les enseñaron la palabra de Dios. Piensen en todo lo bueno que haya resultado de su vida y sigan el ejemplo de su fe. Jesucristo es el mismo ayer, hoy y siempre. *(Hebreos 13:7-8)*

La primera vez que leí estos versículos me vinieron a la mente dos preguntas. La primera es: ¿cómo pienso en «todo lo bueno que haya resultado de su vida»? La segunda es: ¿cómo «imito su fe»? Espero que este libro haya mostrado que los procesos que operaron en el desarrollo de estos grandes líderes son los mismos que Dios usa para desarrollar a los líderes de hoy. Podemos contar con Jesucristo, el mismo ayer, hoy y siempre. Las mismas formas de enseñar en el pasado se aplican hoy a nosotros. El mismo Jesucristo que capacitó a aquellos líderes para vivir vidas de fe nos facultará a usted y a mí para vivirlas hoy. Él es tanto el origen como el motivo de nuestro estudio del liderazgo.

El liderazgo se desarrolla y emerge durante toda la vida. De hecho, el liderazgo es toda una vida de lecciones de Dios. Confío en que usted también aceptará el desafío de Hebreos 13:7-8 y que ahora está mucho mejor equipado para hacerlo que yo cuando comencé.

UNA SOLEMNE ADVERTENCIA FINAL

Voy a terminar con una advertencia bastante solemne. ¡Escúchela con atención! En la nota 12 del capítulo 6 hice la siguiente declaración. Voy a citar toda la nota porque apunta contundentemente a mi advertencia final.

Nota 12

He calificado esto con una sensibilidad especial. Lo he llamado una *mentalidad soberana*. Una *mentalidad soberana* es una forma de ver las actividades de la vida que nos lleva a ver y responder a los propósitos de Dios en ellas. Pablo es el modelo del Nuevo Testamento en la era de liderazgo de la iglesia que demuestra una mentalidad soberana. Pablo tenía un valor de liderazgo: el apóstol procuró siempre ver la mano de Dios en sus circunstancias como parte del plan de Dios para desarrollarle como líder. Quiero generalizar este valor de liderazgo y aplicarlo a todos los líderes.

Este es mi redactado:

Etiqueta: Valor de mentalidad soberana

Declaración del valor de liderazgo: Los líderes tienen que ver la mano de Dios en sus circunstancias como parte de su plan para desarrollarles como

> líderes. He escrito un artículo sobre liderazgo titulado: «Mentalidad soberana». Este artículo aparece en todos mis comentarios del Nuevo Testamento sobre liderazgo bíblico. Un líder que no tiene una mentalidad soberana *posiblemente no acabará bien.* Este valor de liderazgo es imprescindible.

Fíjese en la frase: *posiblemente no acabará bien.*

POCOS LÍDERES ACABAN BIEN

En mis estudios comparativos de los líderes bíblicos[8] hice cuatro observaciones. La primera me sorprendió.

- Observación 1. Pocos líderes acaban bien.
- Observación 2. El liderazgo es difícil.
- Observación 3. La presencia capacitadora de Dios es el ingrediente esencial de un liderazgo eficaz.
- Observación 4. El liderazgo espiritual puede cambiar la situación.

En esta investigación, vi que trece de los cuarenta y nueve líderes de las Escrituras de quienes se indicaba su final acababan bien. Esto significa que solo lo hacía uno de cada tres o cuatro. Esta fue mi primera prueba con respecto a la forma de terminar de los líderes. Esto me llevó a estudiar más a fondo para responder las siguientes preguntas:

- ¿Qué significa exactamente acabar bien? En otras palabras, ¿cuáles son las características de acabar bien?
- ¿Cuáles son los obstáculos para acabar bien?
- ¿Cuáles son las ayudas para acabar bien?

En el Apéndice C, detallaré algunas de mis respuestas iniciales a estas importantes preguntas.

Pero quiero acabar esta sección con una nota más esperanzadora, no con una solemne advertencia. En el Prefacio a la edición revisada hice esta afirmación final, y quiero citarla de nuevo.

> Mi esperanza es que acaben bien los líderes que estén más conscientes de toda la actividad formativa de Dios a lo largo de la vida y que lo hagan *en un porcentaje más elevado* del que vemos ahora.

Espero que, llegados aquí, después de leer en este libro cómo forma Dios a los líderes durante toda la vida, esté adquiriendo una *mentalidad soberana*. Espero también que pueda decir con Pablo:

> Y estoy seguro de que Dios, quien comenzó la buena obra en ustedes, la continuará hasta que quede completamente terminada el día que Cristo Jesús vuelva.
> (Filipenses 1:6)

¡OJALÁ QUE ACABE BIEN!

APÉNDICE A

OBSERVACIONES SOBRE LA SELECCIÓN DE LIDERAZGO

En el capítulo 9, he indicado que la selección de liderazgo es una importante responsabilidad de liderazgo. En mi estudio comparativo de los líderes que han terminado bien he identificado siete importantes lecciones de liderazgo. Permítame enumerarlas. Pero observe especialmente la lección 5, que he destacado en negrita.

Lección 1	Los líderes eficaces ven su ministerio actual desde una perspectiva de toda la vida.
Lección 2	Los líderes eficaces mantienen una actitud de aprendizaje a lo largo de toda la vida.
Lección 3	Los líderes eficaces valoran la autoridad espiritual como una base de poder esencial.
Lección 4	Los líderes eficaces que son productivos a lo largo de toda su vida tienen una filosofía ministerial dinámica.
Lección 5	**Los líderes eficaces consideran la selección y desarrollo de líderes como una función prioritaria de su ministerio.**
Lección 6	Los líderes eficaces ven el empoderamiento relacional como un medio y una meta del ministerio.
Lección 7	Los líderes eficaces ponen de manifiesto una creciente percepción de su sentido de trascendencia.

Este apéndice le dará cierta ayuda con respecto a la lección 5. Aportará sugerencias sobre cómo seleccionar líderes emergentes en una etapa temprana.

A continuación, enumeraré algunos principios que he identificado en un estudio comparativo de las primeras etapas de muchos líderes. Después seguiré estos principios con algunas implicaciones que, en mi opinión, surgen de los principios.

DIEZ PRINCIPIOS E IMPLICACIONES DEL SURGIMIENTO DE LÍDERES

Recordará que un *principio* es una declaración general de verdad derivada de la observación de actos de liderazgo específicos, del uso que Dios hace de elementos de proceso con los líderes, del análisis de la formación ministerial, de la formación espiritual y de otros análisis de la manifestación del liderazgo que describen patrones aplicables a otros líderes en otras situaciones.

Algunos líderes que analizan sus vidas han propuesto cientos de principios. Aunque en este apartado podríamos aportar muchos principios comunes a muchos líderes, he decidido enumerar y analizar solo diez de ellos, relacionados principalmente con la manifestación y selección del liderazgo. A continuación, seguiré con ciertas implicaciones que surgen de estos diez.

Seis principios relativos a la orientación personal

1. **Orientación hacia la Palabra.** Un buen indicador de un líder emergente es un intenso deseo de aprender la Palabra de Dios, expresado por su respuesta al ministerio de maestros bíblicos y por proyectos de estudio de su propia iniciativa.
2. **Orientación hacia la aplicación.** Es probable que una persona que aplica rápidamente las Escrituras a su vida en respuesta a comprobaciones de palabra, comprobaciones de obediencia y comprobaciones de integridad emerja como un líder.

3. **Orientación hacia la justicia.** Otra serie de buenas indicaciones de un líder emergente son su hambre de justicia, un deseo de integridad personal y frecuentes elementos de proceso relativos a estas cuestiones.
4. **Orientación específica hacia la oración.** El líder potencial ora específicamente por su ministerio y ve respuestas específicas a la oración de tal manera que su fe crece y aumenta sus peticiones específicas.
5. **Orientación hacia la guía de Dios.** El líder potencial aprenderá lecciones de guía personal que le servirán de trampolín para discernir la dirección de Dios para el grupo.
6. **Orientación hacia la iniciativa propia.** El liderazgo emerge en los niveles más bajos de proyectos autoinducidos, tareas ministeriales y experiencias con Dios.

Cuatro principios relativos a las relaciones con líderes

1. **Principio de atracción entre dones semejantes.** Frecuentemente los líderes potenciales con ciertos dones se sienten atraídos hacia líderes con dones semejantes que les mentorizan para que los desarrollen.
2. **Principio de atracción por el ejemplo.** A menudo los líderes potenciales se sienten atraídos hacia líderes que usan el ejemplo como forma de influencia.
3. **Principio de la expectativa.** Los líderes potenciales responden a genuinos desafíos de expectativa de un líder mayor a quien admiran (regla de expectativa de Goodwin).
4. **Principio del contacto divino.** A menudo, Dios hace que al menos una persona significativa, un contacto divino, se cruce en el camino de un líder emergente en un momento oportuno para realizar alguna mentoría necesaria, lo que le estimula a desarrollar su capacidad de liderazgo.

NUEVE IMPLICACIONES DE LOS PRINCIPIOS DE ORIENTACIÓN PERSONAL

1. Los líderes han de estar atentos a los indicadores que muestran un intenso deseo de la Palabra (como una Biblia subrayada y con notas personales, la compra o uso de material de estudio bíblico, asistencia a estudios bíblicos, redacción de estudios propios, etcétera).
2. Los líderes deberían facilitar materiales de estudio bíblico y otros recursos que puedan ayudar a desarrollar capacidades y buenos hábitos de estudio bíblico.
3. Los líderes deberían desafiar personalmente a quienes tienen potencial para el liderazgo y prestarles o proporcionarles de algún modo materiales para el estudio bíblico y otros recursos.
4. Los líderes tienen que ser buenos oyentes y conocer bien a sus seguidores para saber cómo se está aplicando las Escrituras en la vida de los líderes potenciales.
5. Los líderes han de ofrecer a los líderes potenciales buenas oportunidades para dar testimonio de la obra de Dios en comprobaciones de integridad, palabra, obediencia y otros procesos centrados en una vida justa.
6. Los líderes tienen que ser modelos de una vida de oración que demuestre peticiones específicas y respuestas.
7. Los líderes han de especificar la forma en que reciben la guía para los grupos que dirigen y estimular a los líderes emergentes a buscar de igual manera la guía de Dios para sus ministerios iniciales.
8. Los líderes deben suscitar en los dirigentes emergentes una percepción de las necesidades, desafiarles con respecto a tales necesidades y permitirles resolverlas.
9. Los líderes han de estar conscientes de que quienes se involucran en proyectos por propia iniciativa lo hacen para corregir el *statu quo* y a menudo actúan con poca sensibilidad.

NUEVE IMPLICACIONES DE LOS PRINCIPIOS RELACIONALES

1. Los líderes deberían reconocer que los líderes emergentes con dones parecidos a los suyos se sentirán frecuentemente atraídos a ellos. De manera informal, los líderes deberían sondear a sus seguidores más cercanos en busca de similitudes de su mezcla de dones.
2. Los líderes deberían ejercer su don explicando cuáles son los primeros indicadores del don y cómo puede desarrollarse.
3. Los líderes que usan el ejemplo como un importante medio de influencia están demostrando autoridad espiritual, y esta es una de las razones por las que los líderes potenciales se sienten atraídos hacia ciertos líderes.
4. Los líderes que usan su ejemplo como medio de influencia deberían reconocer que pueden desempeñar un papel vital acompañando a los líderes potenciales a lo largo del patrón de desarrollo de la autoridad espiritual.
5. Los líderes deberían familiarizarse con el patrón de desarrollo de la autoridad espiritual y preparar ejercicios y tareas estimulantes que ayuden a los líderes potenciales a lo largo del proceso.
6. Los líderes tienen que evaluar acertadamente las aptitudes de los líderes emergentes (capacidades naturales y dones espirituales).
7. Los líderes deben desafiar a los líderes potenciales con retos apropiados (teniendo en cuenta que si son demasiado grandes se desanimarán y si son demasiado pequeños no se sentirán motivados).
8. Los líderes deberían esforzarse en cultivar una percepción de destino en los líderes emergentes basada en sus capacidades, dones espirituales y elementos de proceso de destino.
9. Los líderes deben estar conscientes de que Dios los usará muchas veces como contactos divinos en la vida de los líderes emergentes. Por ello han de estar muy conscientes de los elementos de proceso de contacto divino y mentoría.

Podría sugerir otras muchas implicaciones, pero estas nos darán una idea de que los principios deberían suscitar respuestas prácticas de los líderes para que Dios pueda usarlos. La selección de liderazgo es una función crucial de todos los dirigentes. Estos principios de surgimiento y sus implicaciones podrían formar la base para una filosofía ministerial sobre la selección de liderazgo.

Además de estos principios, quiero señalar la importancia del conjunto probatorio del liderazgo.

IMPLICACIONES DEL CONJUNTO PROBATORIO

El conjunto probatorio está formado por los principales elementos de proceso de la vida interior —comprobación de la palabra, comprobación de la integridad y comprobación de la obediencia— junto con el elemento de prueba transicional: la tarea ministerial. Este conjunto aporta el trasfondo que identifica a los líderes emergentes. Tanto el patrón de expansión de pruebas positivas como el patrón de prueba negativo y correctivo son muy importantes para entender cómo usa Dios el conjunto probatorio.

1. La selección de liderazgo es una importante y constante responsabilidad del liderazgo.
2. El conjunto probatorio y los patrones de prueba deberían ser una parte del pensamiento de los líderes cuando aconsejan a los líderes potenciales.
3. Las comprobaciones de palabra son indicativas de posibles dones de palabra y deberían sugerir determinadas tareas ministeriales y formación informal en la palabra que pueden usarse para confirmar un potencial para el liderazgo.

APÉNDICE B

LISTA ANOTADA DE MATERIALES SOBRE LA FILOSOFÍA MINISTERIAL

A continuación, he confeccionado una lista en la que intento enumerar y articular conceptos de filosofía ministerial. Esta lista incorpora algunos elementos que se extienden durante un periodo de treinta años. La mayor parte del trabajo pretende expresar la idea de valores de liderazgo. Estoy convencido de que si una persona identifica sus diez principales valores de liderazgo (ver el trabajo ML524 *Values Reader* [Libro de valores], donde cinco de mis mejores estudiantes del curso 2009 identifican sus diez valores más importantes) y aprende a transmitirlos a otros estará haciendo algo de un enorme valor. Es probable que la mayoría de los líderes no estén capacitados para redactar una filosofía ministerial completa. Enumerar sus diez principales valores de liderazgo está posiblemente al alcance de un 70 por ciento de los líderes. Y la mejor forma de hacerlo es leer muchos valores explícitos de liderazgo redactados por otras personas. Los materiales siguientes presentan muchos valores explícitos de liderazgo como ejemplos para ayudarle a identificar sus diez principales valores de liderazgo.

Tabla B-1 Artículos de investigación sobre filosofía ministerial / valores de liderazgo

TÍTULO / PÁGINAS	AÑO	DÓNDE SE ENCUENTRA	QUÉ HACE
Capítulo 8, *La formación de un líder* /26 páginas	1988	Primera edición, *La formación de un líder*	• Señala la necesidad de una filosofía ministerial • Describe los tres pasos que desarrolla una filosofía ministerial básica
Declaración de posicionamiento: «A Personal Ministry Philosophy—One Key to Effective Leadership» (Una filosofía personal del ministerio: clave para un liderazgo eficaz) / 70 páginas	1992	www.bobbyclinton.com (página web, tienda de recursos)	• Desarrolla la siguiente declaración: los líderes eficaces que son productivos a lo largo de toda su vida tienen una filosofía ministerial dinámica • Presenta diecinueve valores de liderazgo paulinos en lenguaje de valores procedente de 2 Corintios • Introduce las tres variables principales de una filosofía ministerial: mezcla, expresión y enfoque • Presenta el diagrama de la filosofía ministerial con sus siete elementos medulares • Distingue valores impulsados por los dones de los derivados de otros elementos
«Passing On My Heritage» (Transmitir mi legado) / 69 páginas	2000	www.bobbyclinton.com (página web, tienda de recursos)	• Presenta seis valores fundamentales en formato de lenguaje de valores • Presenta tres modelos de diseño • Enumera mis diez mandamientos de la enseñanza, que son valores imprescindibles para mí como maestro

TÍTULO / PÁGINAS	AÑO	DÓNDE SE ENCUENTRA	QUÉ HACE
«Value Driven Leadership» (Liderazgo con valores) / 73 páginas	2009	www.bobbyclinton.com (página web, tienda de recursos)	• Define el valor de liderazgo y después el valor explícito de liderazgo • Explica las tres expresiones verbales usadas para un determinado valor explícito de liderazgo (debería, tengo que, debo) • Aporta mis seis valores espirituales del ADN del liderazgo; valores de los cinco modelos filosóficos ejemplificados por Jesús (modelo del siervo [seis valores], modelo del mayordomo [ocho valores], modelo de la cosecha [ocho valores], modelo del pastor [trece valores], modelo del intercesor [ocho valores]); nueve macrolecciones (valores) en el ministerio de Jesús; sesenta y dos valores de liderazgo paulinos presentados en 2 Corintios (diecinueve), 1 Timoteo (nueve), 2 Timoteo (diez), 1 Corintios (ocho), Filipenses (doce), Filemón (cuatro); los ocho valores de formación espiritual de Samuel Brengle; trece valores ministeriales de formación; seis valores estratégicos de formación; los diez valores cruciales de liderazgo de A. J. Gordon; los catorce valores sobre la Biblia y el estudio bíblico de Morgan; los seis valores relacionados con un liderazgo centrado en la Biblia; los dieciocho valores sobre la enseñanza de Clinton; muchos valores de liderazgo de Hankin sobre mentoría en contextos latinos; muchos valores de mentoría de Feiker
ML524 Values Reader / 16 páginas	2010	www.bobbyclinton.com (página web, tienda de recursos)	• Explora cincuenta valores de liderazgo: los diez principales valores de liderazgo de cinco estudiantes de la clase ML524: Vidas enfocadas de 2009.

APÉNDICE C

LISTA ANOTADA DE MATERIALES SOBRE ACABAR BIEN

Descubrí la idea de acabar bien cuando reflexionaba sobre mis primeros ocho años de enseñanza de la clase ML530: Desarrollo de liderazgo durante toda la vida, en el Seminario Fuller. Seguí profundizando en esta cuestión en 1989 cuando escribí el artículo de posicionamiento: «Listen Up Leaders! Forewarned Is Forearmed!» (¡Escuchen, líderes! ¡Hombre prevenido vale por dos!). La tabla C-1 es un registro de mi constante estudio y presentación de información sobre este tema de acabar bien. El Apéndice D contiene más hallazgos al respecto.

Tabla C-1 Artículos de investigación sobre el tema de acabar bien

TÍTULO	AÑO / PÁGINAS	DÓNDE SE ENCUENTRA	QUÉ HACE
Declaración de posicionamiento: «Listen Up Leaders!» (¡Escuchen, líderes!)	1989 / 22	www.bobbyclinton.com (página web, tienda de recursos)	Cuatro importantes observaciones encontradas: Observación 1. Pocos líderes acaban bien. Observación 2. El liderazgo es difícil. Observación 3. La presencia capacitadora de Dios es el ingrediente esencial de un liderazgo eficaz. Observación 4. El liderazgo espiritual puede cambiar la situación. Trece de los cuarenta y nueve líderes de las Escrituras de quienes se indicaba su final acababan bien. Esta fue mi primera prueba sobre acabar bien. Esto me llevó a estudiar más: • ¿Qué significa exactamente acabar bien? En otras palabras, ¿cuáles son las características de acabar bien? • ¿Cuáles son los obstáculos para acabar bien? • ¿Cuáles son las ayudas para acabar bien?
Declaración de posicionamiento: «The Mantle of the Mentor—An Exhortation to Finish Well» (El manto del mentor: una exhortación a acabar bien)	1993 / 26 páginas	www.bobbyclinton.com (página web, tienda de recursos)	Esta fue una plenaria pronunciada en 1993 en la International Foursquare Convention de Louisville, Kentucky. Utilizando como punto de partida el famoso traspaso del manto de Elías a Eliseo, esta charla exhorta a los líderes a acabar bien y a traspasar el manto de una vida bien vivida como legado a la siguiente generación de líderes. Esta charla aborda el asunto de acabar bien como líder. Ilustro la idea de que relativamente pocos líderes acaban bien con tres escenarios: algunos de los obstáculos a superar para acabar bien, algunas cosas que pueden hacerse para acabar bien y las características de un líder que acaba bien. Esta fue la primera vez que publiqué: características, obstáculos y ayudas para acabar bien.

TÍTULO	AÑO / PÁGINAS	DÓNDE SE ENCUENTRA	QUÉ HACE
Declaración de posicionamiento: «Finishing Well—The Challenge of a Lifetime» (Acabar bien: el desafío de toda una vida)	1994 / 24 páginas	www.bobbyclinton.com (página web, tienda de recursos); *Clinton's Biblical Leadership Commentary* (Comentario sobre el liderazgo bíblico de Clinton), Vol. II y otros comentarios sobre el liderazgo bíblico	Plenaria pronunciada en 1994 en un fórum de liderazgo en Estes Park, Colorado, patrocinado por Interest Ministries. Se presentaron cuatro escenarios con los casos de un obrero bivocacional, un trabajador de una organización paraeclesial para la evangelización, dos plantadores de iglesias y un pastor. Las ideas —características, ayudas y obstáculos para acabar bien— se expusieron aplicándolas a los casos. Se dio a los oyentes un impreso de aplicación que les desafiaba a valorar cómo lo estaban haciendo para acabar bien.
Artículo sobre liderazgo: «Finishing Well—Six Characteristics» (Acabar bien: seis características)	1999 / 3 páginas	www.bobbyclinton.com (página web, tienda de recursos); *Clinton's Biblical Leadership Commentary*, Vol. II	Identifica las seis características comunes a los líderes que acaban bien: una relación vibrante, una actitud de aprendizaje, carácter de Cristo, convicciones, legados y destino. Ver el Apéndice D para este escrito.
Artículo: «Finishing Well—Six Major Barriers» (Acabar bien: seis importantes obstáculos)	1999 / 2 páginas	www.bobbyclinton.com (página web, tienda de recursos); *Clinton's Biblical Leadership Commentary*, Vol. II	Identifica los seis principales obstáculos comunes en los líderes que no acaban bien: finanzas, abuso de poder, orgullo desmesurado, conducta sexual indebida, fracaso en asuntos familiares y estancamiento. Ver el Apéndice D para este escrito.
Artículo sobre liderazgo: «Finishing Well—Five Enhancements» (Acabar bien: cinco ayudas)	1999 / 3 páginas	www.bobbyclinton.com (página web, tienda de recursos); *Clinton's Biblical Leadership Commentary*, Vol. II	Identifica los cinco factores que ayudan a los líderes a acabar bien: perspectiva, renovación, disciplina, una actitud de aprendizaje y mentoría. Ver el Apéndice D para este escrito.

TRES ARTÍCULOS SOBRE ACABAR BIEN

¿Qué significa acabar bien? Ver «Finishing Well—Six Characteristics» (Acabar bien: seis características).

¿Cuáles son los obstáculos para acabar bien? Ver «Finishing Well—Six Major Barriers» (Acabar bien: seis importantes obstáculos).

¿Cuáles son las ayudas para acabar bien? Ver «Finishing Well—Five Enhancements» (Acabar bien: cinco ayudas).

Este apéndice tiene tres breves artículos que resumen mis hallazgos sobre estas tres cuestiones. Estos artículos se publicaron por primera vez en el *Clinton's Biblical Leadership Commentary* en 1999.

ACABAR BIEN: SEIS CARACTERÍSTICAS

Introducción a la investigación sobre acabar bien

En 1989, en un artículo titulado «Listen Up Leaders! Forewarned Is Forearmed!» (¡Escuchen, líderes! ¡Hombre prevenido vale por dos!), resumía mi investigación sobre líderes de la Biblia con los siguientes comentarios iniciales.

Una repetida lectura del texto bíblico con un enfoque sobre el liderazgo pone de relieve cuatro observaciones cruciales llenas de implicaciones para el liderazgo:

Observación 1. Pocos líderes acaban bien[1].

Observación 2. El liderazgo es difícil.

Observación 3. La presencia capacitadora de Dios es el ingrediente esencial de un liderazgo eficaz.
Observación 4. El liderazgo espiritual puede cambiar la situación.

Y lo que se aplica a los líderes bíblicos es igualmente cierto de los líderes históricos y contemporáneos[2]. Es la primera observación a la que habla este artículo. Descubrir el hecho de que pocos líderes acaban bien fue una advertencia que produjo un cambio radical en mí. Esto me llevó a estudiar más este asunto. ¿Por qué pocos líderes acaban bien? ¿Qué los detiene? ¿Qué les ayuda? *¿Qué significa acabar bien?* Este artículo responde esta última pregunta identificando seis características de aquellos que acaban bien.

Seis características

Un estudio comparativo de los líderes eficientes que han terminado bien su recorrido señala seis características de sus vidas. Aunque puede que haya otras características que me han pasado desapercibidas, lo cierto es que estas son importantes. No siempre aparecen las seis juntas, pero al menos varias de ellas sí aparecen en los líderes que acaban bien. Esta clase de líderes suelen reflejar al menos cuatro o cinco de tales características en sus vidas. Y algunos, como Daniel en el Antiguo Testamento y Pablo en el Nuevo, las expresan todas ellas. ¿Cuáles son estas seis características de quienes acaban bien su recorrido como líderes?

Característica 1. Mantienen una vibrante relación personal con Dios hasta el final.

Ejemplo: Daniel es el clásico líder veterotestamentario que encarna este rasgo. En el Nuevo Testamento, lo expresan claramente tanto Pedro como Pablo y Juan. Vea sus últimos escritos: el tono, el toque de Dios, la revelación de Dios y su confianza en la gracia capacitadora para sus vidas.

Característica 2. Mantienen una actitud de aprendizaje y aprenden de distintas fuentes, especialmente de la vida.

Esta característica es también uno de los factores de ayuda para acabar bien.

Ejemplo: Daniel es el clásico líder veterotestamentario que encarna este rasgo. En Daniel 9 encontramos una ilustración de alguien que al final de su vida sigue estudiando y aprendiendo de las Escrituras. Pablo y Pedro son los clásicos líderes del Nuevo Testamento con una clara actitud de aprendizaje (ver 2 Timoteo 4:13; 2 Pedro 3:18).

Característica 3. Los líderes que acaban bien manifiestan una semejanza a Cristo en carácter evidenciada por el fruto del Espíritu en sus vidas.

Ejemplo: Daniel es, de nuevo, el clásico líder del Antiguo Testamento que encarna una vida piadosa (ver referencias que resumen este rasgo de Daniel en Ezequiel 14:14, 20). En el Nuevo Testamento, observemos la prueba de la transformación del carácter en la vida de Pablo (ver 2 Timoteo 2:24; y una ilustración de ello en el libro de Filemón). Fueron hombres que, a lo largo de su vida, pasaron de tener fuertes personalidades y un estilo de liderazgo duro a mantener fuertes personalidades pero con estilos de liderazgo amables y benevolentes.

Característica 4. Viven la verdad de modo que las convicciones y promesas de Dios se perciben como reales.

Ejemplo: La declaración de Josué sobre la fidelidad y solidez de las promesas divinas en su último discurso demuestra esta característica de alguien que cree en Dios y apoya su vida en su verdad (vea Josué 23:14). Vea también el gran número de declaraciones de verdad entre paréntesis que Pablo entreteje en sus dos cartas a Timoteo. Vea, asimismo, sus famosas e impresionantes convicciones recogidas en Hechos 27:22-25.

Característica 5. Dejan tras de sí al menos una aportación decisiva. En un estudio sobre los legados de líderes eficientes que terminaron bien su trayectoria, he identificado las trece categorías siguientes de legados duraderos (tabla D-1).

Tabla D-1 Categorías de legados duraderos

CATEGORÍA	EXPLICACIÓN
1. Santo	Un modelo de vida que otros quieren imitar
2. Practicantes de estilo	Un modelo de ministerio que otros quieren imitar
3. Familia	Promueven una familia temerosa de Dios, dejando hijos que viven con Dios y que mantienen este legado piadoso
4. Mentores	Ministerio personal extenso; el producto final son vidas cambiadas
5. Oradores públicos	Ministerio público extenso; el producto final son vidas cambiadas
6. Pioneros	Inician nuevas obras para Dios; el producto final son nuevas iglesias, nuevos movimientos y nuevas obras para Dios
7. Cruzados	Aquellos que corrigen errores; el producto final es un cambio en instituciones, sociedades y otros colectivos para que reflejen justicia, equidad, imparcialidad, etcétera
8. Artistas	Aquellos que introducen formas creativas de hacer las cosas; el producto final es lo que haya sido creado y un modelo de cómo hacer las cosas de manera distinta
9. Fundadores	Una categoría especial de pioneros que inician nuevas organizaciones cristianas; el producto final es la organización
10. Estabilizadores	Aquellos que pueden trabajar en iglesias, movimientos y otras organizaciones para mejorarlas y mantenerlas vivas y consistentes; el producto final es una organización revitalizada y eficiente
11. Investigadores	Aquellos que descubren por qué las cosas suceden como suceden en los trabajos cristianos; el producto final es una comprensión de las dinámicas de cosas que pueden ayudar a otras personas en la obra cristiana
12. Escritores	Aquellos que pueden captar y expresar ideas por escrito para ayudar a otras personas en la obra cristiana; el producto final es el escrito producido
13. Promotores	Aquellos capaces de motivar a otros e inspirarlos a usar la imaginación, unirse a movimientos, etcétera; el producto final son personas comprometidas en nuevos proyectos

Ejemplos: Daniel dejó un legado como santo, mentor, escritor y estabilizador. Pablo aportó su contribución como santo, mentor, pionero, cruzado, escritor y promotor.

Naturalmente, además de estas categorías prototípicas existen también legados únicos que nos dejan también los líderes. Tales legados han de ser descritos individualmente en cada caso.

Característica 6. Viven con un creciente sentido de destino y ven su cumplimiento total o parcial.

Por *sentido de destino* me refiero a una convicción interior que surge de una o varias experiencias en las que el líder tiene una creciente percepción de que Dios tiene su mano sobre él de manera especial y para propósitos especiales.

Dios prepara a estos líderes a lo largo de toda la vida para un determinado destino, reciben dirección para llegar a él y lo van completando cada vez más. Todos los líderes bíblicos que han sido usados en gran manera por Dios han tenido un sentido de destino que, por regla general, se fue desarrollando a lo largo de toda la vida.

Ejemplos: A José le fue revelada esta percepción de destino por medio de sus sueños y su salvación de una nación en estado embrionario; a Moisés, mediante la salvación de una nación; y a Pablo, mediante su visión de llevar el evangelio a los gentiles.

Conclusión

El ejemplo veterotestamentario clásico de un líder que acaba bien su recorrido es Daniel, quien manifiesta las seis características. En el Nuevo Testamento, el ejemplo clásico, aparte de Cristo, es Pablo. Hay grados en esta experiencia de acabar bien. Algunos acaban bien pero no lo hacen con una plenitud de las seis características, o experimentan alguna de ellas con una intensidad inferior. Es probable que esta lista de características no sea completa. Es posible que otros estudiosos no estén completamente de acuerdo con ellas. En este caso, deberían, al menos, ofrecer una lista alternativa. Sin embargo, estas características son claramente evidentes en muchos líderes que han terminado bien.

ACABAR BIEN: SEIS IMPORTANTES OBSTÁCULOS

Introducción a la investigación sobre acabar bien

En 1989, en un artículo titulado «Listen Up Leaders! Forewarned Is Forearmed!», resumía mi investigación sobre los líderes de la Biblia con los siguientes comentarios iniciales.

Una repetida lectura de la Biblia con un enfoque sobre el liderazgo descubre cuatro observaciones cruciales llenas de implicaciones para el liderazgo:

Observación 1. Pocos líderes acaban bien.
Observación 2. El liderazgo es difícil.
Observación 3. La presencia capacitadora de Dios es el ingrediente esencial de un liderazgo eficaz.
Observación 4. El liderazgo espiritual puede cambiar la situación.

Y lo que se aplica a los líderes bíblicos es igualmente cierto de los líderes históricos y contemporáneos. Es la primera observación que aborda este artículo. Descubrir el hecho de que pocos líderes acaban bien fue una advertencia que produjo un cambio radical en mí. Esto me llevó a estudiar más este asunto. ¿Por qué pocos líderes acaban bien? *¿Qué los detiene?* ¿Qué significa acabar bien? ¿Qué les ayuda? Este artículo responde la segunda pregunta identificando seis importantes obstáculos para acabar bien.

Seis obstáculos para acabar bien

Un estudio comparativo de líderes eficientes que han terminado bien su trayectoria ministerial ha identificado seis barreras que son un obstáculo para este resultado. Solo se requiere una de ellas para torpedear a un líder e impedir un buen final. Pero, con frecuencia, cuando un líder falla en un área lo hará también en otras. ¿Cuáles son estos obstáculos? Podemos aprender de aquellos que no acabaron bien su trayectoria. Podemos estar en guardia contra estos obstáculos. Podemos evitarlos en nuestra vida. Proverbios 22:3 nos dice:

> El prudente se anticipa al peligro y toma precauciones. El simplón avanza a ciegas y sufre las consecuencias.

He identificado seis obstáculos que hay que salvar para acabar bien. Hemos de mirar al futuro y procurar no caer en tales obstáculos, evitando ser atrapados por ellos.

Obstáculo 1. Finanzas: su uso y abuso

Los líderes, especialmente aquellos que ocupan posiciones de poder y toman decisiones importantes sobre finanzas, tienden a seguir prácticas que pueden fomentar una gestión incorrecta de las finanzas y, finalmente, su uso erróneo. A menudo, hay trazas de avaricia arraigadas en lo profundo del carácter que, finalmente, producirán un proceder impropio en las finanzas. Muchos líderes han caído por algún asunto relacionado con el dinero.

Ejemplos bíblicos: Antiguo Testamento: efod de oro de Gedeón; Nuevo Testamento: Ananías y Safira.

Obstáculo 2. Poder: su abuso

Los líderes eficientes en el ministerio deben usar distintas bases de poder para cumplir su ministerio. Teniendo tanto acceso al poder y usándolo casi a diario, hay una tendencia a abusar de él. Los líderes que ascienden a la cima de un sistema jerárquico tienden a asumir determinados privilegios de su supuesta condición. Con frecuencia, estos privilegios incluyen algún abuso de poder y, por regla general, no tienen una responsabilidad de rendir cuentas que actúe de contrapeso.

Ejemplo bíblico: La usurpación de privilegios sacerdotales por parte de Uzías.

Obstáculo 3. Orgullo que conduce a la caída

El orgullo (inapropiado y egocéntrico) puede producir la caída de un líder. Los líderes están sujetos a una tensión dinámica que deben mantener. Aunque debemos tener un saludable respeto por nosotros mismos, debemos también reconocer que no tenemos nada que no nos haya dado Dios y que él es quien hace realmente posible el ministerio.

Ejemplo bíblico: El censo de David.

Obstáculo 4. Sexualidad: relaciones ilícitas

Las relaciones sexuales ilícitas han sido una importante causa de caída para los líderes, tanto en la Biblia como en las culturas occidentales[3]. La clásica comprobación de integridad sexual en el caso de José es el modelo ideal que los líderes deberían tener en mente.

Ejemplo bíblico: El pecado de David con Betsabé.

Obstáculo 5. Familia: asuntos cruciales

Los problemas conyugales, entre padres e hijos o entre hermanos pueden destruir el ministerio de un líder. En este sentido, se necesitan relaciones personales entre maridos y esposas, padres e hijos, y entre hermanos basadas en valores bíblicos. En nuestros días son cada vez más importantes los perfiles de base social para los solteros en el ministerio y para las parejas casadas.

Ejemplos bíblicos: La familia de David; Amnón y Tamar; venganza de Absalón.

Obstáculo 6. Estancamiento

Los líderes competentes tienden a estancarse. Su misma fortaleza se convierte en una debilidad. Pueden seguir ministrando hasta un cierto nivel sin que haya una realidad de renovación energizada por el Espíritu. La mayoría de los líderes experimentarán estancamientos varias veces durante su desarrollo a lo largo de toda la vida. Algunos de los cinco factores de ayuda para un buen final contrarrestarán este desarrollo (perspectiva, actitud de aprendizaje, mentores, disciplinas). Aquí hay una nueva tensión dinámica que debe mantenerse entre una estabilización por buenas razones (consolidar el propio crecimiento o alcanzar el nivel de potencial para el que Dios le ha creado) y el estancamiento por razones de pecaminosidad o pérdida de visión.

Ejemplo bíblico: David en la última parte de su reinado, inmediatamente antes de la revuelta de Absalón.

Conclusión

Persona prevenida vale por dos. Hay otras muchas razones por las que los líderes no acaban bien su recorrido (por lo general, todas están relacionadas en cierto modo con el pecado). Pero estas son, como mínimo, seis importantes categorías que han atrapado a muchos líderes y les han obligado a abandonar la carrera. Líderes que quieren acabar bien, ¡tengan cuidado!

ACABAR BIEN: CINCO AYUDAS

Introducción a la investigación sobre acabar bien

En 1989, en un artículo titulado «Listen Up Leaders! Forewarned Is Forearmed!», resumía mi investigación sobre los líderes de la Biblia con los siguientes comentarios iniciales.

Una repetida lectura de la Biblia con un enfoque sobre el liderazgo descubre cuatro observaciones cruciales llenas de implicaciones para el liderazgo:

Observación 1. Pocos líderes acaban bien.
Observación 2. El liderazgo es difícil.
Observación 3. La presencia capacitadora de Dios es el ingrediente esencial de un liderazgo eficaz.
Observación 4. El liderazgo espiritual puede cambiar la situación.

Y lo que sucede con los líderes bíblicos se aplica igualmente a los líderes que han vivido a lo largo de la historia y a los contemporáneos. Es la primera observación que aborda este artículo. Descubrir el hecho de que pocos líderes acaban bien fue una advertencia que produjo un cambio radical en mí. Esto me llevó a estudiar más este asunto. ¿Por qué pocos líderes acaban bien? ¿Qué los detiene? *¿Qué les ayuda?*

Cinco ayudas

En un estudio comparativo de líderes eficientes que terminaron bien se han identificado cinco elementos en común. En esta clase de líderes no siempre aparecen los cinco elementos, pero sí al menos varios de ellos. Estos líderes suelen reflejar al menos cuatro o cinco de tales características en sus vidas. ¿Cuáles son estas ayudas?

Ayuda 1. Perspectiva

Los líderes eficaces ven su ministerio actual desde una perspectiva de toda la vida[4]. Adquirimos esta perspectiva estudiando la vida de los líderes como nos manda Hebreos 13:7-8. Por mi parte, he estado haciendo un estudio intensivo de vidas de líderes durante los últimos trece años. La teoría de manifestación del liderazgo es fruto de esta investigación. Sus muchos conceptos pueden ayudarnos a entender de un modo más completo cómo moldea Dios a los líderes durante toda la vida[5].

Ayuda 2. Renovación

Los líderes que crecen experimentarán repetidamente momentos especiales de intimidad con Dios, así como desafíos, nuevas visiones de él y confirmaciones de sus cualidades humanas y de su ministerio. Estas experiencias de destino serán necesarias, apreciadas y decisivas para perseverar en un ministerio. Todos los líderes deberían buscar con expectación estos repetidos periodos de renovación. Algunas de estas experiencias pueden ser iniciadas por el líder (por lo general, mediante periodos extensos de disciplina espiritual). Pero otras proceden soberanamente de Dios. Naturalmente, podemos buscarlas y estar preparados para ellas.

La mayoría de los líderes que han sido eficientes durante toda su vida han necesitado y deseado estas experiencias de renovación de vez en cuando. Algunos de estos periodos son más cruciales que otros en términos de renovación. Al parecer, en las sociedades occidentales los líderes suelen necesitar estos importantes periodos de renovación a mediados de los treinta, principios de los cuarenta y mediados de los cincuenta. Frecuentemente, durante estos periodos cruciales de poca disciplina, hay una tendencia al estancamiento y a depender de las experiencias y habilidades pasadas, y se impone una cierta confusión sobre los logros y la nueva dirección. Estas singulares experiencias de renovación con Dios pueden vencer estas tendencias y redirigir a los líderes. Tener una actitud abierta hacia dichas vivencias, dar pasos para recibirlas y conocer su importancia para el conjunto de la vida pueden ser factores vitales para sacar provecho de la ayuda 2 y acabar bien. A veces, Dios mismo origina estas experiencias de renovación y debemos ser sensibles a su invitación. Otras veces somos nosotros quienes debemos iniciar los esfuerzos de renovación.

Ayuda 3. Disciplinas

Los líderes necesitan todo tipo de disciplinas, pero especialmente las espirituales. Actualmente hay una fuerte oleada de espiritualidad en círculos católicos y protestantes. Este movimiento, combinado con una necesidad cada vez más sentida por el gran número de fracasos ministeriales, suscita en los líderes un gran deseo de intimidad. Las disciplinas espirituales son uno de los medios para acceder a esta intimidad. Escritores como Eugene Peterson, Dallas Willard y Richard Foster están avanzando en el ámbito protestante con respecto a la espiritualidad[6]. Los líderes sin estas herramientas de liderazgo son proclives al fracaso por el pecado y el estancamiento.

Coincido con las amonestaciones de Pablo en el sentido de que la disciplina es una forma de asegurar la perseverancia en el ministerio. Cuando Pablo tenía alrededor de cincuenta años escribió a la iglesia corintia lo que parece una exhortación para sus lectores y la explicación de un importante valor de liderazgo en su vida. Hemos de tener en cuenta que había desempeñado un ministerio durante veintiún años. El apóstol seguía defendiendo una vida de intensa disciplina. Mi paráfrasis de este texto sería:

> Me tomo muy en serio acabar bien mi ministerio cristiano. Me disciplino por el temor de que, aunque he animado a otros a avanzar con paso firme en la vida cristiana, yo mismo pueda quedarme al margen. (1 Corintios 9:24-27)

La falta de disciplina física es a menudo un indicador de laxitud también en la vida espiritual. Al final de su vida, posiblemente con sesenta y cinco o setenta años, Pablo sigue abogando por la disciplina. Esta vez le escribe a Timoteo, que tiene posiblemente entre treinta y treinta y cinco años. También he hecho una paráfrasis de sus palabras:

> Ejercita tu mente en cosas piadosas. Porque, aunque el ejercicio físico es bueno, hasta cierto punto, ejercitarte en una vida piadosa tiene implicaciones a largo plazo, tanto para el presente como para el futuro. (1 Timoteo 4:7-8)

De vez en cuando, los líderes deberían evaluar su estado de disciplina. Además de las disciplinas normales de la palabra como la vida devocional y el estudio de la Biblia, recomiendo otras disciplinas como la soledad, el silencio, el ayuno, la frugalidad, la castidad y la discreción. Mis estudios de Foster y Willard me han ayudado a identificar varias disciplinas que, practicadas habitualmente, pueden formar carácter y aumentar las probabilidades de acabar bien.

Ayuda 4. Una actitud de aprendizaje

El antídoto más importante para el estancamiento es una actitud de aprendizaje bien desarrollada. Tal actitud es también una de las formas principales por las que Dios imparte visión.

Otra de las siete principales lecciones de liderazgo es que *Los líderes eficaces mantienen una actitud de aprendizaje durante toda su vida.* Suena muy simple, pero muchos líderes no lo tienen en cuenta. Dos líderes bíblicos que sin duda fueron aprendices durante toda su vida y encarnaron este principio son Daniel y Pablo. Notemos cómo observó Daniel este principio. En el capítulo 9 de su libro, cuando es ya un hombre considerablemente mayor, descubrimos que Daniel seguía estudiando la Biblia y aprendiendo cosas nuevas de dicho estudio. Y estaba atento a lo que Dios quería hacer por medio de lo que aprendía. Por ello, Daniel pudo interceder por su pueblo y ser receptor de una de las grandes revelaciones mesiánicas. Los comentarios finales de Pablo a Timoteo en su segunda epístola muestran que este seguía aprendiendo: «Y cuando vengas, ¡no te olvides de los libros, Timoteo!» (2 Timoteo 4:13, paráfrasis mía).

Tenemos acceso a muchos eventos de formación no formales como talleres, seminarios y conferencias que cubren una serie de capacidades de aprendizaje. ¡Aprovéchelos! Una buena actitud de aprendizaje es un seguro contra el estancamiento y un útil estímulo en el camino para perseverar en el liderazgo. Un espíritu inflexible en cuanto al aprendizaje es un precursor casi seguro para acabar regular o mal.

Ayuda 5. Mentores

Un estudio comparativo de muchas vidas de líderes indica la frecuencia con la que otras personas jugaron un papel importante para animarlos a entrar en el liderazgo y para darles consejos y ayuda oportunos para que se mantuvieran en él. Los líderes eficientes y que acaban bien su trayectoria suelen tener entre diez y quince personas importantes que estuvieron a su lado en algún momento para ayudarles. El movimiento de la mentoría está en auge tanto en círculos cristianos como seculares.

La idea general de mentoría conlleva un proceso de empoderamiento relacional en el que alguien (el mentor) que sabe algo (sabiduría, consejo, información, apoyo emocional, protección y recursos) lo traslada a alguien que lo necesita (el protegido o pupilo) en un momento sensible, de modo que tiene un impacto en el desarrollo de la persona. La dinámica esencial de la mentoría incluye atracción, relación, respuesta, rendición de cuentas y empoderamiento. Mis observaciones acerca de la mentoría sugieren que, muy probablemente, todos los líderes necesitarán un mentor en todo momento a lo largo de su vida de liderazgo. La mentoría es factible si se buscan funciones específicas y personas que puedan desempeñarlas (en lugar de buscar un mentor ideal que pueda hacerlo todo). Dios proveerá el mentor que necesita en una determinada área de necesidad si confía en él y está dispuesto a someterse y aceptar responsabilidad.

Dicho sencillamente, una sugerencia final para poder acabar bien su trayectoria es encontrar un mentor que le haga responsable de su vida espiritual y de su ministerio, y que pueda advertirle y aconsejarle para que usted pueda evitar los peligros y seguir creciendo durante toda su vida de ministerio.

Conclusión

Los líderes tienen que querer acabar bien. Siempre que doy esta advertencia: «Pocos líderes acaban bien» y hago esta pregunta: «¿Quieren acabar bien?», obtengo una respuesta abrumadora. «¡Sí, sí!», suelen decir los líderes. «Entonces presten atención a estos cinco factores», les digo yo. Den pasos de forma proactiva para que estos factores sean operativos en su vida. ¡Acaben bien!

NOTAS

Prefacio

1. La Escuela de Misión Mundial, hoy llamada Escuela de Estudios Interculturales (SIS, por sus siglas en inglés), forma parte del Seminario Teológico Fuller. El curso ML530, que trata sobre «Patrones de manifestación del liderazgo», es uno de varios cursos de concentración de liderazgo. Esta concentración trata de la teoría de liderazgo y abarca la selección, formación, currículum, dinámicas organizativas e investigación del liderazgo. Cuando se escribió este libro, había estado investigando y enseñando sobre liderazgo durante seis años. En el momento de esta revisión, estoy retirado después de treinta años de investigar y enseñar sobre liderazgo en Fuller. Una buena parte de lo que he escrito sobre mi investigación está disponible en mi página web: www.bobbyclinton.com. Ver la tienda de recursos.
2. Son estudios de casos individuales que tratan de líderes específicos. Estos usan los patrones y procesos que hemos comentado en este libro como perspectivas para estimular el descubrimiento de la actividad formativa de Dios en estas vidas. La inmensa mayoría de estos estudios son de líderes contemporáneos. Aunque son una minoría, un cierto número de líderes de muchas culturas dan validez a la idea de que la teoría de la manifestación del liderazgo, tal como se presenta en este libro, se aplica a líderes de otras culturas. Hay también algunos estudios que dan validez a las actividades formativas de Dios de mujeres líderes.
3. Mi definición es más compleja de lo que he indicado. En un curso introductorio a la teoría de liderazgo, defino el liderazgo como un proceso dinámico durante un extenso periodo de tiempo en el que un líder (empleando recursos de liderazgo y mediante determinados comportamientos de liderazgo) influye en los pensamientos y actividades de sus seguidores para lograr la consecución de objetivos (que suelen ser mutuamente beneficiosos para líderes y seguidores, y el macrocontexto del que forman parte). Defino un líder bíblico como una persona con una capacidad y responsabilidad otorgadas por Dios para influenciar a un determinado grupo del pueblo de Dios hacia sus propósitos para el grupo. Algo especialmente importante es que los líderes, tal y como se definen en este libro, son aquellos que rendirán cuenta de su liderazgo (ver Hebreos 13:17).

   Obsérvese que la definición abarca tanto a hombres como a mujeres. A lo largo del libro uso frecuentemente pronombres masculinos cuando describo algún aspecto del liderazgo. Uso tales pronombres de forma genérica para aludir a seres humanos en general. Lamentablemente, el español, a diferencia del criollo haitiano, no tiene un pronombre inclusivo que signifique él y ella a la vez.

4. En la concentración de liderazgo en la Escuela de Estudios Interculturales, vemos cinco niveles de liderazgo a lo largo de una escala en que identificamos cinco tipos: A, B, C, D y E. Dos umbrales nos ayudan a distinguir puntos dentro de la escala. El umbral 1 es el punto que distingue a los líderes cristianos de plena dedicación y con un sostenimiento completo de aquellos que no tienen un sostenimiento completo. El umbral 2 es el punto de la escala que distingue a los líderes cristianos con un sostenimiento completo y que tienen funciones ministeriales directas (predicación, enseñanza, evangelización) de aquellos que tienen funciones indirectas (dirección, formación, establecimiento de estrategias, etcétera). Los líderes de los tipos A y B no han franqueado el umbral 1. No tienen un ministerio de plena dedicación y participan principalmente en ministerios locales directos. Los líderes del tipo C han cruzado el umbral 1 pero no el 2. Llevan a cabo principalmente funciones ministeriales directas. Los líderes de tipo D y E han franqueado el umbral 2. Están principalmente implicados en ministerios indirectos, aunque de vez en cuando participan también en ministerios directos.
5. En este libro he sido selectivo y no he abordado todos los procesos y patrones. En este trabajo trato cuatro fases del desarrollo del calendario general que defino en el capítulo 2. Estas fases son comunes a los líderes de tipo A, B, C, D y E. Por otra parte, me centro en aquellos elementos de proceso que son comunes en todos los niveles de liderazgo. Sobre los líderes de tipo C, D y E, hay otro material disponible. Hay otros elementos de proceso aparte de los que aparecen en los capítulos 3, 4, 5, 6 y 7 de este libro. Estos otros conceptos se tratan en el manual titulado *Leadership Emergence Theory* [Teoría de la manifestación del liderazgo], disponible en PDF en la tienda de recursos de mi página web, www.bobbyclinton.com, o en formato impreso en la librería del Seminario Teológico Fuller. Aunque la mayoría de los casos investigados tratan de dirigentes cristianos de plena dedicación y con sostenimiento completo, debería observarse que en anteriores etapas de su desarrollo no eran «obreros cristianos de plena dedicación con el 100% del sueldo». Estas actividades de formación se aplicarán a líderes emergentes más jóvenes, se conviertan o no en obreros de plena dedicación y salario. Los hallazgos de este libro se aplican tanto a dirigentes laicos como a obreros cristianos de plena dedicación.
6. La formación del carácter es de especial interés para el liderazgo cristiano. En la Escuela de Estudios Interculturales, el término *formación espiritual* se utiliza en la concentración de liderazgo para designar el proceso de transformación por el que se desarrolla el carácter interior de un líder. Se define como el desarrollo de la vida interior de una persona de Dios de modo que dicha persona experimenta más de Dios, refleja más características de su carácter en su personalidad y en las relaciones personales de cada día y conoce cada vez más el poder y presencia de Dios en su ministerio. Esta debería ser la esencia de cualquier desarrollo o formación. También abordamos otras dos formaciones: la formación ministerial (formación que lleva a una persona a desarrollar un ministerio efectivo) y formación estratégica (guía hacia la aportación final que se centra en los propósitos de Dios para la vida del líder). Ver mi manual *Strategic Concepts—Clarifying and Living a Focused Life* [Conceptos estratégicos: Aclarando y viviendo una vida enfocada], disponible en la tienda de recursos de mi página web.

Introducción: ¿A quién están dirigidas estas lecciones?

1. Este libro trata en profundidad la doble confirmación (capítulo 6); sin embargo, los otros tres conceptos solo se mencionan brevemente en varias porciones del libro. La doble confirmación es una de las actividades de formación agrupadas bajo la *guía de certidumbre*. Quienes deseen considerar un estudio en profundidad sobre la guía, ver la declaración de posicionamiento en PDF «Various Inputs on Guidance—A Compendium» [Varios comentarios sobre la guía: un compendio], disponible en la tienda de recursos de mi página web.
2. Una vida enfocada se define como una vida dedicada exclusivamente a llevar a cabo los singulares propósitos de Dios por medio de ella, identificando las cuestiones focales: el *propósito de vida, metodología eficiente, papel fundamental* y *aportación decisiva*, lo que permite una *creciente priorización* de las actividades de vida alrededor de los asuntos y resultados focales en una *vida satisfactoria* de ser y hacer. Cuando hablamos de aportación decisiva nos referimos al cumplimiento de los propósitos de vida. Ver mi manual *Strategic Concepts That Clarify a Focused Life* [Conceptos estratégicos que clarifican una vida enfocada], disponible en la tienda de recursos de mi página web, donde dedico todo un capítulo a la aportación decisiva.
3. El *conjunto de aptitudes* describe los elementos con capacidad de influencia de un líder. Este conjunto abarca los dones espirituales, las capacidades naturales y las habilidades adquiridas.
4. Un *elemento focal* de un conjunto de aptitudes es el elemento de influencia dominante, sean dones espirituales, capacidades naturales o habilidades adquiridas, que domina los esfuerzos ministeriales de un líder. En el caso de algunos líderes, los dones espirituales dominarán sus ministerios; en otros casos, el elemento dominante serán las capacidades naturales o las habilidades adquiridas.
5. La formación *antes del servicio* alude a aquella formación que se imparte al líder antes de su uso en las situaciones reales del ministerio de plena dedicación. Es una formación que se espera le prepare para el futuro, no el presente. Hay un índice bastante significativo de abandono entre líderes que reciben esta formación después de cuatro o cinco años de ministerio. Ver mi manual *Leadership Training Models* [Modelos de formación de liderazgo], que describe la formación sin servicio, antes del servicio, en servicio y en servicio interrumpido. La formación en el servicio interrumpido es, posiblemente, la más eficiente.
6. Los líderes principales de esta organización eran hombres. Estos mantenían una idea muy limitada del liderazgo femenino. Las mujeres podían ministrar en la enseñanza y la evangelización a los niños, pero no podían ejercer liderazgo sobre los hombres adultos. La organización no tenía roles de liderazgo de nivel intermedio (ni para hombres ni para mujeres). Sus líderes principales formaban un pequeño equipo de personal que gestionaba detalles administrativos como salarios y beneficios. La mayoría de los miembros de la organización llevaban a cabo ministerios de base como Mary. Ver mi comentario sobre liderazgo *1 and 2 Timothy: Apostolic Leadership, Picking Up the Mantle* [1 y 2 Timoteo: liderazgo apostólico, recogiendo el manto], donde abordo el concepto de género y dones de

liderazgo en un artículo titulado «Gender and Leadership» [Género y liderazgo]. Mi postura es que las mujeres pueden tener ciertamente dones de liderazgo. Ver también las cinco estructuras organizativas esenciales de Henry Mintzberg que se describen en su libro, *Structure in Fives: Designing Effective Organizations*, publicado en español como *Diseño de organizaciones eficientes* (Buenos Aires: El Ateneo, 2001), que describe las estructuras que necesitaba esta misión. Las cinco estructuras de Mintzberg son: vértice estratégico (hecha parcialmente); línea intermedia (ausente); núcleo operativo (del que Mary formaba parte); estructura técnica (ausente); y personal auxiliar (hecha parcialmente). Mary debería haber sido trasladada a la línea intermedia, donde habría podido desarrollar a otros empleados del núcleo operativo para que hicieran lo que ella había aprendido a hacer.

7. Un liderazgo organizativo eficiente da forma a los roles para que enriquezcan los factores de convergencia (aptitudes, experiencia, madurez espiritual, ubicación geográfica, mezcla de influencias eficiente). Al hacer esto, satisfarán mejor las necesidades de desarrollo personal y de las funciones organizativas. En los términos más sencillos, convergencia significa un tiempo de máxima productividad ministerial. Los roles de convergencia no solo liberan a los líderes de ministerios para los que no están preparados o dotados, sino que también ponen en marcha lo mejor que el líder tiene que ofrecer. Durante este periodo, la maduración ministerial y la maduración de la vida llegan a su punto álgido. La organización no tiene la estructura —una línea intermedia— que Mary necesita para ampliar su papel.
8. Analizo concretamente la toma de decisiones relativas a las necesidades organizativas y personales, en un artículo titulado «Leading with a Developmental Bias» [Dirigir con un sesgo del desarrollo], disponible en la tienda de recursos de mi página web.
9. En el capítulo 8 sugeriré que, como un esfuerzo inicial en filosofía ministerial, los líderes tienen que identificar algunos importantes valores de liderazgo. Tales valores pueden trasladárselos rápidamente a los líderes emergentes. Estoy convencido de que el pastor Jeff tiene muchos valores de liderazgo importantes y valiosos que serían de ayuda para un líder emergente joven. Más adelante hablaré más sobre este asunto. Es algo que yo mismo he practicado. He plasmado varios de los valores de liderazgo que quiero transmitir en una importante declaración de posicionamiento titulada «Passing On My Heritage» [Transmitir mi legado]. Ver la tienda de recursos de mi página web, donde este artículo está disponible.
10. Ver mi manual de 457 páginas *Leadership Emergence Theory: A Self-Study Manual for Analyzing the Development of a Christian Leader* [Teoría de la manifestación del liderazgo: un manual autodidacta para analizar el desarrollo del líder cristiano], disponible en la tienda de recursos de mi página web.

Capítulo 1: Una carta a Dan, el pasante

1. Este programa de prácticas es un modelo de formación especializada que ofrece una formación dirigida en una experiencia práctica con particular atención a la formación espiritual, actividad práctica y una reflexión dinámica y permanente. Se asume que el pasante tiene una enseñanza previa y que desea, por tanto,

añadir un aprendizaje experiencial. Este aprendizaje experiencial está dirigido por el supervisor, que debe procurar que se produzca la formación espiritual, las actividades prácticas de servicio y una reflexión dinámica. Ver mi manual de autoestudio *Leadership Training Models* [Modelos de formación de liderazgo], disponible en la tienda de recursos de mi página web. Ver especialmente el capítulo 8, que contiene una detallada explicación del modelo del programa y sus ocho puntos esenciales.

2. El papel de la supervisión es crucial para el éxito de un programa de prácticas. En la mayoría de estos programas debería haber formación en cuatro niveles: para los supervisores (antes de la formación), para los estudiantes en prácticas, para quienes administran el programa y para aquellos que forman el contexto en que trabajarán los estudiantes en prácticas. En este caso, el supervisor (una persona extraordinariamente atareada para quien este programa de prácticas era una prioridad muy baja) no estaba a la altura de lo requerido. Ver mi manual *Leadership Training Models* [Modelos de formación de liderazgo], capítulo 8, página 129, esencial 3, donde enumero siete capacidades obligatorias para un supervisor.
3. *Mezcla de dones* es una expresión acuñada por el Dr. C. Peter Wagner —un teórico del crecimiento eclesial— en su libro *Your Spiritual Gifts Can Help Your Church Grow*. Publicado en español como *Sus dones espirituales pueden ayudar a crecer a su iglesia* (Terrassa: Clie, 1989). Wagner describe el conjunto de dones espirituales que un líder demuestra en su ministerio. Por lo general, los líderes demuestran más de un don espiritual en sus ministerios. Lo que quiero decir con esto es que la identificación de rasgos de personalidad o capacidades naturales en los líderes que han manifestado dones conocidos sugiere que existe quizás una correlación entre ciertos rasgos de personalidad y ciertas clases de dones. Esto es lo que intento presentar en el libro *Unlocking Your Giftedness: What Leaders Need to Know to Develop Themselves and Others* [Liberar sus aptitudes: lo que los líderes tienen que saber para desarrollarse a sí mismos y a otros]. Las capacidades naturales pueden reflejarse en un don espiritual; es decir, un don espiritual puede relacionarse o basarse en una capacidad natural previamente reconocida. El Espíritu Santo libera el don en el individuo de tal manera que su capacidad natural es transformada por el poder del Espíritu.
4. *Formación informal* es un término técnico tomado de la teoría de modelos de formación de liderazgo. La formación puede categorizarse bajo tres encabezamientos generales: formal, no formal e informal. Los modelos de formación informal se definen como aquellos modelos no programáticos que usan deliberadamente las actividades de la vida para concluir la formación. Ver el capítulo 9 de mi manual *Leadership Training Models* [Modelos de formación de liderazgo], que trata de la formación informal.
5. *Imitación de modelos* es un término técnico tomado de la teoría de modelos de formación de liderazgo que suele referirse a los modelos de formación informales en los que la persona aprende, principalmente, observando a un modelo e imitando habilidades, valores y actitudes.
6. La expresión *aprendizaje informal* alude a aquella categoría del modelo de formación informal y mediante prácticas donde el maestro imparte actitudes, conocimiento y

habilidades a un alumno, llamado aprendiz, en el contexto de un ministerio real. En una instrucción informal como aprendiz, puede que el aprendizaje no sea directo o se dé en un marco de rendición de cuentas como en el caso de la instrucción formal. Ver el capítulo 9 de mi manual *Leadership Training Models* [Modelos de formación de liderazgo], que aborda este modelo de formación informal.

7. *Mentoría* alude a un modelo de formación informal y de perfil bajo en el que una persona con una actitud servicial, generosa y alentadora, el mentor, ve potencial para el liderazgo en una persona que todavía no se ha desarrollado como tal, el protegido o pupilo, y es capaz de estimularla o influenciarla de forma significativa en el desarrollo efectivo de su potencial. Según mi propia observación, he hecho una lista de las ocho principales formas en que los mentores ayudan a sus protegidos. Esta carta es un ejemplo de mentoría. Yo estaba realizando una tarea de mentoría con Dan. En *Connecting: The Mentoring Relationships You Need to Succeed* [Conectar: las relaciones de mentoría que necesita para tener éxito en la vida], Paul Stanley y yo tratamos la cuestión de la mentoría en lenguaje popular. Ver también *The Mentor Handbook: Detailed Guidelines and Helps for Christian Mentors and Mentorees* [Manual del mentor: directrices y ayudas detalladas para los mentores y protegidos cristianos], que he escrito con mi hijo, el Dr. Richard Clinton (disponible en la tienda de recursos de mi página web).
8. *Formación formal*, una de las tres categorías principales de los modelos de formación, es la que se produce en las instituciones establecidas para ofrecer una educación programática con titulación u otros incentivos reconocidos para su terminación. Ver el capítulo 7 de mi manual *Leadership Training Models* [Modelos de formación de liderazgo], que aborda los modelos especialmente centralizados.
9. Los *proyectos de crecimiento autodidactas* forman parte de la formación informal con baja rendición de cuentas. Los proyectos de crecimiento se definen como planes de aprendizaje autodirigidos donde un alumno adulto se siente motivado para aprender algo y lo hace mediante actividades de aprendizaje que llevan a una meta prestablecida y realista. Ver el capítulo 9, página 149, de mi manual *Leadership Training Models* [Modelos de formación de liderazgo], donde defino un proyecto de crecimiento.
10. La *formación no formal*, otra de las tres principales categorías de modelos de formación, alude a una formación organizada, no programática y funcional que tiene como producto final una serie de habilidades y conocimientos que pueden aplicarse inmediatamente a objetivos ministeriales prácticos. Ver el capítulo 8 de mi manual *Leadership Training Models* [Modelos de formación de liderazgo], donde describo minuciosamente y diferencio entre dos populares modelos de formación no formales: los seminarios y los talleres. También describo las conferencias, asambleas y congresos, señalando sus similitudes y diferencias.
11. Ver el capítulo 11 titulado «Development Toward What?» [¿Desarrollo hacia qué?] en el libro *Unlocking Your Giftedness* [Liberando sus aptitudes], donde en la introducción doy una tabla con seis distinciones entre el fruto del Espíritu y los dones del Espíritu.
12. Aunque en esta carta defino la *comprobación de integridad* de forma breve, en el

capítulo 3, titulado «Lecciones fundamentales», doy una explicación mucho más detallada de cómo Dios la utiliza.

13. *Esfera de influencia* es una expresión técnica usada en la teoría de la manifestación del liderazgo para aludir a las personas influenciadas por un líder y por las que dicho líder dará cuentas a Dios.
14. Ver Isobel Kuhn, *Green Leaf in Drought* (Singapur: Overseas Missionary Fellowship, 1981). Publicado en español como *Una hoja verde en tiempo de sequía* (Grand Rapids, MI: Publicaciones Portavoz Evangélico, 1987). Es una biografía de una misionera de la Overseas Missionary Fellowship, y está llena de elementos de proceso. A estos cuatro principios se les llama «La fórmula de prueba» de Andrew Murray y surgen de su sermón titulado «Anclas que hay que arrojar en tiempo de prueba», basado en Hechos 27:28-29 (ver página 70 del libro de Kuhn).
15. Ver Miles J. Stanford, *Principles of Spiritual Growth* [Principios de crecimiento espiritual] (Grand Rapids, MI: Zondervan, 1975), que se publicó en un principio como *The Green Letters* [Las cartas verdes]. Más adelante el programa de radio *Back to the Bible* [Volvamos a la Biblia] lo imprimió en forma de folleto como *Principles of Spiritual Growth* [Principios de crecimiento espiritual].
16. Aquí está la cita: «Un estudiante preguntó al presidente de su escuela si podía tomar un curso más corto que el obligatorio. "Sí, claro", respondió el presidente, "pero eso depende de quién quieras ser. Cuando Dios quiere hacer un roble, dedica cien años, pero cuando quiere hacer un calabacín, lo hace en seis meses"» (Stanford, 6–7).
17. Sería negligente si no mencionara uno de los mejores recursos sobre el aislamiento. Shelley G. Trebesch, una de mis estudiantes de doctorado en Fuller, escribió un folleto titulado *Isolation: A Place of Transformation in the Life of a Leader* [Aislamiento: un lugar de transformación en la vida de un líder]. Este pequeño manual vale su peso en oro. Casi todos los líderes, en uno u otro momento, tendrán que afrontar el apartamiento del ministerio: la idea esencial del aislamiento. Este folleto muestra lo que experimentan los líderes cuando se les retira del ministerio por razones de enfermedad, persecución, disciplina, crisis, etcétera, o cuando lo hacen por propia decisión. Este manual aporta patrones y actitudes correctas para afrontar estas experiencias durante el desarrollo de los líderes hacia la madurez en su liderazgo. El aislamiento es uno de los elementos de proceso profundos para el que todos los líderes deberían estar preparados. Este manual ha sido un superventas y se ha utilizado como un texto auxiliar muy importante en cursos relativos al desarrollo a lo largo de toda la vida. Describe el que sea posiblemente el procedimiento profundo más común que experimentan los líderes. Está disponible en la librería del Seminario Teológico Fuller.

Capítulo 2: La base de las lecciones: El panorama general

1. He estudiado varios de los escritos de A. W. Tozer. Los más útiles para mí personalmente fueron *The Knowledge of the Holy: The Attributes of God: Their Meaning in the Christian Life* [El conocimiento del Santo: los atributos de Dios: su significado en la vida cristiana] y *The Pursuit of God*, publicado en español como

La búsqueda de Dios (Chicago: The Moody Bible Institute, 1977). Estudié también *A. W. Tozer: A Twentieth Century Prophet* [A. W. Tozer: un profeta del siglo XX], de David James Fant Jr., cuando hice mi estudio de manifestación del liderazgo de la vida de Tozer.

2. Mi principal fuente para el estudio de la manifestación del liderazgo de la vida de Dawson Trotman fue el libro de Betty Lee Skinner *Daws: The Story of Dawson Trotman, Founder of The Navigators* [Daws: la historia de Dawson Trotman, fundador de Los Navegantes] (Grand Rapids, MI: Zondervan, 1974).
3. Mi formación inicial en el discipulado, trabajando todavía como ingeniero eléctrico con Bell Telephone Laboratories, fue en la línea de Los Navegantes. Un grupo de contactos de Los Navegantes trabajaban en la base aérea de Lockbourne, en las afueras de Columbus, Ohio. Seguí su sistema temático de memorización y leí y escuché *Born to Reproduce* [Nacido para reproducirse] y *The Need of the Hour* [La necesidad del momento]. En aquellos primeros años de formación, interioricé la ilustración de la mano que habla de una ingesta equilibrada de la Palabra y lo esencial de la ilustración de la rueda. Mi comunión con Los Navegantes se hizo más amplia en Lake Wawasee, Indiana, donde hacíamos un viaje anual para reunirnos con los demás de la región de Great Lakes, en aquel entonces bajo los auspicios de Jack Mayhall. He mantenido el contacto con Los Navegantes a lo largo de los años.
4. He leído con provecho casi todos los escritos de Watchman Nee. *The Normal Christian Life*, publicado en español como *La vida cristiana normal* (Grand Rapids, MI: Kregel, 1992) me ha sido de gran ayuda, especialmente con las ilustraciones, en mi ministerio sobre la vida de unión (con Cristo). Aunque no siempre estoy de acuerdo con la exégesis de Nee, sigo admirando el tono de su vida. He estudiado repetidamente *Against the Tide: The Story of Watchman Nee* [Contracorriente: la historia de Watchman Nee], la biografía de Nee de Angus Kinnear. Fue la fuente principal para mi análisis de la manifestación del liderazgo de Watchman Nee.
5. *Vida de unión* es una frase que empleo para referirme tanto al hecho de la realidad espiritual de un creyente unido en espíritu con el Cristo resucitado como al proceso de vivencia de esa unión. A otras variaciones de esta doctrina se les ha dado nombres como la vida canjeada, la vida más profunda, la vida victoriosa y la vida cristiana normal. En nuestros días hay un movimiento cuyo órgano de expresión es la revista *Union Life*, que también pretende exponer esta verdad. Aunque coincido con su propósito principal y sus inspiradores relatos, no siempre estoy de acuerdo con sus enseñanzas. La vida de unión es uno de los factores cruciales que cuaja en la fase V de convergencia. Tengo un importante artículo de liderazgo sobre la vida de unión en varios de mis comentarios de liderazgo bíblico del Nuevo Testamento (especialmente en el de Filipenses, que contrasta la enseñanza del hemisferio derecho de Pablo, encarnando siete características de la vida de unión, y su enseñanza del hemisferio izquierdo sobre este tema, desarrollada de forma lógica en el libro de Romanos).
6. La *autoridad espiritual* capacita a un líder para influenciar a sus seguidores mediante la persuasión, el ejemplo y la competencia moral. En pocas palabras, la autoridad delegada por Dios es fundamental para la influencia de los líderes en sus

seguidores. Defino autoridad espiritual de dos formas: en relación con su esencia y en relación con su origen, es decir, cómo se consigue. Por lo que respecta a su esencia, la autoridad espiritual es el derecho a influenciar que le dan a un líder sus seguidores, por su percepción de espiritualidad en dicho líder. La autoridad espiritual puede también describirse en términos de cómo se consigue. En este sentido, la autoridad espiritual es aquella característica de un líder ungido por Dios, desarrollada sobre una base de poder experiencial (aptitudes, carácter, experiencias profundas con Dios), que le permite influenciar a sus seguidores mediante la persuasión, la fuerza del ejemplo y la competencia moral. Tengo un artículo de liderazgo en mis comentarios de liderazgo bíblico del Nuevo Testamento titulado «Spiritual Authority: Six Characteristics» [Autoridad espiritual: seis características]. Ver especialmente mi comentario sobre Filemón, que muestra la forma tan cuidadosa con que Pablo utiliza la autoridad espiritual.

7. La esencia del liderazgo es la influencia. Cuando hablo de *base de poder* aludo generalmente a la credibilidad o la fuente de la que un líder deriva su autoridad para influenciar a sus seguidores.
8. En mis comentarios bíblicos de liderazgo, especialmente *Habakkuk—Hope for a Leader in Troubled Times* [Habacuc: esperanza para el líder en días difíciles], *Jonah—Seeing God's Perspective* [Jonás: viendo la perspectiva de Dios] y *1, 2 Samuel* [1 y 2 Samuel], cito un artículo especial de liderazgo titulado «God's Shaping Activities» [Actividades divinas de formación], en que evalúo los distintos elementos procesales que aparecen en la actividad de formación. Esta evaluación la he hecho en el caso de Habacuc, Jonás, David, Saúl, Samuel y otros personajes en los libros de 1 y 2 Samuel. Al hacer esto, estoy demostrando que los conceptos de la teoría de manifestación del liderazgo son bíblicos.
9. Warren Wiersbe, «Principles» [Principios], *Leadership* 1, no. 1 (invierno de 1980): 80.
10. Aquí estoy dando una secuencia simplificada. En los casos de estudio de la manifestación de liderazgo formal, hacemos una tabla con una perspectiva general que tiene la cronología a lo largo del eje horizontal. El eje vertical que sigue el margen izquierdo del papel está dividido en categorías que permiten una información detallada sobre el proceso de Dios que ha de consignarse.
11. Con esto digo implícitamente que si dos personas formadas en los métodos de la teoría de manifestación del liderazgo realizaran estudios independientes del mismo líder, posiblemente no estarían totalmente de acuerdo en la identificación de las fases y subfases del desarrollo. Pero, aun así, sus perspectivas distintas serían útiles para ver procesos y principios de liderazgo en el desarrollo del líder.
12. Esta ventaja retroactiva se ve muy clara en las vidas de José y Jefté en el Antiguo Testamento y de Bernabé y Pablo en el Nuevo.
13. Wiersbe ha captado el espíritu de lo que estoy intentando decir sobre el impacto total de la tarea de desarrollo de Dios para estas tres primeras fases. Quiero referirme a su cita, que incluye también las percepciones de Phillips Brook: «Dios desarrolla a un obrero y, después, lo usa para hacer un trabajo. Phillips Brooks tenía razón cuando definía la preparación para el ministerio como "nada menos que la formación de un hombre" (o de una mujer; Brooks estaría de acuerdo con

esto). Sea cual sea la clase de ministerio que Dios nos encomiende —predicación, enseñanza, consejería, supervisión, ánimo— nunca podremos dar a los demás lo que nosotros no tenemos. Ignorar el carácter es abandonar el fundamento del ministerio» (Wiersbe, 80).

14. El concepto de *convergencia* es significativo y complejo. Hemos identificado unos once factores que pueden converger. La convergencia que se describe en la fase V es absoluta: convergen un gran número de factores. Algunos aspectos de convergencia van apareciendo en otras fases en una miniconvergencia.
15. Las organizaciones sitúan a menudo a personas en roles que no utilizan sus dones dominantes, importantes experiencias o características de personalidad.
16. Aparentemente, «muertes prematuras» como la de Trotman, al menos considerado desde la perspectiva humana, serían un claro ejemplo de esto. El encarcelamiento de Watchman Nee sería otro. Esta clase de acontecimientos deben considerarse desde la óptica de la providencia de Dios. Los propósitos de Dios en este tipo de procesos son mucho más importantes de lo que habría sido cualquier convergencia o ministerio finalmente satisfactorio.
17. Es una gran alegría ver a un líder en la fase de satisfacción final. He conocido a dos líderes en esta situación: Elmer Thompson, fundador de la West Indies Mission, ahora llamada World Team; y Donald McGavran, padre del movimiento de crecimiento de la iglesia. He observado las fases de satisfacción final de estos hombres y he observado su influencia. He sacado grandes beneficios de este privilegio.
18. Mis últimos diez años han sido un estudio especializado de los líderes que acaban bien. Mis hallazgos están en el manual *Strategic Concepts That Clarify a Focused Life* [Conceptos estratégicos que clarifican una vida enfocada]. En este manual, identifico tareas del desarrollo que forman parte de la fase de satisfacción final. Detallo numerosas observaciones y sugerencias sobre lo que los líderes tienen que hacer en esta fase del ministerio.
19. La obra de Daniel Levinson *The Seasons of a Man's Life* [Las estaciones de la vida de un hombre], publicado por Ballantine en 1978, es un libro revelador que me ha sido útil en mi investigación sobre el desarrollo del liderazgo. Levinson procura identificar las fases del desarrollo en varones adultos, utilizando como base teórica la psicología y otras ciencias sociales relacionadas. Levinston construye su trabajo sobre obras anteriores de Freud y Jung. He encontrado en el trabajo de Levinson muchas similitudes con el mío. Esto me ha dado una confirmación externa de mi acercamiento a los estudios del desarrollo de liderazgo. Levinson utiliza un acercamiento de edad / grado a los límites, mientras que yo utilizo elementos limítrofes específicos. Yo también intento categorizar los elementos de proceso, mientras que él los describe de forma específica. Estoy estudiando los cambios en la esfera de influencia porque me estoy concentrando en los líderes, mientras que Levinson busca en el ámbito de los varones adultos en general. Por último, yo no busco un mero desarrollo interior fruto de un crecimiento psicológico o debido externamente a las influencias sociales, sino el desarrollo divino hacia el liderazgo.
20. He resumido estos elementos de proceso a partir de información registrada por Skinner en su relato de la vida de Trotman. Ver páginas 31–32. Obsérvese que uso palabras como *comprobación* y *prueba* para describir estos desafíos. Una prueba o

comprobación se produce después de una convicción, para examinar o comprobar la sinceridad de dicha convicción.

21. Skinner, 70.
22. Skinner, 70.
23. Skinner, 75–76.
24. La reproducción por suma es aquella en que una persona se esfuerza por llevar a tantas personas como pueda al Señor. La reproducción por multiplicación es aquella en que una persona se esfuerza por llevar a una persona al Señor para después desarrollar en ella el corazón y las capacidades para llevar a otros al Señor y luego formarles a ellos para repetir el mismo proceso. Si este patrón continúa, se produce una progresión geométrica que se multiplica rápidamente.
25. Mis convicciones sobre este asunto proceden de mi comprensión de un líder bíblico como una persona con una capacidad y responsabilidad otorgadas por Dios para influenciar a un determinado grupo del pueblo de Dios hacia sus propósitos para el grupo y de mi estudio bíblico sobre los dones espirituales y la responsabilidad de rendir cuentas de los líderes. Analizo este punto con mucho más detalle en el capítulo 9, cuando expongo el primer desafío.
26. La esfera de influencia alude a la totalidad de personas influenciadas por un líder y por las que este dará cuentas a Dios. La totalidad de las personas puede refinarse más concretándose en aquellos individuos o grupos de personas directamente influenciados por un líder y por quienes este tiene una responsabilidad directa y aquellos que son influenciados de manera indirecta por él. En la teoría de la manifestación del liderazgo, uso tres categorías principales para describir las áreas en que se mide la esfera de influencia: influencia directa y personal, influencia organizativa e influencia indirecta.

Capítulo 3: Lecciones fundamentales: Procesos de crecimiento de vida interior

1. Warren Wiersbe, «Principles» [Principios], *Leadership* 1, no. 1 (invierno de 1980): 81–82.
2. Un líder bíblico es una persona con una capacidad y responsabilidad otorgadas por Dios para influenciar a un determinado grupo del pueblo de Dios hacia sus propósitos para el grupo. Este capítulo identifica los procesos de *prueba* que aluden a los dos primeros conceptos de «capacidad» y «responsabilidad». Los capítulos 4 y 5 identifican aquellos procesos que se centran en el ministerio en general y en grupos específicos en particular. El capítulo 6 identifica procesos relativos al último concepto, «hacia sus propósitos (de Dios) para el grupo». En cada uno de estos capítulos, la idea clave es la formación de una persona en las líneas de esta definición.
3. *Webster's New Collegiate Dictionary*, 10ª ed., s. v. «integrity».
4. Las listas de características en 1 Timoteo 3:1-13 y Tito 1:5-9 se usan de manera un tanto idiomática. El patrón básico es describir un rasgo genérico, sintético e incluyente, seguido de elementos específicos que clarifican lo que el rasgo en cuestión significa localmente. En Tito 1:5-9, el versículo 6 presenta el rasgo general y, a continuación, detalla los pormenores, y el versículo 7 repite de nuevo para subrayar lo genérico y, a continuación, presenta unos once elementos específicos en

los versículos 7-9. En 1 Timoteo 3:2, el primer rasgo de la lista presenta lo genérico seguido de unos doce elementos. Después, en el versículo 7, repite lo genérico usando ahora una fraseología distinta. En Timoteo, Pablo presenta un patrón parecido para la segunda lista. Tanto en la lista de Tito como en la de Timoteo, el significado general de las declaraciones genéricas es la integridad. Ver Charles H. Kraft, *Christianity in Culture: A Study in Dynamic Biblical Theologizing in Cross-Cultural Perspective* [El cristianismo en la cultura: un estudio de teología bíblica dinámica en perspectiva transcultural] (Nueva York: Orbis, 1979), 322–327; ver también la obra de Burton Scott Easton, *The Pastoral Epistles* [Las epístolas pastorales] (Londres: SCM Press, 1948), 197–202.

5. El patrón de prueba se identifica fácilmente en el uso de comprobaciones de integridad, obediencia y palabra. Es triple: (1) se produce la prueba; (2) el líder ve la prueba y responde a ella; (3) se producen los resultados de la prueba. En el caso de las pruebas positivas el patrón triple es: (1) se produce la prueba; (2) el líder la ve y responde a ella de forma apropiada; (3) Dios ensancha, de algún modo, el ministerio del líder. En el caso de las pruebas negativas el patrón triple es: (1) se produce la prueba; (2) el líder no la ve o no responde de forma apropiada; (3) Dios imparte formación de corrección: otra prueba (o, peor aún, deja de lado al líder). Con frecuencia, la ampliación del ministerio se retrasa después de la prueba. José pasó por una comprobación de integridad con la esposa de Potifar y experimentó este tipo de retraso. Pasó varios años en la cárcel antes de que se produjera dicha ampliación. En el caso de Daniel se muestra una promoción casi inmediata. Por lo que parece, esto es algo que Dios hace frecuentemente para animar a los líderes emergentes más jóvenes. El rey Saúl sería el prototipo para la prueba negativa. Obsérvese que la proclamación de la degradación de Saúl se produjo rápido (tras su desobediencia, Samuel anunció enseguida que Dios había apartado al rey Saúl); sin embargo, pasarían años antes de que esto se hiciera realidad en la vida. Hablaré de esto más adelante, en este mismo capítulo.
6. Ilustro la mayoría de esta clase de pruebas en los ejemplos de este capítulo. Una notable excepción es la comprobación de integridad mediante la profecía de persecución. Esta prueba la ilustra el fuerte deseo de Pablo de seguir dirigiéndose a Jerusalén a pesar de los consejos en sentido contrario. La advertencia más dramática fue la profecía de Agabo (ver Hechos 20:22-23; 21:4, 10-13).
7. Patricia Reid y Norma Van Dalen, «An Abiding Work-Leadership Development Study of Amy Carmichael» [Un trabajo permanente: estudio de desarrollo de liderazgo de Amy Carmichael] (artículo de investigación no publicado, Pasadena, CA: Escuela de Misión Mundial, 1985), 24–25.
8. Carlton Booth, *On the Mountaintop* [En la cima de la montaña] (Wheaton, IL: Tyndale, 1984), 32.
9. Booth, 33.
10. Fijémonos en el patrón de prueba: (1) se produce la prueba; (2) Saúl decide responder de forma inapropiada desobedeciendo la clara palabra que se le dio; (3) se produce la respuesta resultante. Aquí Dios aparta a Saúl. Aunque el desarrollo de esta disciplina divina llevará su tiempo, el resultado es ya seguro. Al parecer, el patrón normal después del fracaso de una comprobación de integridad es

una nueva prueba o el tipo de disciplina que se describe en Hebreos 12:7-12. Naturalmente, una reiterada infidelidad puede llevar a ser apartado del ministerio. Saúl fue líder en un periodo de transición. Su acción tendría consecuencias para miles de personas. Por ello, la disciplina es más estricta e inmediata.

11. No me acuerdo del todo, pero creo que fue mi amigo Skip Gray, de Los Navegantes, quien usó la ilustración del cuchillo de goma. Dios me ha recordado muchas veces, ante un asunto de obediencia, la cuestión de si el cuchillo que tengo en la mano es o no de goma.
12. En este capítulo no he ilustrado la disposición a ser usado en el ministerio, la disposición a enmendar un error y a aprender en cuanto a las posesiones. Sin embargo, la ilustración del capítulo 2 sobre la disposición de Dawson Trotman a dar su testimonio es una ilustración de una comprobación de obediencia ministerial. La comprobación de obediencia de Bernabé en Hechos 4:32-37 ilustra la comprobación de obediencia en ofrendar. Por regla general, enmendar un error continuado en el tiempo implica una restitución financiera.
13. Reflexionando con Dios sobre este asunto, Nee le dijo: «No es necesario confesarles a otras personas un pecado de la mente». Dios le dijo: «Sí, exactamente, pero tu situación es distinta». Esto ilustra un importante principio de liderazgo, el principio de Moisés. En el caso de los líderes Dios demanda con frecuencia normas de obediencia más elevadas. Esto se debe a la influencia que los líderes tienen sobre los seguidores. (Ver el incidente de Números 20. Obsérvese especialmente la severidad del castigo tanto para Moisés como para Aarón en el versículo 12. En el versículo 8 vemos las comprobaciones de obediencia y en el 11 el fracaso de Moisés).
14. Watchman Nee y K. H. Weigh, *Watchman Nee's Testimony: A Unique Public Testimony* [El testimonio de Watchman Nee: un testimonio público único] (Hong Kong: Church Book Room, 1974), 62–64.
15. En las notas 6 y 7 del capítulo 2, he definido autoridad espiritual y base de poder. Estoy dando a entender que existe una correlación directa entre la comprensión que una persona tiene de estas cosas, el uso personal que hace de ellas y el ministerio de la Palabra a los demás y la autoridad espiritual. Todavía tengo que demostrar esto de manera concluyente, pero en mi presente investigación hay indicaciones de que existe una necesaria correspondencia entre autoridad espiritual y una madurez profunda en la Palabra de Dios.
16. En mi enseñanza sobre los dones espirituales, he encontrado útil reconocer tres funciones genéricas y agrupar los dones según estas funciones: dones de poder, dones de amor y dones de palabra. Estas tres categorías reconocen funciones cruciales que deben aparecer en situaciones colectivas. Están estrechamente relacionadas con la fórmula paulina que describe rasgos colectivos de las comunidades locales, aunque no son lo mismo: fe, amor y esperanza. Los dones de poder demuestran la autenticidad, credibilidad, poder y realidad del Dios invisible. Los dones de palabra clarifican la naturaleza de este Dios invisible, así como sus demandas y propósitos. Tales dones comunican acerca de Dios y para él. Los dones de amor manifiestan a Dios de maneras prácticas y reconocibles por el mundo necesitado de amor que nos rodea. Hay un cierto traslape en los conjuntos; es

decir, algunos dones están presentes en más de un conjunto. Los principales dones de palabra son la enseñanza, la profecía y la exhortación. Los dones de palabra secundarios incluyen el apostolado, el evangelismo y el pastoreo. Entre los dones de palabra de tercer orden están la palabra de sabiduría y la fe. Hasta hoy no he conocido a ningún líder (que haya identificado su mezcla de dones) y que no tenga un don de palabra. Ver mi manual *Unlocking Your Giftedness: What Leaders Need to Know to Develop Themselves and Others* [Liberar tus aptitudes: lo que los líderes tienen que saber para desarrollarse a sí mismos y a otros]. Está disponible en papel en la librería del Seminario Teológico Fuller o en PDF en la tienda de recursos de mi página web, www.bobbyclinton.com.

17. Angus Kinnear, *Against the Tide: The Story of Watchman Nee* [Contracorriente: la historia de Watchman Nee] (Wheaton, IL: Tyndale, 1985), 53.
18. Kinnear, 81–82.
19. Betty Lee Skinner, *Daws: The Story of Dawson Trotman, Founder of The Navigators* [Daws: la historia de Dawson Trotman, fundador de Los Navegantes] (Grand Rapids, MI: Zondervan, 1974), 30.
20. Reid y Van Dalen, 23–24.
21. Las comprobaciones de integridad, obediencia y palabra en las primeras etapas parecen tener relevancia a largo plazo. Es decir, los líderes emergentes son a menudo más flexibles durante la fase de crecimiento de la vida interior de modo que los elementos de proceso que se producen en la etapa del desarrollo temprano establecen directrices para toda la vida. Este capítulo ha implicado esto varias veces, especialmente en los ejemplos de Nee, Carmichael y Trotman. Esto subraya la necesidad de identificar pronto a los líderes potenciales e infundir principios fundamentales durante esta etapa formativa.

Capítulo 4: Segundas lecciones: Procesos de maduración ministerial (Parte I)

1. Mentor, maestro y supervisor son términos técnicos de la teoría de modelos de formación de liderazgo. Un *maestro* es un experto que se relaciona con un aprendiz para enseñarle su experiencia hasta que este sea capaz de reproducirla. Un *supervisor* es alguien que supervisa a un estudiante en prácticas (una persona que ha tenido una cierta formación y ahora quiere ponerla en práctica) y se reúne con él cada cierto tiempo para evaluar su progreso. Un *mentor* es un facilitador que puede tener un contacto informal o profundo con un líder potencial. El efecto del mentor es llevar al líder potencial a familiarizarse con una serie de medios.
2. Era una tarea ministerial en el sentido de que el don apostólico todavía no desarrollado de Bernabé fue puesto a prueba. Era apostólica en el sentido de que la obra en Antioquía debía ser evaluada por su autenticidad. Bernabé había pasado por el proceso de palabra de Pedro en relación con el incidente de Cornelio. Él sabía que Dios aceptaba a los gentiles. Ahora utilizaría este nuevo conocimiento para evaluar si los gentiles de Antioquía eran «cristianos verdaderos» y aceptados por Dios. Las funciones apostólicas en relación con las obras nuevas son de evaluación, corrección, toma de decisiones formativas y establecimiento de liderazgo. Bernabé participó en todas estas funciones. Esta tarea

ministerial apostólica encajaría más o menos por la mitad de la escala de las tareas ministeriales. He redactado tres artículos de liderazgo que explican el ministerio apostólico: «Apostolic Functions» [Funciones apostólicas]; «Apostolic Functions: Comparison of Titus and Timothy» [Funciones apostólicas: comparación de Tito y Timoteo]; «Apostolic Giftedness: Multiple Gifted Leaders» [Aptitudes apostólicas: líderes con múltiples dones]. Los tres están en mi comentario de liderazgo bíblico, *1 and 2 Timothy: Apostolic Leadership, Picking Up the Mantle* [1 y 2 Timoteo: liderazgo apostólico, recogiendo el manto]. Está disponible en PDF en la tienda de recursos de mi página web. Está también disponible en papel en la librería del Seminario Teológico Fuller.

3. En nuestros días hay un resurgimiento de la educación continuada para misioneros y ministros. La formación en servicio interrumpido en la educación formal y los periodos más cortos en la formación no formal están haciéndose cada vez más populares a medida que ministros y misioneros se dan cuenta de que no pueden permitirse el estancamiento. Los elementos de progreso en la formación y habilidades ministeriales se producen en la última parte del proceso de maduración ministerial. Esto es algo saludable. En la Escuela de Estudios Interculturales hemos categorizado la formación como: sin servicio, antes del servicio, en el servicio y en servicio interrumpido utilizando los criterios del contexto tiempo / ministerio. En términos de aprender motivación, sentido de relevancia y aplicación inmediata de las habilidades y conocimientos aprendidos, no cabe duda de que la más eficiente es la formación en servicio interrumpido.
4. Los síntomas de la barrera del estancamiento son: (1) falta de entusiasmo por la selección de líderes (una función fundamental del liderazgo que implica reconocer a los líderes emergentes y prestarles ayuda en las primeras funciones de formación); (2) falta de proyectos de crecimiento personal (los elementos de habilidades ministeriales y de progreso de la formación son relativamente infrecuentes o inexistentes); (3) falta de interés en aspectos medulares de la formación (interacción con la Palabra, oración y periodos especiales de comunión a solas con Dios); (4) una tendencia a tomar «el camino más fácil» en las situaciones de conflicto; (5) el cuarto aspecto de la definición de líder —influenciar al pueblo de Dios hacia los propósitos de Dios— no se refleja en el líder. Un importante síntoma es una evidente falta de procesos de Dios orientados hacia el desarrollo del líder y cada vez más procesos disciplinarios o limitadores de su influencia. Esto significa que aquellos aspectos de los elementos de proceso de convergencia y maduración de vida que se traslapan con la fase de maduración ministerial y llevan al líder a la fase de maduración de la vida están visiblemente ausentes o el líder no los percibe. Escribiré más sobre esta barrera de estancamiento en el próximo capítulo, donde hablo del conjunto de desafíos que procura superar esta barrera.
5. Estoy en deuda con Bob Edwards, uno de mis estudiantes, quien sugirió el título conjunto de dones en una breve presentación que hizo a la clase de manifestación del liderazgo el otoño de 1986. La definición e inclusión dentro del patrón de desarrollo de aptitudes son de mi cosecha, pero el nombre y la idea esencial son suyos.
6. Ver *Barnabas: Encouraging Exhorter—A Study in Mentoring* [Bernabé, el consejero

alentador: un estudio sobre mentoría] de Laura Raab y Bobby Clinton, disponible en PDF en la tienda de recursos de mi página web o en papel en la librería del Seminario Teológico Fuller.

7. Esta es una ilustración del principio de expectativa de Goodwin, que sugiere que los líderes potenciales tienden a ascender hacia el nivel de verdadera expectativa de un líder en activo que el líder potencial respeta. Este es un excelente principio de selección de liderazgo que requiere discernimiento y que produce resultados superiores. Ver también la nota 6 del capítulo 9.

Capítulo 5: Segundas lecciones: Procesos de maduración ministerial (Parte II)

1. La expresión *base de poder* alude a la fuente de credibilidad, diferencia de poder o recursos que permiten a un líder tener autoridad para influir en sus seguidores. Esta base podría estar formada por cualquiera de las formas y mezclas de poder. *Mezcla de poder* es una expresión que describe la combinación de formas de poder —fuerza, manipulación, autoridad, persuasión— que dominan la influencia de un líder en sus acciones de liderazgo durante un determinado momento en una fase de desarrollo. La forma de autoridad tiene subformas de autoridad coactiva, autoridad inducida, autoridad legítima, autoridad competente y autoridad personal. La autoridad espiritual es una forma híbrida de poder que se sitúa entre la autoridad y la persuasión. Los líderes deben tener autoridad espiritual como base subyacente, si bien para cumplir la definición de líder necesitarán combinar esta autoridad espiritual con otras formas poder. He escrito un artículo básico sobre formas poder que se apoya en la tipología de Dennis Wrong. Ver el libro de Dennis Wrong *Power: Its Forms, Bases, and Uses* [Poder: sus formas, fundamentos y usos]. Este artículo, titulado «Influence, Power, and Authority» [Influencia, poder y autoridad], aparece en todos mis comentarios de liderazgo bíblico del Nuevo Testamento, por ejemplo: *1 and 2 Corinthians: Problematic Apostolic Leadership* [1 y 2 Corintios: liderazgo apostólico problemático]. En este artículo muestro claramente que la autoridad espiritual es una forma híbrida que tiene ciertos elementos de autoridad y ciertos elementos de persuasión.
2. En la fase de maduración de la vida, el líder reconoce que ministra a partir de quién es. La principal fuente de poder es el «ser», no el «hacer»; es decir, el recurso de poder por excelencia de la autoridad espiritual. Naturalmente, «hacer» es importante y simultáneo con «ser».
3. Por decirlo de forma más optimista, Dios tiene ciertas lecciones que enseñarme, y recurrirá a los medios necesarios para que pueda aprenderlas. Debería, pues, acercarme al conflicto sabiendo que Dios puede tener ciertas lecciones formativas para mí.
4. «El éxito suele traer consigo resultados imprevisibles que invalidan sus ganancias». En la teoría de las dinámicas de cambio utilizamos esta máxima: «Con la implementación de cambios rara vez resolvemos el problema; normalmente sustituimos una serie de problemas por otra». La reacción negativa al liderazgo expresa estas ideas, pero se centra en lo que Dios le enseña al líder en estas situaciones.
5. La experiencia del líder con cada uno de los elementos de poder suele llevar

consigo un patrón doble. El primer patrón de poder es el de «adquisición temporal». El segundo patrón de poder es el de «uso confiado». El patrón de «adquisición temporal» es como sigue: (1) no tiene necesidad de poder o al menos no está consciente de ella, (2) reconocimiento de la necesidad, (3) la situación fuerza la búsqueda, (4) momento revelador en el que Dios encuentra al líder con el elemento de poder concreto y (5) vuelta a la situación normal. El patrón de «uso confiado» es como sigue: (1) está constantemente consciente de la necesidad de poder, (2) momento revelador en el que Dios impulsa el uso del poder, seguido por (3) una confiada aceptación, por la fe, del elemento de poder y (4) canalización de la situación de poder por parte de Dios. Los elementos de poder describen «los momentos reveladores» en que Dios se encuentra con el líder para satisfacer la necesidad de la situación. Por regla general, el patrón de adquisición temporal se repite varias veces antes de que el líder comience a avanzar hacia el segundo patrón de poder. No está claro el grado de relación que tienen estos elementos de poder con los dones de poder. Aparentemente, algunos líderes que no manifiestan dones de poder suelen moverse en términos de los elementos de poder, así como aquellos que tienen dones de poder que suscitan el uso del segundo patrón.

6. Esta es una ilustración de una «comprobación de palabra colectiva». Todo el grupo de creyentes estaba siendo probado por su respuesta a la Palabra de Dios. El grupo respondió positivamente. Se produjo una expansión, como en Hechos 13 (enviando a Pablo y Bernabé). Esta iglesia se convirtió en un centro misionero gentil. A veces, el crecimiento de las iglesias y organizaciones paraeclesiales se bloquea. La razón puede ser que no se ha superado alguna comprobación colectiva de palabra u obediencia.
7. Es interesante observar que la mayoría de las grandes visiones, propósitos o destinos que experimentaron los gigantes de la fe fueron descubiertos en oración (un desafío de oración) o confirmados y puestos en práctica mediante una oración de fe. Si sentimos que nuestra visión es pobre, ¿no deberíamos ver primero si Dios quiere procesarnos (o tiene que hacerlo) mediante el desafío de oración?
8. En el capítulo 2 vimos el cambio de influencia como una importante forma de determinar una distinta subfase o fase de desarrollo en la cronología de un líder. La mezcla de influencias es el concepto que ayuda a entender y a catalogar los cambios de capacidad para influenciar. Tanto la clase (directa, indirecta u organizativa) como el grado (extensivo, intensivo o exhaustivo), en varias combinaciones, cambiarán muy probablemente cuando el líder avance desde cada fase de desarrollo a la siguiente.
9. Desde que escribí *La formación de un líder*, he investigado a fondo sobre los límites. Puesto que todo líder atravesará tres o cuatro importantes límites a lo largo de su vida, es importante que conozca la existencia de límites. Tener una buena perspectiva acerca de los límites ayudará a los líderes a franquearlos de manera menos estresante o traumática. Los límites tienen tres fases: entrada, evaluación y salida. Cada una de estas tres fases tiene un significado especial para el líder que pasa de una a otra. Ver mi declaración de posicionamiento «Boundary Processing—Looking at Critical Transition in Leaders' Lives» [Procesos de límite:

analizando la transición crítica en la vida de los líderes], disponible en la tienda de recursos de mi página web.

Capítulo 6: Lecciones constantes: Guía y otros procesos en varias fases

1. El profesor Frank Sells del Instituto Bíblico Columbia me fue de gran ayuda dándome un paradigma para discernir la guía personal. Desde entonces he seguido trabajando con este paradigma y lo he enseñado en muchas de mis clases junto con otras cosas que he aprendido sobre guía personal. En 2010 resumí todo lo que he aprendido y enseñado sobre guía en un compendio / declaración de posicionamiento titulado «Various Inputs on Guidance—A Compendium» [Varios comentarios sobre la guía de Dios: un compendio]. Esta declaración de posicionamiento de cuarenta y cinco páginas está disponible en la tienda de recursos de mi página web. Estos conceptos han ayudado a muchas personas.
2. Hemos de reconocer, sin embargo, que la idea bíblica general en cuanto a la guía tiene que ver más con asuntos morales que con la toma de decisiones. En este capítulo me refiero básicamente a la guía en la toma de decisiones. Los seis principales elementos de proceso que voy a describir no aparecen, por lo general, en ninguna enseñanza sobre guía tal como se aborda en la literatura.
3. En *La formación de un líder* utilizo normalmente el término *protegido* cuando describo a la persona que recibe la ayuda. Sin embargo, posteriormente, cuando Paul Stanley y yo escribimos nuestro texto para mentores *Connecting* [Conectando], usamos el término *mentorado* [*mentoree* en inglés, que es una nueva palabra creada para aludir a la persona que recibe la ayuda de un mentor. Otros autores de habla inglesa usan también la palabra *mentee* con el mismo propósito. N. del T.]. Stanley y yo identificamos una escala de mentoría con distintos tipos de mentoría identificados funcionalmente (los de la izquierda se implican de un modo más directo con sus protegidos; los de la derecha tienen menos contacto personal con ellos): discipulador, guía espiritual, entrenador, consejero, predicador, patrocinador, modelo contemporáneo, modelo histórico, contacto divino. Ver nuestro libro *Connecting: The Mentoring Relationships You Need to Succeed* [Conectar: las relaciones de mentoría que necesita para tener éxito en la vida].
4. John Stott fue un mecenas que promocionaba a estos líderes birmanos invirtiendo económicamente en ellos y respaldándoles con referencias creíbles.
5. Llamando su atención a este elemento de proceso, espero estimularle a ser mentor de líderes emergentes. Diré más sobre este asunto en el último capítulo, donde formularé un segundo desafío sobre la selección de liderazgo.
6. El vellón de Gedeón es un elemento de proceso de doble confirmación, no en cuanto a su forma sino en su intención funcional. La intención funcional es conseguir una guía de certidumbre, que es exactamente la idea clave del elemento de proceso de doble confirmación.
7. Santiago 1:2-4 es el antídoto contra tirar la toalla. Muestra que hay un tipo de preparación aparentemente negativa para la persona que la experimenta que, sin embargo, tiene beneficios muy positivos para la formación del carácter. Este elemento de proceso difiere del de preparación negativa. Ambos desarrollarán

el carácter. Pero el elemento de proceso de preparación negativa infundirá una «actitud de liberación» que hará que quien experimenta el proceso pueda sentirse libre para aceptar un nuevo ministerio que probablemente nunca habría considerado sin el elemento de preparación negativa.

8. Un estudio bíblico sobre la guía de Dios (el apóstol Pablo es un caso clásico de estudio) muestra que hay tres elementos importantes para la guía: *qué*, *cuándo* y *cómo*. Algunos de ellos pueden producirse completamente, otros de forma parcial y todos podrían ser revelados de manera progresiva con el tiempo. El elemento de proceso del acto en la carne tiene que ver con tomar una decisión basada en una información parcial y asumiendo los otros elementos.
9. Esta es una visión simbólica registrada en Génesis 15:1-21. Gálatas 4 nos ayuda a resolver el sentido eterno de los símbolos: el «horno humeante» y la «antorcha ardiente» pasando entre los animales sacrificados (Génesis 15:17).
10. Daniel estaba preocupado por el pecado de su pueblo. Dios le mostró a Daniel en una gran visión mesiánica cómo iba a tratar toda la cuestión del pecado.
11. Volveré a hablar nuevamente de estos dos elementos de proceso en un capítulo posterior, donde subrayaré de nuevo los procesos de maduración. Mientras que aquí estoy acentuando el aprendizaje para el ministerio, más adelante pondré de relieve la formación del carácter.
12. He calificado esto con una sensibilidad especial. Lo he llamado una *mentalidad soberana*. Una *mentalidad soberana* es una forma de ver las actividades de la vida que nos lleva a ver y responder a los propósitos de Dios en ellas. Pablo es el modelo del Nuevo Testamento en la era de liderazgo de la iglesia que demuestra una mentalidad soberana. Pablo tenía un valor de liderazgo: el apóstol procuró siempre ver la mano de Dios en sus circunstancias como parte del plan de Dios para desarrollarle como líder. Quiero generalizar este valor de liderazgo y aplicarlo a todos los líderes.

    Este es mi redactado:

    Etiqueta: Valor de mentalidad soberana

    Declaración del valor de liderazgo: Los líderes tienen que ver la mano de Dios en sus circunstancias como parte de su plan para desarrollarles como líderes. He escrito un artículo sobre liderazgo titulado: «Mentalidad soberana». Este artículo aparece en todos mis comentarios del Nuevo Testamento sobre liderazgo bíblico. Un líder que no tiene una mentalidad soberana *posiblemente no acabará bien*. Este valor de liderazgo es imprescindible.

Capítulo 7: Las lecciones más profundas: Procesos de maduración de la vida

1. Nee demostró esta sensibilidad especial hacia los procesos de formación de Dios, que en una nota del capítulo 6 he llamado *mentalidad soberana*. Una *mentalidad soberana* es una forma de entender las actividades de la vida que nos lleva a ver y responder a los propósitos de Dios en ellas. A menudo es necesario un cambio de paradigma para pasar de las preguntas tipo «¿Por qué yo?» a las que interpelan en la línea «¿Qué estás formando en mí a través de esto?».
2. El conjunto de madurez está formado por los siguientes elementos de proceso:

revelación de destino, elementos de palabra, elementos literarios, elementos contextuales, elementos de guía, crisis de vida, aislamiento y descubrimiento de autoridad espiritual. Todos ellos actúan en la importante tarea de desarrollo de la madurez de vida. Con esta tarea el líder desarrolla autoridad espiritual como principal base de poder. La autoridad espiritual se basa en una base de poder experiencial. Es decir, los recursos de poder del líder para la autoridad espiritual dependen principalmente de su conocimiento experimental de Dios. En este libro no se describen todos estos elementos de proceso.

3. Ver nota 5 del capítulo 2, donde describo la *vida de unión*. Ver también mi artículo «Unión Life» [La vida de unión], disponible en la tienda de recursos de mi página web y en muchos de mis comentarios de liderazgo bíblico del Nuevo Testamento. Esto es el «ser» final de mi repetida afirmación en el sentido de que «¡El ministerio fluye del ser!».
4. Miles J. Stanford, *The Green Letters: Principles of Spiritual Growth* [Las cartas verdes: principios de crecimiento espiritual] (Grand Rapids, MI: Zondervan, 1975), 7–8.
5. A menudo, hacia la mitad de su carrera en la Escuela de Misión Mundial (actualmente Escuela de Estudios Interculturales o SIS) los estudiantes se encuentran en un proceso de aislamiento. Tales estudiantes ilustran el aislamiento por propia elección. El tiempo se convierte en una transición de límite hacia una nueva subfase o fase de desarrollo. Este proceso de aislamiento permite la evaluación del ministerio pasado y da una renovada esperanza para el futuro.
6. Patricia Reid y Norma Van Dalen, «An Abiding Work-Leadership Development Study of Amy Carmichael» [Un trabajo permanente: estudio de desarrollo de liderazgo de Amy Carmichael] (artículo de investigación no publicado, Pasadena, CA: Escuela de Misión Mundial, 1985), 33–25.
7. Reid y Van Dalen, 8–24.
8. Esta es una clase especial de elemento de proceso de aislamiento. Es un caso de aislamiento psicológico debido principalmente a un paradigma ministerial distinto. Carmichael compartía el mismo espacio físico con otros misioneros y tenía una asignación misionera, pero se encontraba psicológicamente aislada de ellos porque sus perspectivas eran muy distintas.
9. Reid y Van Dalen, 39–24.
10. En mi declaración de posicionamiento «Isolation Processing: Learning Deep Lessons from God» [Proceso de aislamiento: aprendiendo lecciones profundas de Dios], disponible en la tienda de recursos de mi página web, comento lo siguiente: «Más del 90% de los líderes afrontarán al menos un importante periodo de aislamiento en sus vidas. La mayoría de ellos no gestiona demasiado bien estos periodos. Saber que Dios suele usar temporadas de aislamiento y lo que estas pueden conseguir será, probablemente, de gran ayuda para un líder que después las experimenta». Concluyo este artículo con cinco sugerencias preventivas para sacar provecho del aislamiento. Ver también el folleto fundamental de Shelley Trebesch escrito en 1997, *Isolation: A Place of Transformation in the Life of a Leader* [Aislamiento: Un lugar de transformación en la vida de un líder] (disponible en la librería del Seminario Teológico Fuller).

11. He mencionado ya el conflicto en el capítulo 6 cuando he hablado de los procesos multifase. El elemento de proceso descrito aquí es el mismo. Pero aquí estoy señalando la perspectiva de madurez procedente de este conflicto, mientras que en el capítulo 6 me concentraba en lecciones aprendidas para el propio ministerio.

Capítulo 8: Integrar las lecciones de la vida: Hacia una filosofía ministerial

1. El capítulo 8 (redactado por primera vez en 1988) fue mi primer intento de expresar lo que es una filosofía ministerial y el primer paso acerca de cómo elaborarla. Desde entonces he escrito o recopilado más obras que abordan aspectos concretos de filosofía ministerial. Ver «Apéndice B: Lista anotada de materiales sobre la filosofía ministerial». Mis últimos esfuerzos han sido para ayudar a los líderes a identificar sus diez principales valores explícitos de liderazgo.
2. Ver la nota 5 del Prefacio, que explica lo que quiero decir con niveles de líderes. No pretendo en modo alguno indicar que estar más arriba o más abajo en esta escala sea mejor o peor, es simplemente distinto y requiere distintas funciones de liderazgo. Lo único que quiero decir es que los líderes de los niveles más elevados tendrán tanto categorías generales de directrices como directrices específicas. Los de los niveles inferiores habrán identificado directrices específicas, pero todavía no las habrán generalizado en categorías más elevadas.
3. Esto se indica a menudo mediante reiteraciones del elemento de proceso literario expuesto en el capítulo 6 bajo los elementos de proceso misceláneos (elementos de proceso multifase). He verbalizado esta observación como una de mis siete principales lecciones de liderazgo: *Los líderes eficaces mantienen una actitud de aprendizaje a lo largo de toda la vida.*
4. Tendemos a pensar que las filosofías ministeriales son inmutables. En otras palabras, encontramos ciertos principios y asumimos que nunca cambian. Aunque esto se aplica a los principios esenciales, la idea general de este capítulo es que la filosofía ministerial es algo dinámico y cambia a lo largo del tiempo con el constante aprendizaje de la Biblia, la vida, las propias aptitudes y la experiencia ministerial.
5. En mi folleto *Leadership Perspective* [Perspectiva del liderazgo] (capítulo 5) desarrollo todo el concepto de identificación y confirmación de los principios de forma mucho más profunda que aquí. En este folleto propongo seis suposiciones subyacentes a la derivación de principios, un filtro de certidumbre para analizar los principios bíblicos y un filtro de aplicabilidad. También hablo de la verdad que procede de fuentes distintas de la Biblia. Este tratamiento va más allá del propósito de este libro.
6. Por lo que respecta a los líderes que están en determinados niveles de liderazgo, los tipos A y B están por regla general más preocupados por un ministerio directo, mientras que los tipos D y E suelen estarlo por formas indirectas. Para ellos estas otras funciones son extraordinariamente importantes. Por lo general, los líderes del tipo C son más directos que indirectos, pero realizan ministerios de ambos tipos. (Ver de nuevo la nota 5 del Prefacio donde explico los niveles).
7. La resolución de crisis es una forma de toma de decisiones y de solución de

problemas, pero difiere de ellas en el sentido de que la toma de decisiones y la resolución de problemas pueden ser acciones muy rutinarias. Por ello, estas habituales funciones de liderazgo pueden adaptarse a cada estilo. Cuando experimenta una crisis inesperada, lo más probable es que vuelva a un estilo reflexivo que será una importante función de su personalidad. Las crisis de liderazgo son aperiódicas más que recurrentes.

8. Dr. J. Robert Clinton, «Interview Notes with Pastor Johnson» [Notas de una entrevista al pastor Johnson] (notas de una entrevista para una investigación no publicada, agosto, 1987).
9. Clinton, «Interview Notes» [Notas de una entrevista].
10. Clinton, «Interview Notes» [Notas de una entrevista].
11. Warren Wiersbe «Principles Are the Bottom Line» [Los principios son lo esencial], *Leadership* 1, no. 1 (invierno, 1980): 80.
12. Wiersbe, 80.
13. No he mencionado el importante efecto que tiene la propia cosmovisión para la formación de la filosofía ministerial. Doy por sentado que los principales usuarios de este libro serán líderes con una concepción occidental del mundo. Para hablar de filosofía ministerial para culturas no occidentales este capítulo tendría que ser sin duda muy distinto.
14. Estoy escribiendo esta sección en 2011, junto con mi versión revisada de *La formación de un líder*. Retrospectivamente, he visto que son pocos los líderes que desarrollarán una filosofía ministerial detallada. Por ello, en esta última sección voy a sugerir que un líder tiene que identificar al menos algunos importantes valores de liderazgo. Voy a definir los valores de liderazgo en términos de formato de lenguaje de valores de liderazgo.
15. Esto es lo que quería decir en la Introducción cuándo afirmé: «Estoy convencido de que el pastor Jeff tiene muchos valores de liderazgo importantes y valiosos que serían de ayuda para un líder emergente joven». También señalé que yo lo he hecho. He expresado un cierto número de *valores de liderazgo* que quiero transmitir en una importante declaración de posicionamiento titulada «Passing On My Heritage» [Transmitir mi legado]. Ver la tienda de recursos de mi página web para acceder a este artículo. En esta última sección del capítulo 8, sugiero que los líderes deberían al menos identificar sus valores de liderazgo más importantes y transmitírselos a otros.
16. Estos seis valores de ADN espiritual proceden de mi declaración de posicionamiento «Passing On My Heritage» [Transmitir mi legado], disponible en la tienda de recursos de mi página web. Ver Apéndice B.
17. Este estudiante me dio permiso para utilizar el ejemplo.

Capítulo 9: Aceptar las lecciones de la vida: El reto del liderazgo

1. No todos los teóricos del liderazgo cristiano concuerdan con el concepto de un llamamiento. El elemento de proceso de compromiso de liderazgo es el que se relaciona con este asunto. No lo he definido en el capítulo 4, donde encajaría de forma natural, por las limitaciones de espacio. He seleccionado aquellos elementos

de proceso que encajan mejor con los destinatarios mayoritarios de este libro. El *elemento de proceso de compromiso de liderazgo* es un elemento de destino, ya sea un episodio o un proceso, que culmina en el reconocimiento por parte de un líder potencial de su disposición a ser usado por Dios en el ministerio que él decida, con el reconocimiento de que dicho ministerio procede de Dios y le rendirá cuentas a él. Cuando los líderes perciben este elemento de proceso su liderazgo se transforma drásticamente.

2. Recuerde que, como he dicho antes: el conjunto de aptitudes está formado por los dones espirituales, las capacidades naturales y las habilidades o técnicas adquiridas. El desarrollo de liderazgo conlleva la expansión en estas tres esferas. Las capacidades naturales pueden complementarse con habilidades y técnicas. El descubrimiento de la aptitud se produce a lo largo de un periodo de tiempo y también puede complementarse por medio de habilidades y técnicas. La idea general de este punto es el concepto de rendir cuentas por el desarrollo del propio potencial.
3. Ver mi manual *Figures and Idioms* [Figuras literarias y modismos], que aborda la definición de metonimia y las reglas para su interpretación (disponible en la tienda de recursos de mi página web).
4. Algunos de quienes escriben sobre dones espirituales difieren sobre el desarrollo de los dones. Estos argumentarían que los dones no son propiedad de los creyentes. Personalmente, defino don espiritual como una capacidad singular dada por Dios a cada creyente con el objetivo de canalizar un ministerio empoderado por el Espíritu Santo a través de dicha persona, ya sea mediante una situación momentánea o de forma repetida a lo largo del tiempo. Si el don aparece de forma circunstancial y la persona no puede repetirlo a voluntad, esto significa que dicho don no le ha sido conferido. Este don no conlleva la responsabilidad de desarrollo ni de rendir cuentas por su uso a lo largo del tiempo. Puede decirse que un don le es conferido a una persona si este aparece repetidamente en su ministerio y puede repetirlo a voluntad. Este don conlleva la responsabilidad de desarrollo y de rendir cuentas por su uso a lo largo del tiempo. Aparentemente, los dones fluctúan a lo largo de la vida de los creyentes. Los dones principales son aquellos dones conferidos por Dios que se muestran regularmente como una parte significativa de la mezcla de dones. Los dones secundarios son los que durante un tiempo fueron conferidos pero que ahora no son visibles como parte de la mezcla de dones. Un don es terciario si ha sido o es un don no conferido o si fue necesario para cumplir un «rol» en el pasado y ahora no se considera conferido. Cuando hablo de desarrollarse hasta el pleno potencial propio me refiero a los dones espirituales principales (conferidos). Ver Dr. J. Robert Clinton y Dr. Richard W. Clinton, *Unlocking Your Giftedness: What Leaders Need to Know to Develop Themselves and Others* [Liberar sus aptitudes: lo que los líderes tienen que saber para desarrollarse a sí mismos y a otros] (Altadena, CA: Barnabas Publishers, 1993), disponible en la tienda de recursos de mi página web.
5. Tengo un interés especial en identificar a los líderes emergentes en el momento más temprano de su manifestación. Estoy subrayando principios e implicaciones procedentes de mi investigación y que tienen que ver con esta especial función de la selección de liderazgo. El Apéndice A enumera una serie de observaciones

e implicaciones que he identificado hasta la fecha acerca de la manifestación de liderazgo.

6. La primera vez que lo vi fue en el folleto de Bennie Goodwin *The Effective Leader* [El líder eficaz], producido por InterVarsity. He alterado ligeramente la redacción para que encaje en mi concepto más amplio de liderazgo.
7. Teniendo en cuenta el rápido ritmo de cambio de nuestra sociedad, un líder que se ha estancado no está inmóvil sino retrocediendo.
8. Ver mi declaración de posicionamiento «Listen Up Leaders!» [¡Escuchen, líderes!], donde introduzco estas cuatro observaciones.

Apéndice D: Tres artículos sobre acabar bien

1. En la Biblia se mencionan unos ochocientos líderes más o menos. Unos cien de ellos aportan datos que nos ayudan a interpretar su liderazgo. De estos, unos cincuenta nos ofrecen suficientes datos para evaluar su forma de terminar su ministerio. Más o menos uno de cada tres terminaron bien. Los casos registrados en nuestros días indican que esta proporción es posiblemente generosa. Probablemente, menos de uno de cada tres líderes acaban bien su ministerio hoy.
2. Mientras escribo este artículo, he estudiado casi 1.300 casos, unos cincuenta de los cuales son líderes bíblicos, otros cien son líderes que han vivido a lo largo de la historia y el resto son dirigentes contemporáneos. Los hallazgos de ayudas y obstáculos generalmente son válidos.
3. Esto es posiblemente cierto también en otras culturas, aunque no tengo una base de datos que lo demuestre.
4. Esta es una de las siete lecciones fundamentales de liderazgo derivadas de estudios comparativos. Ver mi artículo «Leadership Lessons—Seven Major Lessons Identified» [Lecciones de liderazgo: siete importantes lecciones identificadas].
5. Mis hallazgos están disponibles en un extenso y detallado manual de autoestudio titulado *Leadership Emergence Theory* [Teoría de la manifestación del liderazgo], que publico en privado para usarlo en clases y talleres. Además, mis últimas investigaciones están disponibles en declaraciones de posicionamiento en la tienda de recursos de mi página web.
6. Ver mi sección sobre guías espirituales y el apéndice sobre las disciplinas en *The Mentor Handbook* [El manual del mentor]. Ver también «Spiritual Disciplines and On-Going Leadership» [Disciplinas espirituales y liderazgo actual]. Ambos escritos están disponibles en la tienda de recursos de mi página web.

GLOSARIO

apostolado o **don de apostolado.** Uno de los dones de liderazgo que forman parte del **conjunto de dones de palabra** (un don de palabra secundario); se refiere a una capacidad de liderazgo específica donde uno ejerce influencia sobre otros para establecer nuevas iglesias locales y las nuevas obras necesarias para mejorar la difusión del cristianismo y guiar a estas nuevas obras en sus etapas de base.

aprendizaje a través de las vivencias de otros. *Ver* **elemento de proceso literario**.

atracción por aptitud. Un término que describe la tendencia intuitiva de un líder potencial en desarrollo de responder a **desafíos ministeriales** y **asignaciones ministeriales** que encajan con su don espiritual.

autoridad espiritual. Un término de la teoría de desarrollo del liderazgo que se refiere a la fuente de credibilidad, proveniente de Dios, que permite que los líderes influyan en sus seguidores. De manera más técnica, es esa característica de un líder ungido por Dios desarrollada sobre una **base de poder** experiencial que le permite influir a seguidores a través de la persuasión, la fuerza de su ejemplo y la experiencia moral.

autoridad legítima. Un término técnico en la teoría del liderazgo que describe la forma manifiesta de poder que un líder emplea para obtener la obediencia de un seguidor, aplicando una presión de influencia consonante con las expectativas (tanto por parte del líder como de los seguidores) para su posición o puesto.

barrera de estancamiento. Un término que describe un importante obstáculo para la expansión de la capacidad de un líder; un rango cómodo de habilidades ministeriales que permiten que uno pueda «limitarse a cumplir».

base de poder. La fuente de credibilidad, diferencia de poder o recursos que permiten a un líder tener autoridad para influir en sus seguidores.

celebración. *Ver* **fase de satisfacción final**.

ciclo de expansión de pruebas. Un patrón que supone la base principal para el **desarrollo del liderazgo** en la **fase de crecimiento de la vida interior**. Al actuar de forma positiva para el desarrollo suele constar de tres partes: una prueba, una respuesta positiva a la prueba y una expansión de la capacidad de liderazgo. Si actúa de forma negativa, consta de tres partes: una prueba, un fracaso ante la prueba y una acción reparadora de Dios para el líder.

ciclo de tareas ministeriales. Una línea horizontal sobre la que pueden distribuirse tareas ministeriales en términos de la función en la que ponen su énfasis principal. Hacia la izquierda de la línea se sitúan las tareas ministeriales cuya función principal es el desarrollo de la persona que realiza la tarea; hacia la derecha de la línea se sitúan las tareas cuya función principal es la consecución de la tarea.

conferencia. Un término técnico de la teoría de modelos de formación de liderazgo donde se describe un **modo de formación no formal** que agrupa a líderes (normalmente de tipo D o E) para sesiones plenarias, **seminarios** y **talleres** sobre temas significativos e importantes para obreros cristianos.

conjunto de aptitudes. Un término que describe el conjunto de elementos de capacidad de influencia de un líder. Engloba los tres elementos principales: dones espirituales, capacidades naturales y habilidades adquiridas.

conjunto de desafíos. Los **elementos de proceso** que se agrupan alrededor de la **función de discernimiento** y se centran en ampliar el desarrollo personal de un líder y sus logros ministeriales. Incluye elementos de proceso como el **desafío de oración**, el **desafío de fe**, el **desafío de influencia**, la **afirmación divina** y la **afirmación ministerial**.

conjunto de dones. Un término que se emplea al explicar una etapa avanzada en el **patrón de desarrollo de aptitud**; describe una **mezcla de dones** en la que hay un don dominante respaldado por otros dones y que se usa de modo que los dones de apoyo se hallan en armonía con el don dominante para maximizar su efectividad.

conjunto de madurez. Un conjunto de **elementos de proceso** cuyo efecto es profundizar en el carácter; incluye la revelación del **destino**, elementos de **palabra**, elementos **literarios**, elementos **contextuales**, elementos de **guía**, **crisis vital**, **aislamiento** y descubrimiento de **autoridad espiritual**.

conjunto de poder. Un término general que describe el conjunto de **elementos de proceso** de poder (donde se incluyen el **poder en el don**, el **encuentro de oración**, el **poder en la oración** y la **guerra espiritual**) que se centran en la consecución de la **función de discernimiento** en un líder durante la **fase de maduración ministerial**.

conjunto de sumisión. Los **elementos de proceso** que se agrupan alrededor de la **función relacional (de forma remarcable, el problema de autoridad) y que se centran en ampliar la comprensión de un líder de la autoridad, estructuras de autoridad y medios de influencia. Este conjunto está formado por elementos de proceso tales como conocimientos sobre la autoridad, conocimientos relacionales, conflicto ministerial y reacción negativa al liderazgo.**

convergencia absoluta. Un término que describe la fusión de **factores de convergencia** principales (aptitudes, puesto, mezcla de influencia, dependencia ascendente) y accesorios (experiencia, ubicación geográfica, profecía, elementos de destino, formación de la personalidad, etcétera), lo que maximiza la capacidad de influencia efectiva de un líder en un momento dado del tiempo.

convergencia menor. Dos **factores de convergencia** o más, ya sean principales (**conjunto de aptitudes**, puesto, **mezcla de influencias**, dependencia ascendente) o accesorios (experiencia, ubicación geográfica, profecía, **elementos de proceso de destino**, formación de la personalidad, etc.), u otra combinación, que se respaldan entre sí para aumentar la influencia de un líder en un momento dado.

cronología. Una línea horizontal que representa la duración de la vida de un líder, dividida en **fases de desarrollo** con el propósito de registrar información en columnas bajo ellas; se utiliza en un análisis integrativo del desarrollo del líder. *Ver también* **cronología generalizada.**

cronología generalizada. Una **cronología** que contiene seis **fases de desarrollo**: **bases soberanas**, **crecimiento de la vida interior**, **maduración ministerial**, **maduración de la vida**, **convergencia** y **satisfacción final**; derivan de una síntesis de muchas cronologías únicas provenientes de **estudios de desarrollo de liderazgo** de líderes individuales.

desarrollo del liderazgo. Una medida de la capacidad cambiante del líder para influir, en términos de varios factores y a lo largo del tiempo; también se emplea para indicar los principios, procesos y patrones que resumen el desarrollo.

desertor ministerial. Un término que describe a las personas que no prosiguen en funciones o puestos ministeriales tras haber experimentado conflicto; se aplica especialmente a estudiantes de seminario que, tras la preparación para el ministerio a tiempo completo, solo están entre tres y cinco años en el ministerio.

dinámicas espirituales. Un término que connota los patrones, procesos y principios subyacentes en los aspectos de formación espiritual del **desarrollo del liderazgo**.

discipulado. El proceso de desarrollar a un creyente. Un discípulo se describe como un creyente comprometido que depende cada vez más de Cristo como su propia vida, que se comunica con Dios, que aplica sus dones para ministrar a Dios y a otros, y que se relaciona con el resto del cuerpo de Cristo (y depende de este) para vivir una vida que resulta tanto satisfactoria en el aspecto personal como significativa para el reino de Dios.

don de enseñanza. Uno de los dones de liderazgo que forma parte del **conjunto de dones de palabra** (un don de palabra primario); se refiere a la capacidad de expresar la verdad de Dios para aclararla, explicarla y exponerla, de modo que su comprensión y aplicación en la vida sean muy probables.

don de evangelismo. Uno de los dones de liderazgo que forman parte del **conjunto de dones de palabra** (un don de palabra secundario); una capacidad de liderazgo específica donde uno ejerce influencia sobre otros, de forma pública o privada y a través de varios medios, con el mensaje de salvación en Cristo y ve que estos responden siguiendo pasos iniciales en el discipulado cristiano.

don de exhortación. Uno de los dones de liderazgo que forman parte del **conjunto de dones de palabra** (un don de palabra primario). Se refiere a la capacidad de apremiar a otros para pasar a la acción en la aplicación de la verdad de las Escrituras, o animar a las personas en la verdad de las Escrituras, o consolar a otros a través de la aplicación de la verdad de las Escrituras en sus necesidades.

don de fe. Uno de los dones de liderazgo que forman parte del conjunto de palabra (un **don de palabra** terciario); es esa capacidad inusual de reconocer lo que Dios quiere hacer en una situación concreta y confiar en él hasta que esto suceda. La expresión más usual se da a través de la oración a Dios (es decir, la oración de fe), aunque puede ser, simplemente, una creencia de lo que Dios puede hacer y hará en una situación.

don de pastoreo. Uno de los dones de liderazgo que forman parte del **conjunto de dones de palabra** (un don de palabra secundario); se refiere a una capacidad de liderazgo específica donde uno ejerce influencia sobre otros para cuidarlos, nutrirlos, edificarlos, dirigirlos y responder ante Dios por ellos.

don de profecía. Uno de los dones de liderazgo que funciona como parte del **conjunto de dones de palabra** (un don de palabra primario) y del **conjunto de poder**; se refiere a la capacidad de expresar la verdad (de naturaleza predictiva, explicativa o correctiva) de Dios para amonestar, edificar o corregir a la iglesia o a individuos.

dones de amor. Un término que describe el **conjunto de dones** usado por Dios para demostrar su amor a través de su pueblo a creyentes y no creyentes; incluye la misericordia, las dádivas, las ayudas y la administración.

dones de palabra. Un término que describe el **conjunto de dones** utilizado específicamente por Dios para revelar y aclarar la verdad sobre sí mismo y sus propósitos, y que edificará a los creyentes y les infundirá esperanza sobre la actividad presente y futura de Dios. Los dones de palabra primarios son la exhortación, la profecía y la enseñanza. Los dones de palabra secundarios son el apostolado, el evangelismo y el pastoreo. Los dones de palabra terciarios son la **palabra de sabiduría**, la **palabra de conocimiento** y la fe.

dones de poder. Un término que describe el **conjunto de dones** que demuestran la autenticidad, credibilidad, poder y realidad del Dios invisible, como la **palabra de sabiduría**, la **palabra de conocimiento**, el **don de profecía**, tipos de sanación, operaciones de poder (milagros), discernimiento de espíritus, tipos de lenguas, interpretación de lenguas y fe.

dones espirituales. Las capacidades especiales concedidas por el Espíritu Santo a cada creyente e impulsadas por el Espíritu Santo en el ministerio del creyente.

elemento de crisis vital. Una forma especializada de un **elemento de proceso de crisis** que se refiere a un tiempo de crisis caracterizado por una presión intensa donde se busca el propósito y el significado de la vida, y en el que el líder experimenta a Dios de una forma nueva como fuente, centro y sostén de la vida.

elemento de proceso de acto en la carne. Un **elemento de proceso** que se refiere a las ocasiones en la vida de un líder donde se da por sentada la guía de Dios y se toman decisiones de forma apresurada o sin el discernimiento adecuado de cuál es la voluntad de Dios. Tales decisiones suelen implicar el desvío de esta guía a través de manipulación humana u otros medios, lo que provoca ramificaciones que afectan posteriormente de forma negativa al ministerio y a la vida.

elemento de proceso de afirmación divina. Un tipo especial de experiencia orientativa en la cual Dios concede aprobación a un líder para que este tenga un sentido renovado de propósito definitivo y un deseo reavivado de seguir sirviendo a Dios. Las afirmaciones divinas se han manifestado de las formas siguientes: soberana disposición de circunstancias, una voz interior u otra revelación directa, un sueño, una visión, la visitación de un ángel, una palabra profética, una señal milagrosa o un sentido de la bendición de Dios en la propia vida según lo que afirma un testimonio externo (como en el caso de José en Génesis 39:2-3, 21-23).

elemento de proceso de afirmación ministerial. Un tipo especial de experiencia de **elemento de proceso de destino** en la cual Dios concede aprobación a un líder en alguna asignación ministerial, lo que lleva a un sentido renovado de propósito para el líder.

elemento de proceso de aislamiento. Un elemento **de factor de madurez** en el que un líder es separado del ministerio normal durante el contexto natural en el que se ha dado este ministerio, normalmente durante un periodo extendido, y por lo tanto experimenta a Dios de una forma más profunda o nueva.

elemento de proceso de aprendizaje relacional. Un **elemento de proceso** que se da en la **subfase** intermedia del ministerio y que se refiere a las ocasiones en el ministerio en las que un líder aprende lecciones positivas o negativas sobre la relación con otros cristianos o no cristianos a la luz de decisiones ministeriales u otros medios de influencia; tales lecciones afectan significativamente al liderazgo futuro.

elemento de proceso de asignación ministerial. Un **elemento de proceso** que describe una experiencia ministerial más permanente que una **tarea ministerial**, aunque cuenta con el mismo patrón básico de entrada, ministerio, cierre y transición, a través del cual

Dios ofrece nuevos conocimientos para ampliar la capacidad de influencia y responsabilidad hacia un liderazgo futuro.

elemento de proceso de comprensión de la autoridad. Un **elemento de proceso** que describe las lecciones de Dios sobre autoridad y su uso al ejercer influencia, especialmente aquellas lecciones que llevan al uso de **autoridad espiritual** como forma de poder primaria.

elemento de proceso de comprobación de fe. Una forma temprana del **elemento de proceso de desafío de fe**, donde Dios pone a prueba la convicción interna de un líder sobre si Dios hará algo que le ha revelado. La expansión a menudo implica una mayor capacidad de influir a otros para empujarlos hacia los propósitos de Dios. Sinónimo: prueba de fe.

elemento de proceso de comprobación de integridad. Un **elemento de proceso** que se encuentra de forma dominante en la **fase de crecimiento de la vida interior**, que se refiere al tipo especial de prueba de proceso de Dios para evaluar intenciones y que actúa como trampolín para la expansión de la capacidad del líder.

elemento de proceso de comprobación de obediencia. Un **elemento de proceso** que se encuentra de forma dominante en la **fase de crecimiento de la vida interior**; se refiere al tipo de categoría especial de elemento de proceso en el que Dios prueba la respuesta personal a la verdad revelada y que actúa como trampolín para la expansión de la capacidad del líder.

elemento de proceso de comprobación de palabra. Un **elemento de proceso de palabra** especial que se encuentra de forma dominante en la **fase de crecimiento de la vida interior** y que se refiere al tipo especial de prueba que Dios emplea para evaluar la capacidad de un líder para entender o recibir la palabra de Dios y ver cómo esta se manifiesta en la vida. Una respuesta positiva lleva a una mayor sensibilidad, verdad, autoridad espiritual y capacidad.

elemento de proceso de conflicto. Ocasiones en la vida de un líder en las cuales Dios usa el conflicto, ya sea personal o ministerial, para desarrollar al líder en dependencia de Dios, de la fe y de sus conocimientos relacionados con la vida personal y su ministerio.

elemento de proceso de conflicto ministerial. Un **elemento de proceso** que se refiere a las ocasiones en el ministerio en las que un líder aprende lecciones positivas o negativas sobre la naturaleza del conflicto, posibles maneras de resolver, evitar o usar creativamente el conflicto, y cómo ver el conflicto en términos del proceso de Dios de la vida interior del líder.

elemento de proceso de contacto divino. Un **elemento de proceso** que implica a una persona a la que Dios acerca a un líder en el momento crucial de una fase de desarrollo para conseguir una o más de las siguientes funciones (u otras relacionadas): afirmar el potencial de liderazgo, animar el potencial de liderazgo, proporcionar guía en un tema concreto, ofrecer conocimientos que amplíen la capacidad del líder, desafiar al líder para su desarrollo ascendente y abrir una puerta a una oportunidad ministerial.

elemento de proceso de crisis. Elementos de proceso que se refieren a situaciones de presión especialmente intensas en la vida que son usadas por Dios para probar y enseñar dependencia de él.

elemento de proceso de desafío de fe. Un **elemento de proceso** que se da de forma dominante en la **fase de maduración ministerial** que Dios utiliza para ampliar la visión y dependencia de él que tiene un líder para conseguir esa visión. Cuando el centro del elemento de proceso es probar a un líder en preparación para la expansión, se denomina comprobación de fe o prueba de fe. A medida que el líder madura y establece patrones habituales de actuación en fe, el aspecto de prueba desaparece y el aspecto de desafío pasa a dominar. *Ver también* **elemento de proceso de comprobación de fe**.

elemento de proceso de desafío de influencia. Un **elemento de proceso** que describe los momentos en los Dios pide a un líder que dé pasos para ampliar la capacidad de liderazgo en términos de **esfera de influencia**.

elemento de proceso de desafío ministerial. Un **elemento de proceso**

en el que se invita a un líder o líder potencial a aceptar una nueva asignación ministerial y a percibir la guía de Dios para participar en su servicio.

elemento de proceso de desafío de oración. Un **elemento de proceso** que se refiere a ocasiones en el ministerio donde Dios, de una forma inusual, inculca a un líder la lección de que debe orar por ese ministerio, y en el cual hay un crecimiento positivo que afectará al ministerio posterior.

elemento de proceso de descubrimiento de la aptitud. Un término que describe el **elemento de proceso** que denota cualquier avance significativo en el **patrón de desarrollo de aptitud** y que identifica el suceso, persona o proceso de reflexión instrumental en este descubrimiento.

elemento de proceso de destino. Actos o personas significativos, o sincronizaciones o circunstancias providenciales, que apuntan a algún futuro o significatividad especial para una vida y que añaden una percepción de un sentido de destino en una vida. A menudo estos elementos se agrupan en tres tipos: preparación del destino, revelación del destino y cumplimiento del destino.

elemento de proceso de doble confirmación. Este término se refiere al **elemento de proceso** de guía inusual en el cual Dios deja clara su voluntad reforzándola a través de más de una fuente, cada una independiente de las demás.

elemento de proceso de encuentro de poder. Un **elemento de proceso** que representa una crisis en la que hay una confrontación entre las personas que representan a Dios y las personas que representan a otras fuerzas sobrenaturales donde se cuestiona el poder de cada parte. La credibilidad de Dios está en juego y queda vindicada en una demostración inusual del poder de Dios.

elemento de proceso de guerra espiritual. Uno de los **elementos de proceso** del **conjunto de poder** que se refiere a esas ocasiones en el ministerio donde el líder discierne que el **conflicto ministerial** es principalmente sobrenatural en esencia y origen, y recurre a varios elementos de poder para solucionar el problema de modo que sus capacidades de liderazgo, especialmente la **autoridad espiritual**, quedan ampliadas.

elemento de proceso de habilidades ministeriales. Un **elemento de proceso** que se refiere a la adquisición de una o más habilidades identificables (relacionales, grupales, organizacionales, de palabra, etcétera) que sirvan de ayuda para una asignación ministerial. El elemento de proceso supremo para el desarrollo de la formación ministerial.

elemento de proceso de palabra. Este término se refiere a una ocasión en la que un líder recibe una palabra de Dios que afecta significativamente a la guía, el compromiso, la toma de decisiones, el sistema de valores personales, la **formación espiritual**, la **autoridad espiritual** o la **filosofía ministerial** de un líder. Una **comprobación de palabra** es un tipo especial de **elemento de proceso** de palabra.

elemento de proceso de poder de los contactos. Un **elemento de proceso** que señala el uso inusual por parte de Dios de **mentores**, **contactos divinos** u otros líderes relacionados para que un líder alcance sus objetivos o para que se le abran puertas, de modo que el líder perciba la importancia de las relaciones con otros líderes y sepa ver la mano de Dios a través de redes de contactos entre personas.

elemento de proceso de poder en el don. Un término que describe el **elemento de proceso** que denota ocasiones específicas donde se manifiesta claramente que el Espíritu Santo está canalizando poder en el uso de un don espiritual. Se centra en la conciencia de que esto está sucediendo y el ejercicio de fe resultante donde se espera la repetición de la ocurrencia.

elemento de proceso de poder en la oración. Un **elemento de proceso** que se refiere a una ocasión específica de oración para enfrentarse a una situación de tal manera que queda claro que Dios ha respondido a la oración y ha demostrado la autenticidad de la

autoridad espiritual del líder.

elemento de proceso de preparación negativa. Un **factor de guía** soberano que se refiere al proceso especial que implica el uso divino de sucesos, personas, conflictos, persecuciones, experiencias y demás para centrarse en lo negativo, de modo que la persona quede libre para entrar en la siguiente **subfase** o **fase de desarrollo** con entrega y un interés renovado.

elemento de proceso de progreso en la formación. Un **elemento de proceso** que se centra en una experiencia de cierre, normalmente alguna forma de afirmación divina, que estimula la motivación para un liderazgo futuro tras recibir más formación en los modos de formación formal, no formal o informal. El elemento está caracterizado por un progreso identificable en la capacidad de influencia, la responsabilidad o la seguridad en sí mismo del líder.

elemento de proceso de reacción negativa al liderazgo. Un **elemento de proceso** que describe la condición en la que los seguidores reaccionan contra un curso de acción tomado por un líder; suele deberse a complicaciones imprevistas surgidas después de que los seguidores aprobaran anteriormente esa acción.

elemento de proceso de tarea ministerial. Este término se refiere a un **elemento de proceso** que se da durante la transición de la **fase de crecimiento de la vida interior** a la **fase de maduración ministerial** (de **forma dominante en esta última); se refiere a una asignación de Dios que prueba principalmente la fidelidad y obediencia de una persona, pero que a menudo también permite el uso de los dones ministeriales en el contexto de una tarea que tiene cierre, exigencia de responsabilidad y evaluación.**

elemento de proceso literario. Un **elemento de proceso** que se refiere a los medios mediante los cuales Dios es capaz de enseñar lecciones a líderes para sus propias vidas a través de escritos de otros. Esta habilidad de aprender para la vida propia, de forma personal, de las lecciones vistas en las vidas de otros a veces se denomina aprendizaje a través de las vivencias de otros.

elemento focal. Forma parte del **conjunto de aptitudes** (ya sean dones espirituales, capacidades naturales o habilidades adquiridas) que se halla en el centro de las actividades ministeriales generales de un líder y respecto al cual los demás elementos operan como soporte.

elemento limítrofe. Un **suceso limítrofe** especial, es decir, un **elemento de proceso** identificable durante un **tiempo limítrofe** que puede correlacionarse de forma significativa con el proceso de transición del líder de una fase a la siguiente.

elementos de proceso. Un término que se refiere a sucesos, personas, circunstancias, intervenciones especiales, lecciones de vida interior o cualquier otro elemento providencial que Dios utiliza en el proceso de **selección del liderazgo** de una persona para indicar el potencial de liderazgo (integridad interior y capacidad de influencia), para desarrollar ese potencial, confirmar la responsabilidad o puesto ministerial o acercar al líder al nivel de ministerio decidido por Dios para alcanzar su potencial.

escala. *Ver* **escala de certidumbre**.

escala de certidumbre. Una línea horizontal sobre la que se representan principios como sugerencias, directrices y absolutos, en este orden. Los principios pueden usarse con más certeza, dado que se identifican en la parte derecha del continuo. Las *sugerencias* se refieren a verdades observadas en ciertas situaciones. Las sugerencias son los principios más inciertos: deben usarse con precaución. Las *directrices* son más firmes y cuentan con pruebas para una aplicación más amplia. Los *absolutos* son principios que demuestran el respaldo autoritario de Dios para todos los líderes en todo lugar.

esfera de influencia. Un término de la teoría de desarrollo del liderazgo que se refiere a la totalidad de personas a las que se influye y por las que el líder deberá rendir cuentas a Dios. Esto puede desglosarse todavía más según la **influencia directa** personal (ministerio directo y cara a cara), **influencia indirecta** (sin restricciones temporales) o **influencia organizacional** (que fluye a través de las estructuras organizacionales).

estudio del desarrollo del liderazgo. El producto final de un enfoque de investigación que evalúa la manifestación del potencial de liderazgo mediante un análisis de la historia de la vida del líder, integrando influencias internas (personales / psicológicas), externas (sociales / contextuales) y divinas (obra providencial de Dios) sobre la capacidad de influencia del líder.

factores de base. La etiqueta de categoría genérica que engloba los **elementos de proceso** en la fase de base de la **cronología generalizada**, lo que incluye elementos tales como la familia, el contexto y la conversión.

factores de convergencia. La etiqueta de categoría genérica que engloba los **elementos de proceso** dominantes en la **fase de convergencia** y en los elementos de convergencia. Los elementos de convergencia principales son el **conjunto de aptitudes**, el puesto, la **mezcla de influencias** y la dependencia ascendente. Los elementos de convergencia secundarios son elementos como una oportunidad especial, la experiencia, la ubicación geográfica, la profecía, los **elementos de proceso de destino**, la formación de la personalidad, etcétera.

factores de crecimiento de vida interior. La etiqueta de categoría genérica que engloba los **elementos de proceso** dominantes en la **fase de crecimiento de la vida interior** de la **cronología generalizada**, lo que incluye elementos tales como **comprobaciones de integridad**, **comprobaciones de obediencia** y **comprobaciones de palabra**.

factores de guía. La etiqueta de categoría genérica que cubre los **elementos de proceso** usados por Dios para proporcionar orientación especial a un líder en todas sus **fases de desarrollo**, que a menudo se dan en los **tiempos limítrofes**. Incluyen elementos como **contactos divinos**, **preparación negativa**, **mentoría**, **doble confirmación** y **afirmación divina**.

factores de madurez. La etiqueta de categoría genérica que engloba los **elementos de proceso** dominantes en la fase de maduración de la **cronología generalizada**; incluye **crisis**, **aislamiento**, **destino**,

conflicto interno y **mezcla de influencias**.

factores ministeriales. La etiqueta de categoría genérica que engloba los **elementos de proceso** dominantes en la fase ministerial de la **cronología generalizada** y que incluye elementos como la **reacción negativa al liderazgo**, la prueba estructural, la prueba de relación, la aptitud, el **poder en el don**, el **poder en la oración**, la **guerra espiritual**, el **encuentro de poder**, los puntos de entrada, la **tarea ministerial**, el **conflicto ministerial**, la percepción ministerial, la visión ministerial, las pruebas de autoridad, la percepción de autoridad espiritual, la percepción innovadora, etcétera.

fase de bases soberanas. Un término utilizado para describir la primera **fase de desarrollo** de la **cronología generalizada**.

fase de convergencia. Un término utilizado para describir la quinta fase de desarrollo de la **cronología generalizada**.

fase de crecimiento de la vida interior. Un término utilizado para describir la segunda fase de desarrollo de la **cronología generalizada**.

fase de desarrollo. Un periodo de tiempo a lo largo de la **cronología** integrado alrededor de una **tarea de desarrollo** y caracterizado por una concentración de **elementos de proceso** similares, una **mezcla de influencias** relativamente estable y marcado por **elementos limítrofes** en su inicio y cierre.

fase de maduración de la vida. Un término utilizado para describir la cuarta **fase de desarrollo** de la **cronología generalizada**.

fase de maduración ministerial. Un término utilizado para describir la tercera **fase de desarrollo** de la **cronología generalizada**.

fase de satisfacción final. Un término utilizado para describir la sexta fase de desarrollo de la **cronología generalizada**. Sinónimo: celebración.

filosofía ministerial. Un término técnico de la teoría de desarrollo del liderazgo que se refiere a las ideas, los valores y los principios (implícitos o explícitos) que un líder utiliza como guía para la toma de decisiones, el ejercicio de influencia o la evaluación de su ministerio.

formación espiritual. Un término que se refiere al desarrollo de la vida interna de una persona, de modo que la persona experimenta más a Cristo como la fuente de la vida, refleja características más parecidas a las de Cristo en su personalidad y relaciones diarias, y conoce de forma creciente el poder y la presencia de Cristo en el ministerio.

función de discernimiento. La cuarta **tarea de desarrollo** descrita en la **fase de maduración ministerial**, relacionada con la capacidad de percibir, aprender y asimilar lecciones sobre el ministerio para formar una filosofía ministerial sobre la que basar futuras acciones de liderazgo.

función de entrada. La primera **tarea de desarrollo** descrita en la **fase de maduración ministerial**, relacionada con **elementos de proceso** como la **tarea ministerial** y el **desafío ministerial**, y que se centra en los pasos iniciales en el ministerio.

función de formación. Este término se refiere a la segunda tarea de desarrollo descrita en la **fase de maduración ministerial**; cubre la adquisición de habilidades y el desarrollo de dones para aumentar la formación ministerial.

función relacional. La tercera **tarea de desarrollo** descrita en la **fase de maduración ministerial**; tiene que ver con la capacidad de relacionarse con superiores, compañeros, otros líderes y seguidores para influir de forma efectiva.

historia ministerial. Un término técnico de la teoría de desarrollo del liderazgo que se refiere a la identificación y catalogación de forma secuencial de tareas o asignaciones ministeriales, u otras experiencias de cierre de ministerio, de modo que puedan analizarse ciertos aspectos del desarrollo del líder (patrones, procesos, capacidad de influencia, etcétera).

influencia directa. Uno de los tres dominios de una **esfera de influencia** que indica la totalidad de las personas influidas por contacto personal directo. *Ver también* **influencia indirecta** e **influencia organizacional**.

influencia indirecta. Uno de los tres dominios de una **esfera de influ-**

encia que indica la totalidad de las personas influidas por influencias variadas que un líder ejerce a través de otros o por los medios de comunicación, escritos, asociaciones, etcétera. *Ver también* **influencia directa** e **influencia organizacional**.

influencia organizacional. Este término se emplea para describir uno de los tres dominios de una **esfera de influencia** que indica la totalidad de las personas influidas por un líder a través de estructuras organizacionales. *Ver también* **influencia directa** e **influencia indirecta**.

instrucción informal como aprendiz. Un término técnico de la teoría de modelos de formación de liderazgo en el que se describe un modelo de formación informal donde un maestro forma a un aprendiz en habilidades o conocimiento, ya sea mediante el ejemplo o una instrucción mínima, con el resultado de que el aprendiz usa lo que ha aprendido.

instrucción limitada como aprendiz. Un término técnico en los modelos de formación de liderazgo con el que se describe un modelo de formación informal en el que un maestro forma a un aprendiz en habilidades o conocimiento, acordando unos objetivos de formación mínimos; es más formal (objetivos limitados declarados, métodos acordados, tiempo, etcétera) que una **instrucción informal como aprendiz**.

líder. En el contexto bíblico, una persona con una capacidad y responsabilidad concedidas por Dios para influir a un grupo específico del pueblo de Dios hacia sus propósitos para ese grupo.

liderazgo. En la teoría de liderazgo, el liderazgo se define técnicamente como un proceso dinámico durante un periodo de tiempo extendido en el que un líder (empleando recursos de liderazgo y mediante comportamientos de liderazgo específicos) influye en los pensamientos y actividades de seguidores para lograr la consecución de objetivos (que suelen ser mutuamente beneficiosos para los líderes, seguidores y el macrocontexto del que forman parte).

limítrofe. *Ver* **tiempo limítrofe**.

mapa de información. Una técnica de escritura para la creación de materiales de autoestudio que emplea técnicas de aprendizaje de referencia para la rápida asimilación de datos esenciales y posterior consulta de estos.

mentor. Un término de la teoría de desarrollo del liderazgo que se refiere a un líder que, en un momento oportuno, facilita, en cualquiera de las diversas formas posibles, el desarrollo de un líder emergente hacia la materialización de su potencial. Un mentor es un caso especial de **contacto divino**. Los mentores pueden influir a través de acciones aparentemente insignificantes o importantes, entre las que se incluyen dar consejo en el momento oportuno, arriesgar la propia reputación para respaldar al protegido, actuar como puente o modelo, proporcionar información, hacer donativos financieros, coministrar, etcétera.

mentoría. Un **elemento de proceso de contacto divino** de tipo especial que se refiere al proceso mediante el cual una persona con actitud servicial, entregada y alentadora (el mentor) ve un potencial de liderazgo en una persona todavía por desarrollar (el protegido) y es capaz de promover la materialización del potencial de su protegido, o influir en este de otra forma significativa.

mezcla de dones. Un término, creado por el Dr. C. Peter Wagner, que se refiere al conjunto de dones que un líder demuestra en su ministerio. Aunque todos los creyentes tienen al menos un don, los líderes suelen ejercer de forma repetida más de uno.

mezcla de influencias. Un término que describe la combinación de elementos de la **esfera de influencia**: **directa**, **indirecta** y **organizacional**.

modo de formación formal. En la teoría de modelos de formación de liderazgo, este término se emplea para describir una formación institucionalizada programática deliberada, lo que acaba produciendo unas credenciales u otro reconocimiento público de esta formación.

modo de formación informal. En la teoría de modelos de formación de liderazgo, el modo de formación que usa actividades de la vida de forma deliberada para una formación intencionada.

modo de formación no formal. En la teoría de modelos de formación de liderazgo, este término se emplea para describir una formación no programática y no institucionalizada deliberada que produce unas habilidades funcionales para el ministerio.

palabra de conocimiento. Un **don espiritual** que funciona en el **conjunto de poder** de dones y el conjunto de palabra (terciario), y que se define como una revelación especial del conocimiento de Dios sobre algo que el Espíritu quiere comunicar.

palabra de sabiduría. Un **don espiritual** que funciona en el **conjunto de poder** de dones y el conjunto de palabra (terciario), y que se define como la capacidad para conocer la mente del Espíritu en una situación dada y de comunicar con claridad la situación, los hechos, la verdad o la aplicación de hechos y verdad necesarios para la situación.

patrón. Un término utilizado para describir un ciclo repetitivo en el **desarrollo del liderazgo**. El ciclo puede implicar periodos de tiempo, combinaciones de **elementos de proceso** o combinaciones de conceptos identificables como la **expansión de pruebas**.

patrón de atracción entre elementos semejantes. Una observación que describe un patrón de manifestación temprano sobre el **descubrimiento de la aptitud**: «Los líderes potenciales se sienten atraídos intuitivamente a líderes con dones espirituales similares a los suyos».

patrón de confirmación. Un patrón de orientación que refleja las a-
siones repetidas en las que Dios confirma una verdad signifi va
y a partir de las cuales un líder actúa, gracias al uso de Di
más de una fuente para confirmar esta orientación y pr cionar
credibilidad al liderazgo.

patrón de desarrollo ascendente. Un patrón que se pro lo largo
de la vida del líder que es un crecimiento en espir repetido
del ser y hacer. En cada ciclo del «ser» aumenta idad en la

experiencia y el conocimiento de Dios; en cada ciclo del «hacer» aumenta la profundidad en el servicio efectivo a Dios. El resultado final del patrón de desarrollo ascendente es una fusión del ser y el hacer.

patrón de desarrollo de aptitud. El patrón de ocho etapas que incluye la transición de (1) la experiencia ministerial (2) al descubrimiento del don, (3) al aumento del uso de ese don, (4) a la efectividad en el uso de ese don, (5) al descubrimiento de otros dones, (6) a la identificación de la **mezcla de dones**, (7) al desarrollo del **conjunto de dones** y (8) a la fase de **convergencia.**

patrón de estancamiento. La tendencia de los líderes de ir añadiendo cada vez menos habilidades ministeriales a medida que pasan del procesamiento de ministerio temprano y medio al posterior.

patrón de evaluación reflexiva. Un patrón de madurez que observa que Dios irrumpe en la vida de un líder en repetidas ocasiones para impulsar el desarrollo de su madurez. El patrón suele tener cinco pasos: (1) llamar la atención a través de un procesamiento intenso; (2) reflexión seria sobre el ministerio, la vida y la realidad definitiva; (3) evaluación y una redirección del compromiso; (4) determinación renovada de conocer a Dios más profundamente; y (5) bendición de Dios para este compromiso.

patrón de guía de enlace. El patrón de crecimiento que describe cómo Dios enseña a un líder lecciones de guía personal como enlace a la guía corporativa.

patrón evolutivo. Un patrón de tres etapas que describe la manifestación de una **filosofía ministerial**: etapa 1, osmosis; etapa 2, implícita a explícita; etapa 3, explícita e integrada.

pa n ministerial de base. Una observación-declaración: «La fideli- en las tareas y asignaciones ministeriales, junto con la respuesta va ante el componente de prueba de muchos de los **elemen- to de proceso**, lleva a un ministerio ampliado y a la nueva prueba ad en ese nuevo nivel ministerial».

patrone anifestación. *Ver* **patrones de manifestación del líder**

patrones de manifestación del liderazgo. Un término especial de **desarrollo del liderazgo con el que se indican patrones (o procesos o principios subyacentes) que son especialmente útiles en la identificación temprana de líderes potenciales; es útil para los líderes existentes en la selección y el desarrollo de futuros líderes. El concepto se extiende al surgimiento continuo de nuevas capacidades de líderes.**

principio. Esta palabra se utiliza para describir una verdad generalizada que se observa de forma repetida en varias ocasiones de liderazgo y que puede enseñarse con distintos grados de autoridad a otros líderes, para transferirla a sus situaciones de liderazgo. Los principios suelen analizarse como sugerencias (nivel de autoridad más bajo), directrices (siguiente nivel de autoridad) y absolutos (máximo nivel de autoridad).

principio del desafío de oración. Un principio que describe la función de responsabilidad ejercida por muchos líderes de la Biblia respecto a su ministerio: «Si Dios le llama a un ministerio, le llama entonces a orar por él».

principio de Lucas 16:10. Un principio derivado de la observación de líderes emergentes en la **fase de crecimiento de la vida interior** y la **fase de maduración ministerial** temprana: «La fidelidad en una responsabilidad pequeña es un indicador de probable fidelidad en una responsabilidad mayor».

problema de autoridad. Un problema grave al que suelen enfrentarse todos los líderes en algún punto u otro (en ocasiones, de forma repetida) y, a menudo, en las **subfases de maduración ministerial** temprana o media, donde un líder emergente aprende a someterse a la autoridad de otros líderes; se trata del espíritu de sumisión crucial en el problema. Una persona que tiene que ejercer autoridad sin abusar de ella debe aprender antes a someterse. El problema de autoridad es la ocasión para aprender esta importante lección.

problema de guía equilibrada. Un problema de guía equilibrada identificado en la tendencia de los líderes de tomar decisiones sin contar con un conjunto equilibrado de fuentes y elementos de guía. El qué, cuándo y cómo son los elementos principales de la guía; las fuentes pueden ser las circunstancias, el interior de uno mismo, otros creyentes y la Palabra revelada. Estos elementos y fuentes pueden usar cualquiera de los **factores de guía**.

problema de paciencia. Una observación, relativa a una tendencia hacia un patrón de guía, que declara: «Los líderes tienden a avanzar en las decisiones importantes antes de recibir con certeza una clara palabra de guía».

procesamiento de ministerio intermedio. La segunda **subfase** de la **fase de maduración ministerial**, caracterizada por el procesamiento hacia la **función de formación** y **función relacional**.

procesamiento de ministerio posterior. La **subfase** final de la **fase de maduración ministerial**, caracterizada por el procesamiento hacia la **función relacional** y la **función de discernimiento**.

procesamiento de ministerio temprano. La primera **subfase** de la **fase de maduración ministerial**, caracterizada por el procesamiento hacia la **función de entrada**.

prueba de fe. *Ver* **elemento de proceso de comprobación de fe**.

selección del liderazgo. Este término describe una responsabilidad principal de liderazgo que implica el reconocimiento y la facilitación de líderes emergentes en la **función de formación** y **función de entrada** temprana.

seminarios. Un término técnico en la teoría de modelos de formación de liderazgo que describe un modelo de formación no formal breve en el que un experto comparte su conocimiento, nuevos descubrimientos o perspectivas a grupos de personas. Debido a la cantidad de personas implicadas, se emplean métodos de comunicación masiva. Los seminarios se centran principalmente en el aspecto cognitivo y motivacional más que en las habilidades, como es el caso de los **talleres**.

subfases. Periodos de tiempo identificables dentro de una fase de desarrollo que muestran las características de una fase de desarrollo en menor medida.

sucesos limítrofes. Experiencias significativas que se dan durante un **tiempo limítrofe** y que influyen en su resultado.

talleres. Un término técnico en la teoría de modelos de formación de liderazgo que describe un modelo de formación no formal breve donde un experto comparte su conocimiento y habilidades a un grupo de personas, de modo que estas sean capaces de aplicar ese conocimiento o habilidades al final de la formación. Suele haber un número lo suficientemente reducido como para que pueda ofrecerse una atención individual y la práctica del conocimiento o las habilidades pueda observarse y mejorarse. Los talleres suelen ser principalmente experienciales y la motivación es un requisito previo que se presupone.

tareas de desarrollo. Los impulsos centrales de proceso en una **fase de desarrollo** dada; es decir, la dirección o intención de la acción de Dios a la hora de cambiar (exhibir, aumentar o iniciar) la capacidad de influencia de un líder en una fase de desarrollo.

tiempo limítrofe. Un periodo de tiempo indefinido durante el cual se aceptan las experiencias de transición vividas por un líder al pasar de una **fase de desarrollo** (o **subfase**) a otra. Sinónimo: limítrofe.

tipos de liderazgo. Una escala de tipologías para indicar diferentes tipos de líderes y que se basa en la **mezcla de influencias**, el tiempo de implicación, el estado de su soporte y su tipo de ministerio (directo o indirecto). Los líderes de tipo A y B son líderes locales sin un respaldo completo. Los líderes de tipo C son líderes locales con respaldo completo que se dedican, principalmente, al ministerio directo. Los líderes de tipo D y E cuentan con respaldo completo y se dedican principalmente al ministerio indirecto. Los líderes de tipo E son líderes con influencia internacional.

vida de unión. Un término que indica el apogeo de la formación espiritual; se refiere tanto a la unión del creyente con Cristo resucitado como al proceso de vivencia de esa unión.

BIBLIOGRAFÍA

Booth, Carlton. *On the Mountaintop* [En la cima de la montaña]. Wheaton, IL: Tyndale, 1984.

Carmichael, Amy. *If* [Si]. Fort Washington, PA: Christian Literature Crusade, 1992.

Chen, James. *Meet Brother Nee* [Conozca al hermano Nee]. Goleta, CA: Christian Books, 1976.

Clinton, Dr. J. Robert. «Apostolic Functions» [Funciones apostólicas]. 2001. (Este artículo de liderazgo está disponible en *1 and 2 Timothy: Apostolic Leadership, Picking Up the Mantle* [1 y 2 Timoteo: Liderazgo apostólico, recogiendo el manto]).

———. «Apostolic Functions: Comparison of Titus and Timothy» [Funciones apostólicas: Comparación de Tito y Timoteo]. 2001. (Este artículo de liderazgo está disponible en *1 and 2 Timothy: Apostolic Leadership, Picking Up the Mantle* [1 y 2 Timoteo: Liderazgo apostólico, recogiendo el manto]).

———. «Apostolic Giftedness: Multiple Gifted Leaders» [Aptitudes apostólicas: Líderes con múltiples dones]. 2001. (Este artículo de liderazgo está disponible en *1 and 2 Timothy: Apostolic Leadership, Picking Up the Mantle* [1 y 2 Timoteo: Liderazgo apostólico, recogiendo el manto]).

———. «Boundary Processing—Looking at Critical Transition in Leaders' Lives» [Procesos de límite: Analizando la transición crítica en la vida de los líderes]. 1992. (Esta declaración de posicionamiento está disponible en PDF en la tienda de recursos de mi página web, www.bobbyclinton.com).

———. *Clinton's Biblical Leadership Commentary: Leadership Insights from Eight Important Bible Books on Leadership* [Comentario sobre el liderazgo bíblico de Clinton: Reflexiones sobre liderazgo de ocho importantes libros de la Biblia sobre liderazgo]. Altadena, CA: Barnabas Publishers, 1999.

———. *Figures and Idioms* [Figuras literarias y modismos]. Altadena, CA: Barnabas Publishers, 1983. (Hay una versión en PDF disponible en la tienda de recursos de mi página web, www.bobbyclinton.com).

———. «Finishing Well—The Challenge of a Lifetime» [Acabar bien: El desafío de toda una vida]. 1994. (Esta declaración de posicionamiento está disponible en PDF en la tienda de recursos de mi página web, www.bobbyclinton.com).

———. «Five Enhancements» [Cinco ayudas]. 1999. Este artículo sobre liderazgo se publicó por primera vez en *Clinton's Biblical Leadership Commentary* [Comentario sobre el liderazgo bíblico de Clinton]. (Ver Apéndice D de este libro).

———. *Habakkuk: Hope for a Leader in Troubled Times* [Habacuc: Esperanza para el líder en días agitados]. 2002. (Disponible en PDF en la tienda de recursos de mi página web, www.bobbyclinton.com).

———. «Influence, Power, and Authority» [Influencia, poder y autoridad]. 2003. (Este artículo de liderazgo está disponible en *1 and 2 Corinthians: Problematic Apostolic Leadership* [1 y 2 Corintios: Liderazgo apostólico problemático]).

———. «Interview Notes with Pastor Johnson» [Notas de una entrevista con el pastor Johnson]. Notas de una entrevista para una investigación no publicada en agosto de 1987.

———. «Isolation Processing: Learning Deep Lessons from God» [Proceso de aislamiento: Aprendiendo lecciones profundas de Dios]. 1995, 2011. (Esta declaración de posicionamiento está disponible en PDF en la tienda de recursos de mi página web, www.bobbyclinton.com).

———. *John: Jesus' Incarnational Leadership* [Juan: El liderazgo encarnado de Jesús]. 2007. (Disponible en PDF en la tienda de recursos de mi página web, www.bobbyclinton.com).

———. *Jonah: Seeing God's Perspective—A Crucial Paradigm Shift* [Jonás: Viendo la perspectiva de Dios: Un cambio de paradigma crucial]. 2002. (Disponible en PDF en la tienda de recursos de mi página web, www.bobbyclinton.com).

———. *Leadership Emergence Theory: A Self-Study Manual for Analyzing the Development of a Christian Leader* [Teoría de la manifestación del liderazgo: Un manual autodidacta para analizar el desarrollo del líder cristiano]. Altadena, CA: Barnabas Publishers, 1989. (Disponible en papel en la librería del Seminario Teológico Fuller; versión PDF disponible en la tienda de recursos de mi página web, www.bobbyclinton.com).

———. *Leadership Perspectives: How to Study the Bible for Leadership Insights* [Perspectivas de liderazgo: Cómo estudiar la Biblia para aprender sobre el liderazgo]. 1993. (Disponible en papel en la librería del Seminario Teológico Fuller; versión PDF disponible en la tienda de recursos de mi página web, www.bobbyclinton.com).

———. *Leadership Training Model: A Self-Study Manual for Evaluating and Designing Training* [Modelo de formación de liderazgo: Un manual de autoestudio para evaluar y diseñar la formación]. Altadena, CA: Barnabas Publishers, 1986, 2006. (Versión PDF disponible en la tienda de recursos de mi página web, www.bobbyclinton.com).

———. «Leading with a Developmental Bias» [Dirigir con un sesgo del desarrollo]. 1996. Este artículo sobre liderazgo se publicó por separado en 1996 y fue incluido después en *Clinton's Biblical Leadership Commentary* [Comentario sobre el liderazgo bíblico de Clinton], publicado en 1999.

———. «Listen Up Leaders!» [¡Escuchen, líderes!]. 1989. (Esta declaración de posicionamiento está disponible en PDF en la tienda de recursos de mi página web, www.bobbyclinton.com).

———. «The Mantle of the Mentor: An Exhortation to Finish Well» [El manto del mentor: Una exhortación a acabar bien]. 1993. (Esta declaración de posicionamiento está disponible en PDF en la tienda de recursos de mi página web, www.bobbyclinton.com).

———. *ML524 Values Reader* [ML524 Libro de valores]. 2010. (Versión PDF disponible en la tienda de recursos de mi página web, www.bobbyclinton.com).

———. «Passing On My Heritage» [Transmitir mi legado]. 2000. (Esta declaración de posicionamiento está disponible en PDF en la tienda de recursos de mi página web, www.bobbyclinton.com).

———. «A Personal Ministry Philosophy: One Key to Effective Leadership» [Una filosofía ministerial personal: Una clave para un liderazgo eficiente]. *1992.* (Disponible en PDF en la tienda de recursos de mi página web, www.bobbyclinton.com).

———. *Philemon: A Study in Leadership Style* [Filemón: Un estudio de estilo de liderazgo]. 2006. (Disponible en PDF en la tienda de recursos de mi página web, www.bobbyclinton.com).

———. *Philippians: Apostolic Modeling in Tough Times* [Filipenses: Ejemplo apostólico en tiempos difíciles]. 2006. (Disponible en PDF en la tienda de recursos de mi página web, www.bobbyclinton.com).

———. «Six Characteristics» [Seis características]. 1999. Este artículo sobre liderazgo se publicó por primera vez en *Clinton's Biblical Leadership Commentary* [Comentario sobre el liderazgo bíblico de Clinton]. (Ver Apéndice D de este libro).

———. «Six Major Barriers» [Seis importantes barreras]. 1999. Este artículo sobre liderazgo se publicó por primera vez en *Clinton's Biblical Leadership Commentary* [Comentario sobre el liderazgo bíblico de Clinton]. (Ver Apéndice D de este libro).

———. «Sovereign Mindset» [Mentalidad soberana]. 1999. Este artículo sobre liderazgo se publicó por primera vez en *Clinton's Biblical Leadership Commentary* [Comentario sobre el liderazgo bíblico de Clinton].

———. «Spiritual Authority: Six Characteristics» [Autoridad espiritual: Seis características]. 1999. Este artículo sobre liderazgo se publicó por primera vez en *Clinton's Biblical Leadership Commentary* [Comentario sobre el liderazgo bíblico de Clinton].

———. *Spiritual Gifts* [Dones espirituales]. Alberta, Canadá: Horizon House, 1985.

———. *Strategic Concepts That Clarify a Focused Life: A Self-Study Manual Defining and Applying Focused Life Concepts to Leaders Today* [Conceptos estratégicos que clarifican una vida enfocada: Un manual de autoestudio que define y aplica conceptos de vida enfocada para líderes de hoy]. 1995. (Disponible en papel en la librería del Seminario Teológico Fuller; versión PDF disponible en la tienda de recursos de mi página web, www.bobbyclinton.com).

———. *Titus: Apostolic Leadership* [Tito: Liderazgo apostólico]. 2001. (Disponible en PDF en la tienda de recursos de mi página web, www.bobbyclinton.com).

———. «Union Life» [Vida de unión]. 1999. Este artículo sobre liderazgo se publicó por primera vez en *Clinton's Biblical Leadership Commentary* [Comentario sobre el liderazgo bíblico de Clinton].

———. «Value Driven Leadership» [Liderazgo impulsado por valores]. 2009. (Esta declaración de posicionamiento está disponible en PDF en la tienda de recursos de mi página web, www.bobbyclinton.com).

———. *Various Inputs on Guidance—A Compendium»* [Varios comentarios sobre la guía de Dios: Un compendio]. 2010. (Versión PDF disponible en la tienda de recursos de mi página web, www.bobbyclinton.com).

———. *1 and 2 Corinthians: Problematic Apostolic Leadership* [1 y 2 Corintios: Liderazgo apostólico problemático]. 2003. (Disponible en PDF en la tienda de recursos de mi página web, www.bobbyclinton.com).

———. *1, 2 Samuel: Comparative Study of Leaders in an Emerging Kingdom: The Major Leaders in 1, 2 Samuel: Hannah, Eli, Samuel, Saul, Jonathan, Abner, David, Abigail, Joab, Absalom, Ahithophel, Hushai, Nathan* [1 y 2 Samuel: Un estudio comparativo de los líderes de un reino emergente: Los principales líderes de 1 y 2 Samuel: Ana, Elí, Samuel, Saúl, Jonatán, Abner, David, Abigail, Joab, Absalón, Ahithofel, Husai, Natán]. 2010. (Disponible en PDF en la tienda de recursos de mi página web, www.bobbyclinton.com).

———. *1 and 2 Timothy: Apostolic Leadership, Picking Up the Mantle* [1 y 2 Timoteo: Liderazgo apostólico, recogiendo el manto]. 2006. (Disponible en PDF en la tienda de recursos de mi página web, www.bobbyclinton.com).

Clinton, Dr. J. Robert, y Dr. Daniel Allen. *Nehemiah: Focused Leadership* [Nehemías: Liderazgo enfocado]. 2002. (Disponible en PDF en la tienda de recursos de mi página web, www.bobbyclinton.com).

Clinton, Dr. J. Robert, y Dr. Richard W. Clinton. *The Mentor Handbook: Detailed Guidelines and Helps for Christian Mentors and Mentorees* [Manual del mentor: Directrices y ayudas detalladas para los mentores y protegidos cristianos]. Altadena, CA: Barnabas Publishers, 1991. (Disponible en papel en la librería del Seminario Teológico Fuller; versión PDF disponible en la tienda de recursos de mi página web, www.bobbyclinton.com).

———. *Unlocking Your Giftedness: What Leaders Need to Know to Develop Themselves and Others* [Liberar tus aptitudes: Lo que los líderes tienen que saber para desarrollarse a sí mismos y a otros]. Altadena, CA: Barnabas Publishers, 1993. (Disponible en papel en la librería del Seminario Teológico Fuller; versión PDF disponible en la tienda de recursos de mi página web, www.bobbyclinton.com). *Nota:* Esta publicación sustituyó mi antiguo libro sobre los dones, *Spiritual Gifts* [Dones espirituales].

Clinton, Dr. J. Robert, y Mike Hannah. *Haggai: Restoring a Work of God—Inspirational, Task-Oriented Leadership* [Hageo: Restaurar una obra de Dios: Liderazgo inspirador y práctico]. (Disponible en PDF en la tienda de recursos de mi página web, www.bobbyclinton.com).

Clinton, Dr. J. Robert, y Paul D. Stanley. *Connecting: The Mentoring Relationships You Need to Succeed* [Conectar: Las relaciones de mentoría que necesita para tener éxito en la vida]. Colorado Springs, CO: NavPress, 1992.

Clinton, Dr. J. Robert, y Kenichi Yoshida. *Obadiah: God, the Promise Keeper* [Abdías: Dios, el cumplidor de promesas]. 2003. (Disponible en PDF en la tienda de recursos de mi página web, www.bobbyclinton.com).

Easton, Burton Scott. *The Pastoral Epistles: Introduction, Translation, Commentary, and Word Studies* [Las epístolas pastorales: Introducción, traducción, comentario y estudios de palabras]. Londres: SCM Press, 1948.

Fant, David J. *A. W. Tozer: A Twentieth-Century Prophet* [A. W. Tozer: Un profeta del siglo XX]. Harrisburg, PA: Christian Publications, 1964.

Goodwin, Bennie. *The Effective Leader: A Basic Guide to Christian Leadership* [El líder eficaz: Una guía esencial para el liderazgo cristiano]. Downers Grove, IL: InterVarsity, 1978.

Grubb, Norman. *Once Caught, No Escape* [Una vez atrapado, no hay escape]. Fort Washington, PA: Christian Literature Crusade, 1983.

Kinnear, Angus. *Against the Tide: The Story of Watchman Nee* [Contracorriente: La historia de Watchman Nee]. Wheaton, IL: Tyndale, 1985.

Kraft, Charles H. *Christianity in Culture: A Study in Dynamic Biblical Theologizing in Cross-Cultural Perspective* [El cristianismo en la cultura: Un estudio de teología bíblica dinámica en perspectiva transcultural]. Nueva York: Orbis, 1979.

Kuhn, Isobel. *Green Leaf in Drought.* Singapur: Overseas Missionary Fellowship, 1981. Publicado en español como *Una hoja verde en tiempo de sequía* (Grand Rapids, MI: Publicaciones Portavoz Evangélico, 1987).

Levinson, Daniel J., y otros. *The Seasons of a Man's Life* [Estaciones en la vida de un hombre]. Nueva York: Knopf, 1978.

Merriam-Webster's Collegiate Dictionary [Diccionario universitario de Merriam-Webster]. Springfield, MA: G. & C. Merriam Company Publishers, 1999.

Mintzberg, Henry. *Structure in Fives: Designing Effective Organizations.* Englewood Cliffs, NJ: Prentice-Hall, 1993. Publicado en español como *Diseño de organizaciones eficientes* (Buenos Aires, El Ateneo, 2001).

Nee, Watchman. *The Normal Christian Life.* Washington, DC: International Students Press, 1962. Publicado en español como *La vida cristiana normal* (Editorial Portavoz, 1992).

———. *Spiritual Authority.* Nueva York: Christian Fellowship Publishers, 1972. Publicado en español como *La autoridad espiritual* (Miami, FL: Editorial Vida, 2006).

Raab, Laura, y J. R. Clinton. *Barnabas: Encouraging Exhorter—A Study in Mentoring* [Bernabé, el consejero alentador: Un estudio sobre mentoría]. Altadena, CA: Barnabas Publishers, 1985.

Reid, Patricia, y Norma Van Dalen. «An Abiding Work-Leadership Development Study of Amy Carmichael» [Una obra perdurable: Un estudio del desarrollo de liderazgo de Amy Carmichael]. Pasadena, CA: Escuela de Misión Mundial, 1985. Artículo de investigación no publicado.

Skinner, Betty Lee. *Daws: The Story of Dawson Trotman, Founder of The Navigators* [Daws: La historia de Dawson Trotman, fundador de Los Navegantes]. Grand Rapids, MI: Zondervan, 1974.

Stanford, Miles J. *The Green Letters: Principles of Spiritual Growth* [Las cartas verdes: Principios de crecimiento espiritual]. Grand Rapids, MI: Zondervan, 1975.

Taylor, Dr. Howard, y Sra. Howard Taylor. *Hudson Taylor's Spiritual Secret.* Chicago: Moody, 1955. Publicado en español como *El secreto espiritual de Hudson Taylor* (Grand Rapids, MI: Kregel, 1988).

Tozer, A. W. *The Knowledge of the Holy: The Attributes of God and Their Meaning in the Christian Life.* Nueva York: HarperOne, 1992. Publicado en español como *El conocimiento del Dios santo* (Miami, FL: Editorial Vida, 1996).

———. *The Pursuit of God.* Harrisburg, PA: Christian Publications, 1982. Publicado en español como *La búsqueda de Dios* (Camp Hill, PA: WingSpread Publishers, 2008).

Trebesch, Shelley. *Isolation: A Place of Transformation in the Life of a Leader* [Aislamiento: Un lugar de transformación en la vida de un líder]. Altadena, CA: Barnabas Publishers, 1997. (Disponible en papel en la librería del Seminario Teológico Fuller).

Wagner, C. Peter. *Your Spiritual Gifts Can Help Your Church Grow.* Ventura, CA: Regal, 1979. Publicado en español como *Sus dones espirituales pueden ayudar a crecer a su iglesia* (Terrassa: Clie, 1989).

Weigh, K. H. *Watchman Nee's Testimony: A Unique Public Testimony* [El testimonio de Watchman Nee: Un testimonio público único]. Hong Kong: Church Book Room, 1974.

Wiersbe, Warren. «Principles Are the Bottom Line» [Los principios son lo esencial]. *Leadership* 1, no. 1 (invierno, 1980): 81–88.

Wrong, Dennis H. *Power: Its Forms, Bases, and Uses* [Poder: Sus formas, fundamentos y usos]. San Francisco: HarperSanFrancisco, 1979.

ACERCA DEL AUTOR

Cuando escribió la primera edición de *La formación de un líder*, el Dr. J. Robert (Bobby) Clinton era profesor adjunto de liderazgo y extensión en la Escuela de Misión Mundial del Seminario Teológico Fuller. Antes de esto, fue oficial de Infantería de marina, ingeniero eléctrico en Bell Telephone Laboratories, pastor adjunto y misionero con World Team.

Además de una licenciatura y un master en ingeniería eléctrica por las universidades de Auburn y Nueva York respectivamente, el Dr. Clinton obtuvo un máster del Instituto Bíblico Columbia y dos doctorados del Seminario Teológico Fuller.

Entre sus experiencias ministeriales de aquel tiempo, el Dr. Clinton participó en el discipulado de personas laicas y en asignaciones como pastor adjunto en una iglesia local, donde sirvió en grupos de estudio bíblico, evangelizando y formando; fue también director del Instituto Bíblico Jamaica y del Centro de recursos para el aprendizaje de World Team, y profesor en una facultad orientada hacia las misiones.

El Dr. Clinton siguió desarrollándose y se convirtió en profesor de liderazgo de la Escuela de Estudios Interculturales del Seminario Teológico Fuller, de donde se retiró tras treinta años de enseñar a líderes emergentes y consolidados de todo el mundo.

La formación de un líder se fundamenta en los primeros ocho años de sus investigaciones de las actividades formativas de Dios en la vida de los líderes. El Dr. Clinton siguió con sus investigaciones por espacio de otros veintidós años. Esta edición revisada de *La formación de un líder*, aunque mantiene lo esencial de la primera edición, incorpora observaciones de estas investigaciones posteriores.

El Dr. Clinton se especializó en la selección, formación y teoría del liderazgo, dinámicas de cambio en organizaciones cristianas y liderazgo centrado en la Biblia. Durante sus últimos quince años se ha enfocado en el liderazgo centrado en la Biblia, y durante este periodo ha escrito dieciséis comentarios sobre liderazgo bíblico. El Dr. Clinton ha escrito también numerosos manuales y materiales de estudio. Junto con Paul Stanley ha escrito la obra *Connecting: The Mentoring Relationships You Need to Succeed* [Conectar: las relaciones de mentoría que necesita para tener éxito en la vida].

Él y su esposa, Marilyn, residen en Altadena, California.

ÍNDICE GENERAL

ÍNDICE DE LAS ESCRITURAS